정치외교학과 미래 진로

본 저서는 연세대학교 정치학과 BK+ 혁신 과학기술 시대의 정치적 문제 해결 교육연구단의 지원을 받았음.

FUTURE CAREERS

정치외교학과 미래 진로

IN POLITICAL SCIENCE & INTERNATIONAL STUDIES

연세대학교 정치학과 BK+ 교육연구단
이태동 편저

연세대학교 출판문화원

들어가며

미래 未來. 아직 오지 않은 것들은 불확실하지만 설렌다. 미래 진로 또한 마찬가지이다. 앞으로 나아갈 길이 정해지지 않았다는 불확실성과 함께 가능성을 열어 준다. 하루 하루가, 일주일이, 일 년이, 시간이 쏜살같이 지나간다. 시간이 지나가며 세상과 사람들이 추구하는 진로도 빠르게 변한다. 전작 『정치외교학과 진로개발(연세대학교 대학출판문화원)』에서는 수업을 통해 대학원생들과 정치학을 전공하고 주로 진출하는 11가지 전통적인 직종(학계, 연구원, 국회, 지방정치, 외교, 법조, 행정, 공기업, 사기업, 언론, 시민사회)에 대한 진로 준비, 소양과 자질, 업무, 정치학과의 연관성을 소개했다. 그러나 그 직종들이 미래에 어떻게 변할지, 새롭게 등장하는 직종들은 어떤 것들이 있는지 다루지 못했다. 이 책은 '빠르게 변화하는 사회 속에서 정치외교학을 전공하거나 전공할 학생들이 추구할 수 있는 미래 진로에는 어떤 것들이 있을까? 그리고 주로 진출하는 진로는 어떻게 변하고 무엇을 준비해야할까?' 라는 질문에 답하기 위해 작성되었다.

1부는 미래에 정치외교학과 전공자들이 추구할 새로운 분야를 소개한다. 환경-에너지, IT(information technology)와 뉴미디어, 교육, 문화, 창업 분야는 기존의 정치학 진로에서 새롭게 추구할 진로이다.

1장에서는 환경-에너지 정치의 미래 진로를 다룬다. 기후변화와 환경 파괴는 갈수록 심각해지고 있다. 에너지 분야는 전통적으로 규모가 크고 변화하는 산업이기 때문에 정치학 전공자들이 가능성을 펼칠 수 있는 분야가 많다. 녹색 일자리(Green jobs)는 경제적으로 안정적인 직업을 통해 환경-에너지 문제에 대응하는 일자리들이다. 국가에서는 그린 뉴딜 등의 재정 정책을 활용하면서 녹색 일자리를 창출하려고 노력한다. 기업들 또한 ESG(Environment, Society, Governance)를 추구하면서 녹색 일자리에 대한 수요를 늘려가고 있다. 환경-에너지 정치에 대한 이해와 경험은 향후 녹색 일자리 진로 개발에 대한 가능성을 높여준다.

2장은 급격하게 발전하는 정보통신과 뉴미디어 분야에서의 정치 미래 진로를 소개한다. IT 기술을 활용한 정치 플랫폼은 빅데이터 분석 기술의 발전과 함께 국회, 정당 등 제도권과 시민 사회를 포함한 비제도권에서 성장이 예측된다. 뉴미디어의 발달 또한 전자정부, 시민 사회에서의 디지털 소통 전략가, 빅데이터 정치 전략가, 정치 분야 디지털 스토리텔링, 정치 네트워크 신뢰성 분석가 등 미래 일자리를 창출할 수 있다.

3장은 교육과 정치의 융합적 미래 진로를 탐색한다. 과학기술의 변화로 인해 교육자의 역할도 변화한다. 단순한 지식 전달이 아닌, 융합적이고 창조적인 지혜를 공동 작업을 통해 만들어가는 교육이 요구된다. 저출산으로 인한 학령 인구의 감소도 큰 충격으로 다가온다. 에듀테크와 같이 기술과 교육 컨텐츠를 연결하여 다양한 교육 대상자들이 쉽게 새로운 내용에 접근하게 돕는 직업들이 각광을 받게 될 것이다. 동시에 지역에서 세계 시민과 민주시민 교육이 강조되면서 정치학 전공자들이 평생 교육으로써 생활밀착형 정치교육을 할 가능성도 늘어난다.

4장은 문화 분야에서 정치외교학 전공자들이 추구할 수 있는 진로를 탐색한다. 문화와 콘텐츠는 사람들의 예술성, 창의성을 영화, 음악, 출판 등의 형태로 표출하는 것으로 나타나고 이는 사람들의 마음과 정서에 영향을 끼친다. 힘이나 권력이 아닌 소프트 파워로 다른 사람들의 인식과 행동에 영향을 주는 정치적인 것이다. 문화 외교, 정책, 국제 교류와 협력 등 기존의 문화-정치 연계 분야와 더불어, 사람들의 마음을 움직이며 기금을 모금하는 전문가, 컨텐츠 기획/제작자, 디자인 정치, 스토리텔러 등을 진로로 꿈꿀 수 있다. 문화 리터러시와 소통 능력을 키우고, 디자인 사고를 통해 창의적 문제해결 능력을 향상시키는 준비가 필요하다.

5장은 왜 정치외교학과 전공에서 창업을 고민해야 하는가라는 질문으로 시작한다. 창업은 정책 집행과 정치 과정에서 가치와 아이디어를 상품화 시키고 사회에 확산시키는 방법이다. 융합적 접근을 통해 서비스와 비즈니스 모델을 만들고, 투자자와 소비자를 확보한 후 지속적으로 성장하는 창업은 종합 예술이자 실전이다. 정치외교학과의 미래 창업 분야로 정치 플랫폼, 펀딩, 정책/수요 빅데이터 분석, 사회적 기업 창업 등을 제시하고 있다.

6장은 정치외교학과 전공자들이 강점을 발휘할 수 있는 국제개별협력 분야의 미래 진로에 대한 탐색이다. 국제개발협력에 대한 관심, 예산, 사업이 늘어나고 있는 상황에서 국제관계, 국제기구, 국제협력 등의 내용을 배우고 감각이 있는 정치외교학과 전공자들이 진출할 수 있는 분야가 국제협력이다. 한국국제협력단(KOICA)에 더하여, UN기구, 국제개발금융 기관, 국제기구, 개발협력 NGO, 민간기업 재단, 유관 기관 등에서도 국제협력과 개발

업무를 다루고 있다. 정치외교학과 전공자들은 세계 시민으로서의 기초역량, 외국어, 조사 분석, 프로젝트 관리, 해외 기반의 개발협력 업무 능력을 키워 지속가능한 발전에 이바지 할 수 있다.

7장에서 다루는 북한과 통일은 한국이 직면한 현안이자 비전과 구체적 실천 전략을 가지고 전문인력이 접근해야 할 문제이다. 교육(북한이탈주민 정착 지원과 통일 교육), 연구(남북 공동 역사연구, 언어, 미디어 컨텐츠), 교류 협력(스포츠, 경제, 산림, 에너지) 분야에서 인재 양성이 요구된다. 북한과 관련된 업무는 기존 외교부, 통일부, 국방부, 국가정보원 등의 국가 공무원에 더하여 대학교, 연구원(통일연구원, 북한연구원), 언론, NGO 등에서 담당하고 있다. 정치외교학 전공자들이 전공을 살려 진출할 수 있는 분야이다.

8장은 전통적인 정치 외교 분야에서의 미래 진로 변화를 모색한다. 정보통신과 AI 기술 발전은 미래의 변화요인으로 작용한다. 의회 정치의 최일선에 있는 국회 보좌직도 데이터 분석 및 활용하는 능력이 강조되고 있다. 저비용 투표와 상시적 의견 수렴을 활용하며 유권자들의 정보를 분석하고 최적화된 선거 캠페인을 진행하는 등의 미래 진로 변화를 기대할 수 있다. 공공 외교와 디지털 외교의 등장은 하드 파워와 소프트 파워를 결합한 스마트 파워를 활용한 외교 분야 미래진로의 가능성을 밝게 한다. 언어 능력, 교감과 공감 같은 인간적 매력에 더해 기술을 활용한 국제 정세 동향 파악과 보고 또한 미래에 필요한 직무 능력이다.

9장은 정치외교학과 확장으로서 전통적인 법, 행정 분야의 미래 진로를 살펴본다. 사회과학과 정치외교학 분야의 뛰어난 인재들이 법조계에서의 진로를 추구하고 있기 때문에, 이 분야 미래 진로에 대한 고찰이 필요하다. 특히 인공지능과 빅데이터 분석 방법을 활용하여 짧은 시간 내에 많은 자료를 검토할 수 있게 되어 법률 사무의 상당 부분을 대체할 수 있다는 변화를 고려해야 한다. 복잡한 사회문제와 다양한 정책이 요구되는 시대에 행정 공무원은 사회를 보는 시각과 함께 협업, 전문성, 데이터 활용 능력을 향상시키고 미래를 준비해야 할 것이다.

10장은 정치학계의 미래 진로를 탐색한다. 한국에서는 인구 감소로 대학에 입학하는 수가 매년 줄어들고 있다. 이에 따라 대학 교원에 대한 수요도 감소하는 추세이다. 대학에서 정보통신 기술, AI, 빅데이터를 활용한 교육과 연구에 매진하는 진로와 함께 다양한 연구원에서의 박사급 전문 인력을 필요로 한다는 점은 눈여겨 볼 필요가 있다. 현실이 어렵고 사회가 복잡해질수록 구체적인 지역, 주제, 시대를 정치적인 틀에서 연구할 필요 또한 커지기 때문이다.

11장은 정치외교학과 미래 진로를 개발하는데 필요한 질문들을 모았다. 각 분야의 미래 변화를 고려한 진로 탐색도 의미있지만, 진로 개발은 결국 개인이 선택하고 준비해야 하는 문제이다. 학부생들을 대상으로 한 진로개발 세미나에서 가장 도움이 될 질문들을 함께 물었다. 1) 나는 어떤 사람인가? 2) 나와 잘 맞는(혹은 잘 맞지 않은) 진로는 어떤 것이 있을까? 3) 추구하는 진로의 특성은 무엇인가? 4) 진로 개발을 위해 어떻게 준비해야 하는가? 5) 진로 속 나의 20대, 30대, 40-50대, 은퇴 후의 모습은 어떨까?

이 책을 읽고 진로를 준비하는 사람들이 위의 질문에 답하는 연습을 하면 진로를 개발하는 데 도움이 될 것이다. 관련해서 더 좋은 질문을 하고 답하는 것도 항상 환영한다. 또한 학생들이 위의 질문에 답한 글들을 모았다. 실명을 밝히기를 원하지 않는 학생은 무기명으로 글을 실었다. 구체적으로 진로를 준비하는 학생들도 있고, 자신에 대해서 알아가며 가장 잘 할 수 있고 하고 싶은 일을 찾아가는 학생들도 있다. 동시대를 살아가는 정치외교학과 전공 학생들이 어떤 생각을 가지고 있는지, 나와는 어떻게 다르고 비슷한 지 알 수 있는 계기가 되기 바란다.

각 장은 정치외교학과를 졸업하고 관련된 직종에서 일하는 선배들의 인터뷰 내용을 담았다. 1장 환경 정치 진로는 김리아 파타고니아 환경 매니저, 2장 IT정치 진로는 신철호 OGQ 대표와 김범수 디지털 사회과학연구센터 박사, 3장 교육 정치는 엄윤미 C-program 대표와 박석준 꿈지락네트워크 대표, 4장 문화 정치는 허수영 유니온 투자파트너스 상무와 장혜조 네이버웹툰 프로듀서, 5장 창업은 김규두 Q2 IBN 대표가 진로 관련 인터뷰에 답해 주셨다. 6장 국제개발협력은 서미영 KOICA 베트남 사무소 부소장, 7장 북한 정치는 정용수 중앙일보 차장 기자, 8장 정치-외교는 박현우 국회 보좌관과 임배진 외교부 외교관, 9장 법과 행정 정치는 옥예슬 환경부 변호사, 10장 정치학계는 송경호 연세대학교 정치학과 박사후연구원이 후배들의 미래 진로를 위한 건설적인 조언을 해 주셨다. 다시 한 번 감사드린다.

꼼꼼하게 교정을 도운 강다혜, 심시은, 이희도, 박서현 조교가 수고 많았다. 무엇보다 이 책을 함께 작성한 대학원생들과 독자들에게 밝은 미래 진로가 펼쳐지기 기원한다.

차 례

1부

새로운 정치외교학 분야와 미래 진로

1장

환경 에너지 정치 미래 진로

● 정혜윤, 이태동 ●

I. 서론

정치외교학을 전공하고 있는 학생들은 미래에 어떤 직업을 가질 수 있을까? 전통적 진로로 대표되는 교수, 연구원, 외교관, 국제 공무원, 시민단체 활동가 이외에 어떠한 선택지들을 가지고 있는가? 사실 정치외교학을 전공한다고 해서 모두 위와 같은 전통적인 직업군을 선택하는 것만은 아니다. 정치외교학을 전공하는 학생들 중에는 미디어에 관심이 있는 학생들도 있고, 교육, 문화, 환경-에너지, 나아가 창업이나 투자에 관심이 있는 학생들도 있을 것이다. 그렇다면 이와 같은 학생들은 어떠한 선택지들을 가지고 있는가? 전통적 직업군 이외에도 시대가 빠르게 변화함에 따라 나타나는 새로운 미래 직업군에는 어떠한 것들이 있는가? 본문에서는 위와 같은 질문들에 대한 답을 제시하고자 하며, 특히 환경 및 에너지에 관심있는 정치외교학과 학생들에게 초점을 맞추어 설명하고자 한다. 우선 환경 및 에너지가 정치와 어떤 상관관계를 가지고 있는 지 살펴본다. 이후 3장에서는 전통적 직업군에서 환경-에너지에 관심있는 학생들이 선택할 수 있는 다양한 기관들을 알아본다. 4장에서는 환경-에너지 분야의 변화와 직업적 수요, 5장에서는 녹색 일자리의 개념과 그 예에 대해서 살펴보고, 이후 미래 녹색 일자리, 마지막으로 환경-에너지와 정치학 교육에 대해서 논한 뒤 글을 마무리한다.

II. 환경·에너지와 정치

우리는 지구온난화로 인한 기후변화, 대기오염, 쓰레기 처리 문제 이외에도 수많은 환경 문제들과 마주하고 있다. 환경은 우리의 삶에 직접적인 영향을 미치기 때문에 오염 문제가 심각해질수록 삶의 질 역시 악영향을 받게 된다. 환경 문제는 에너지 문제와도 직접적인 연관이 있는데, 화석연료의 사용은 지구온난화의 주범이기 때문이다. 게다가 화석연료는 무한하지 않은 유한한 한계성을 가진 자원이다. 계속해서 화석연료를 사용할 경우, 환경오염은 물론이거니와 에너지 수급이 불안정해질 것이다. 화석연료뿐만이 아니다. 이산화탄소를 배출하지 않기 때문에 대체 청정 에너지로 주목을 받았던 원자력 에너지는 삶의 안전에 부정적인 영향을 미친다. 1986년 체르노빌 원전사고, 2011년의 후쿠시마 원전사고로 인한 대규모의 방사능 유출은 비단 사고가 일어난 국가만이 아니라 전세계적으로 부정적인 영향을 미쳤다. 그렇다면 이와 같은 환경 및 에너지 문제가 정치와 어떤 연관을 갖는가?

환경 및 에너지 문제는 다양한 행위자들간의 유한한 자원에 대한 배분이라는 점에서 정치적인 문제로 인식된다(최지용 외, 1998). 국가 차원에서는 선진국과 개발도상국 간의 환경오염 원인에 대한 책임에 대한 논의와 더불어 문제를 해결하기 위한 노력을 지속하고 있으며, 대표적인 예로는 2015년 12월 프랑스 파리에서 채택된 '파리기후변화협약'이 있다. 지역적 차원이나 국내적 차원도 예외는 아니다. 한국에서 미세먼지 문제는 계절에 상관없이 발생하고, 사람들의 활동영역을 축소시키는 해결이 시급한 문제 중 하나로 한국 정부는 중국 정부와의 협력을 통해 문제를 해결하기 위해 노력하고 있다. 국내의 경우에는 대표적으로 님비현상(NIMBY: Not In My Backyard)을 들 수 있는데, 특히 쓰레기 처리 시설, 원자력 발전소 등과 관련한 주민 또는 지방자치단체 간의 분쟁과 이를 해결하기 위한 노력이 이에 해당한다. 위와 같은 환경 및 에너지 문제는 국가 간의 정치, 인접국 간의 정치, 국내 정치를 통해 해결이 가능하다. 바로 이러한 점은 정치외교학을 공부하는 학생들이 문제에 대해 관심을 가져야 하는 이유이자, 연구해야 하는 이유이고 나아가 향후 진로에 대해서도 고민해 볼 수 있는 계기가 될 수 있다. 다음 절부터는 정치외교학을 전공하고 있는 학생들이 선택할 수 있는 환경-에너지 분야에서의 직업들을 살펴 보도록 하겠다.

III. 전통적(traditional) 직업군에서의 환경·에너지

1. 대학/학계

대학과 학계에서의 꿈이 있는 학생이라면 학부에서부터 지식의 습득과 함양을 위해 다양한 환경, 에너지 관련 수업을 수강할 수 있다. 많은 학교에서 전공에 불문하고 환경-에너지 관련한 수업들을 제공하고 있으며, 이는 교수를 향한 초기 발판이 될 수 있다. 교수가 되기 위해서는 학부 과정을 마치고 대학원에 진학하여 석사 및 박사학위를 취득해야 한다. 물론 국내 대학원에 진학할지, 해외 대학원에 진학할 것인지에 대한 고민이 우선이 되어야 할 것이다. 국내 대학원은 크게 일

| 표 1 | 국내 환경 관련 전문대학원 또는 특수대학원

학교명	인터넷 홈페이지
서울대학교 환경대학원	https://gses.snu.ac.kr/ko/
숙명여자대학교 기후환경융합학과	http://climate.sookmyung.ac.kr/wiz5/wizard/frames/server_index.html?home_id=climate&pageType=index
부산대학교 환경대학원	https://pegr.pusan.ac.kr/pegr/index.do
카이스트 경영대학 녹색성장대학원	https://www.business.kaist.ac.kr/gsgg/
고려대-카이스트 에너지환경대학원	https://greenschool.korea.ac.kr:444/kr/
광운대학교 환경대학원	https://gses.kw.ac.kr:8458/frontpage.asp?catalogid=kwgses&language=ko
국립서울과학기술대학교 에너지환경대학원	http://energy.seoultech.ac.kr/

반대학원과 전문대학원 또는 특수대학원으로 나뉜다. 환경과 정치를 함께 공부하고 싶어하는 학생들이라면 일반대학원 내 정치(외교)학과에 진학할 수 있고, 보다 환경 문제에 집중해서 공부하고 싶어하는 학생들이라면 국내 환경 관련 전문대학원 또는 특수대학원에 진학할 수 있다.

해외 대학원에 진학하고자 하는 학생들이라면 미국에 있는 대학에 진학할 것인지, 유럽에 있는 대학에 진학할 것인지, 혹은 미국과 유럽을 제외한 다른 국가의 대학에 진학할 것인지에 대한 고민이 필요하며, 일반적으로 미국에 가고자 하는 학생들은 환경 정책을 전공으로 하여 대학원에 진학할 수 있다. 학위 취득 이후에는 교수 선발 기준 및 채용 전형을 확인하여 지원할 수 있다.

2. 연구소

환경-에너지 분야의 연구원이 되고자 하는 학생들이라면 국내의 다양한 연구소들을 고려해 볼 수 있다. 환경·에너지 분야에서 가장 대표적인 연구소는 세종시에 위치한 '한국환경정책평가연구원(KEI: Korea Environment Institute)'과, 서울시에 위치한 '한국환경산업기술원(KEITI: Korea Environmental Industry & Technology Institute)'이 있다. 먼저 KEI는 "환경과 관련된 정책 및 연구개발과 환경영향평가의 전문성, 공정성 제고를 통하여 환경문제의 예방과 해결에 기여"(KEI 1997)하는 것을 설립목적으로 두고 있다. 또한 KEITI는 "환경기술의 개발지원, 환경산업 육성과 친환경생활 확산을 통한 국민의 환경복지 서비스 향상 및 지속가능한 국가발전에 기여"(KEITI 2016)하는 것이 기술원의 설립 목적이다. 이외에도 다양한 연구소에서 환경 에너지 관련 연구가 가능하기 때문에 본인의 연구 목적에 맞는 연구소들을 정하고, 자격 요건에 맞춰 준비하면 될 것이다. 환경에너지 관련 연구소들을 다음과 같이 소개한다. 〈표 2〉 외에도 다양한 연구소들이 있기 때문에 관심 분야를 정하고 선택하면 좋을 것이다.

| 표 2 | 환경-에너지 관련 연구소

연구소명	소재지
한국환경연구원(KEI)	세종
한국환경산업기술원(KEITI)	서울
한국기후변화연구원(KRIC)	강원도 춘천
기후변화행동연구소(사)	서울
국가녹색기술연구소(NGIT)	서울
삼성전자 종합기술원 미세먼지 연구소	서울
한국종합환경연구소(주)	경기도 안산
한국수자원환경연구소(주)	대구
한국에너지기술연구원(KIER)	대전
에너지경제연구원(KEEI)	울산
녹색에너지연구원(GEI)	전라남도 목포

3. 외교(외무, 국제 공무원)

대한민국 외교부에는 '기후환경과학외교국'이라 불리는 부서가 있어 환경과 에너지에 관심이 있으면서 외무공무원이 되고자 하는 이들에게는 기회일 수 있다(외교부 n.d.). 하지만, 외교부의 특성상 잦은 부서 이동으로 환경에너지 분야에서 전문성을 쌓는 것은 다소 힘들 것으로

| 표 3 | 환경-에너지 관련 국제기구

기구명	소재지
UNEP(유엔환경계획)	케냐 나이로비
UNDP(유엔개발계획)	미국 뉴욕
IPCC(기후변화에관한정부간패널)	스위스 제네바
CSD(유엔지속개발위원회)	미국 뉴욕
WHO(세계보건기구)	스위스 제네바
IUCN(국제자연 및 자연자원보존연맹)	스위스 그랜드
UNESCAP(아태경제사회이사회)	태국 방콕
IEA(국제에너지기구)	프랑스 파리
IRENA(국제재생에너지기구)	아랍에미리트 아부다비
APEC(아태경제협력체)	호주 캔버라
UNIDO(유엔공업개발기구)	오스트리아 빈
GCF(녹색기후기금)	한국 인천
GGGI(글로벌 녹색성장기구)	한국 서울
UNOSD(유엔지속가능발전센터)	한국 인천

SDG(Sustainable Development Goal)과 환경 문제를 다루는 국제 기구임
출처: UN(United Nations) https://www.un.org/en/

보인다. 반면, 국제기구 국제 공무원이 되고자 하는 이들에게는 더 많은 기회가 주어져 있다고 할 수 있다. 원하는 분야의 국제기구에 지원하는 것이 가능하기 때문에 환경-에너지 분야에 몸담고 싶어하는 학생들이라면 아래의 표를 참고하길 바란다. 〈표 3〉의 국제기구들 외에도 다양한 국제기구가 있어 그만큼 기회도 다양하다.

4. 공기업

공기업 진출을 희망하는 학생들이라면 한국국제협력단(KOICA), 수출입은행의 대외경제협력기금(EDCF), 그리고 대한무역투자진흥공사(KOTRA)를 우선적으로 고려해 볼 만하다. KOICA는 개발도상국과의 협력관계를 통해 국가들의 경제 및 사회 발전을 지원하는 사업을 하는 기관으로, 환경-에너지와 관련하여 다양한 사업들을 추진하고 있다(KOICA 2011). 환경-에너지와 더불어 국제개발협력에도 관심이 있는 학생들이라면 더할 나위없이 좋다고 할 수 있다. EDCF는 개발도상국을 지원하고 이들과의 경제교류를 증진시키기 위해 설립된 정책기금(EDCF 1987)으로, 기후변화 문제를 우선 지원분야 사업으로 추진하고 있다. 두 기관 모두 개발도상국에 대해 공적개발원조(ODA)를 제공하지만, KOICA는 외교부 소속으로 무상원조를 제공하고, EDCF는 기획재정부 소속으로 유상원조를 제공하는 것이 차이점이다. KOTRA는 "중소-중견기업의 해외시장 진출과 글로벌 일자리창출을 선도하는 일류 무역투자진흥기관(KOTRA 1962)"을 비전으로 최근에는 환경 신재생에너지 분야 국내 기업의 진출을 위한 'Global Green Hub Korea 2019' 사업을 추진하기도 했다(KOTRA 2019). 환경 산업 분야의 수요가 증가함에 따라 환경-에너지 분야에서 추진될 사업 역시 증가할 전망이다. 이외에도 한국개발연구원(KDI)은 연구를 수행하는 기관으로서 연구소라고 볼 수 있지만, 연구 뿐만이 아니라 사업 또한 수행한다는 점에서 공기업으로 분류될 수 있을 것이다. 특히 한국개발연구원 내 국제개발협력센터는 경제발전경험 공유사업(KSP)과 함께 사업을 수행하고 있으며, 환경 정책 컨설팅, 정책 관련 모니터링 및 평가 등을 협력국에 제공한다.

5. 시민단체

환경 관련 시민단체는 국내 뿐만이 아니라 해외에도 무수히 많다. 해외에 가장 유명한 그린피스, 세계자연기금(WWF, World Wildlife Fund), 지구의 벗(Friends of the Earth) 등이 있으며, 국내에도 녹색연합, 환경운동연합, 녹색소비자연대전국협의회 등 다양한 시민단체가 있다. 시민단체는 정기적인 채용이 아니라 상시적으로 채용을 하기 때문에 이를 고려할 필요가 있으며, 공익을 위한 활동을 하기 때문에 업무에서 느끼는 보람과 가치가 크다고 할 수 있다. 또한 기후변화행동연구소(www.climateaction.re.kr), 기후변화센터(www.climatechangecenter.kr) 등 시민단체와 연구소 성격을 함께 가진 단체도 환경정치 분야 진로개발에 적합하다.

Ⅳ. 환경·에너지 분야의 변화와 직업적 수요

화석연료 사용 증가로 인해 탄소배출량이 증가하면서 지구온난화로 인한 기후변화, 생태계 파괴 등의 환경 문제와 더불어 한정된 에너지의 고갈, 원자재 가격 폭등과 같은 에너지 문제는 다양한 직업적 변화와 함께 맞물려서 나타나게 되었다. 변화는 크게 1) 산업 분야에의 변화, 2) 녹색성장 및 녹색경제 추구, 3) 환경규제, 4) 4차 산업혁명으로 분류하였다.

벨기에 고용노동부에 따르면 환경-에너지와 관련하여 일자리의 변화는 '사라지는 일자리', '일자리의 대체', '새로운 일자리'로 요약된다(IDEA Consult 2010). '사라지는 일자리'는 말 그대로 사라지는 일자리를 말하며, 화석연료에 기초한 에너지 생산 분야를 예로 들 수 있다. '일자리의 대체'는 전환 과정에 있는 일자리로, 자동차 제조업 분야에서 기존 화석연료에 의존하던 방식에서 하이브리드 자동차나 전기자동차의 출현으로 인한 변화를 예로 들 수 있다. '새로운 일자리'는 단순히 환경-에너지 분야에서 발생하는 새로운 일자리 뿐만이 아니라 다양한 산업 분야에 걸쳐서 발생하는 일자리를 말한다.

환경-에너지 문제가 국가마다 주요 의제로 자리잡게 되면서 선진국을 중심으로 환경친화적인 경제성장이 조명을 받게 되고, 국가마다 녹색성장 또는 녹색경제를 추구하게 되었다. 한국 역시 마찬가지로 경제성장의 동력 저하, 일자리의 감소 문제가 함께 나타나면서 이에 대한 대안책으로 2008년 이명박 정부는 '저탄소 녹색성장'을 국가의 비전으로 제시한 바 있다. 또한 국제노동기구(ILO, International Labour Organization)에 따르면 지속 가능성과 청정에너지에 기반을 둔 글로벌 녹색경제는 2030년까지 2천 4백만 개의 일자리를 창출하게 될 것이다(Wentworth 2018).

환경오염 문제에 대응하기 위해 국가들은 다양한 환경규제 정책을 채택하여 왔다. 이론적으로 규제는 한계 비용을 증가시키기 때문에 가격을 상승시키고, 매출을 감소시켜 노동에서의 수요 역시 감소시키는 것처럼 보인다. 하지만, 모니터링 및 집행과 같은 규제는 실제로 노동에 대한 수요를 증가시킬 수 있으며(Berman and Bui 2001), 이에 대한 경험적인 연구로 미국에서의 규제 정책은 환경 및 에너지 관련 일자리 수를 증가시킨 것으로 나타났다(Lee 2017).

마지막으로 4차 산업혁명은 환경-에너지 분야에서의 변화로 발생한 개념은 아니지만, 함께 맞물려서 직업적 수요 구조를 변화시키고 있다. 기획재정부에서 발간한 시사경제용어사전에 따르면 4차 산업혁명은 "기존 산업 영역에 물리, 생명과학, 인공지능 등을 융합하여 생산에서 관리 그리고 경영에 이르기까지 전반적인 변화를 일으키는 차세대 혁명"이다(기획재정부, 시사경제용어사전). 특히 4차 산업혁명에 따른 인공지능(Artificial Intelligence, AI)의 등장은 환경-에너지 분야에서 직종과 직무의 다양화를 가능하게 하였다. 인공지능을 활용한 환경-에너지 분야 기술에서의 혁신과 새로운 일자리의 창출 가능하게 하였다(PwC 2018). 위와 같은 변화와 증가하는 직업적 수요는 '녹색 일자리(Green Jobs)' 개념을 등장시켰고, 다음 절에서 구체적으로 소개하고자 한다.

V. 녹색 일자리(Green Jobs)

1. 녹색 일자리의 정의

녹색 일자리라는 단어를 보았을 때, 우리는 직관적으로 환경 친화적인 직업이라는 것을 알 수 있을 것이다. 하지만 녹색 일자리에 대한 정확한 정의를 살펴볼 필요가 있다. 녹색 일자리는 어떻게 정의될 수 있

| 표 4 | 녹색 일자리의 정의

기관	정의
월드워치 연구소(Worldwatch Institute)	환경의 질을 실질적으로 보존 또는 복원하는 데 기여하는 농업, 제조, 연구 및 개발(R&D), 행정 및 서비스 활동 분야 등의 일자리. 생태계와 생물 다양성을 보호하는 데 도움이 되고, 고효율 전략을 통해 에너지 사용을 절감시키며, 오염을 절감하는 등의 기능을 함.
국제노동기구(ILO)	환경을 보존하거나 복원하는 데 기여하는 일자리로, 제조 및 건설과 같은 전통적인 분야 또는 재생 가능한 에너지 및 에너지 효율과 같이 새롭게 부상하는 환경 분야에서 나타나고 있는 일자리.
미국노동통계국(BLS)	환경에 유익하거나 천연 자원을 보존하는 서비스를 제공하는 직업 또는 천연 자원을 적게 사용하거나 생산 과정이 친환경적인 일자리.
한국고용정보원	오염 물질을 저감하는 기술을 연구·제공하거나, 저탄소 배출 에너지원을 개발·제공하거나, 생태계와 환경을 보호·복원하거나, 환경 관련 서비스를 제공하는 직업.
한국노동연구원	광의의 정의로는 친환경 녹색성장을 통해 창출되는 일자리이고, 협의의 정의로는 '저탄소 녹색성장'을 지향하는 녹색산업 관련 직종 .

출처: Worldwatch Institute(2008), ILO(2019), BLS(2012), 한국고용정보원(2010), 한국노동연구원(2010)

는가? 녹색 일자리에 대한 정의는 대부분 비슷한 것처럼 보이지만, 국가마다 그리고 기관마다 다양하다.

기관들의 정의를 종합하자면, 녹색 일자리는 환경을 보존하거나 오염된 환경을 복원하는 일자리, 그로부터 새롭게 창출되는 일자리, 혹은 환경보존, 복원과 관련이 있는 일자리를 의미한다고 할 수 있을 것이다. 환경-에너지 분야는 특성상 기술과 관련된 직업들이 상대적으로 많은데, 본문은 환경-에너지에 관심이 있는 정치외교학과 학생들을 대상으로 쓰여진 글이기 때문에 정치외교학도들이 선택할 수 있는 관련 직업들을 소개하고자 한다. 그 전에 해외에서는 녹색 일자리와 관련해서 국가들은 어떤 접근 방법을 채택하고 있는지 살펴본다.

2. 해외 녹색 일자리

녹색 일자리는 전 세계에 보편적으로 나타나고 있는 일자리이기 때문에 국가별로 어떤 녹색 일자리가 있는 지 알아보기 보다는, 녹색 일자리에 대한 국가들의 접근 방법을 살펴보고자 한다. 대표적으로 미국과 독일 그리고 프랑스를 비교한다. 미국에서 녹색 일자리는 1990년대부터 널리 알려지기 시작했으며(서울대학교 2012), 2007년에는 녹색 일자리 창출과 녹색 일자리 수요에 따른 공급을 촉진하기 위해 '녹색 일자리법'(The Green Jobs Act of 2007)을 입안하였다(110th Congress 2007). 이후 2008년 당시 오바마 대통령 후보와 바이든 부통령 후보는 선거 캠페인에서 '신재생에너지 종합 계획'(New Energy for America)을 통해 500만 개의 일자리를 창출하고자 한 바 있다(Obama and Biden 2008). 친환경 국가로 평가받고 있는 독일의 경우, 새롭게 창출되는 녹색 일자리 대비를 위해 이미 2006년 '환경이 미래이다'(Environment Creates Perspectives)라는 이니셔티브를 통해 녹색 일자리 교육을 구상한 바 있다(Schreurs 2008). 게다가 독일 연방환경청에 따르면, 재생 가능한 에너지의 생산과 발전을 통해 38만 개 이상의 녹색 일자리가 창출된 것으로 나타났다. 이 중 대략 28만 개의 녹색 일자리는 재생에너지법(Renewable Energy Sources Act)에 의한 것으로 추산되었다(Federal Ministry for the Environment 2012). 프랑스에서 녹색 일자리는 '고용과 견습 증진을 위한 1993년 7월 27일 법'(loi du 27 juillet 1993 sur le développment de l'emploi et de l'apprentissage)에서 공식적으로 나타났다. 쓰레기처리나 하수 처리 등 전통적인 환경보호 분야에 집중되어 있던 녹색 일자리(손영우 2008)는 2017년 이후 급격히 그 수가 증가하고 있는 추세로, 특히 환경분야 특화 기업에 의해 일자리가 창출되고 있는 것으로 나타났다(eknews10 2019; 기획재정부 외. 2009).

3. 국내 녹색 일자리의 대표적인 예

실제 국내에 있는 녹색 일자리의 대표적인 예에는 어떤 직업들이 있는가? 아마도 무수히 많은 녹색 일자리들이 존재하겠지만, 정치외교학을 전공하는 학생들이 선택할 수 있는 국내의 녹색 일자리를 몇 가지 살펴보고자 한다. 국내 녹색 일자리의 대표적인 예로 환경변호사,

그린 마케터 그리고 환경 스타트업을 구체적으로 소개하고자 한다.

1) 환경 변호사

일반적으로 변호사라는 직업은 친숙하지만, 환경 변호사에 대해서는 생소할 것이다. 환경 변호사는 주로 환경 관련 소송을 담당하는 변호사를 일컬으며, 환경 관련 소송은 환경 민사 소송과 환경 행정 소송으로 나뉘고 있다. 환경법은 물과 대기질, 폐기물, 농업, 생물 다양성과 같은 다양한 범주의 문제를 다루고 있기 때문에, 환경 변호사가 되기 위해서는 환경 문제에 대한 전문적인 지식이 필요하다고 할 수 있다.

지속 가능성이 세계적인 의제로 자리잡게 되면서, 사람들에게 지속 가능성 문제에 대해 법률적으로 조언할 수 있는 변호사가 필요하게 되었다. 기후변화와 같은 환경 법규는 향후 환경 변호사의 입지를 넓힐 것으로 예상된다(EnvironmentalScience.org 2019). 현재 환경 변호사로 활동하고 있는 최재홍 변호사의 인터뷰 내용은 다음과 같다. “환경오염이 심화되면서 쾌적한 삶에 대한 사람들의 욕구가 높아지고 있습니다…이처럼 환경법 변호사는 수요는 증가하고 있지만 아직 공급은 적어 블루오션 직업입니다.”, “환경법 변호사의 역할은 민사소송뿐만 아니라 행정, 헌법소송으로도 확장됩니다…환경법 변호사들이 가장 보람을 느끼는 지점은 ‘자연을 위해 일한다’는 것입니다…환경법을 환경정의 운동만을 위한 제도로 보며 돈 벌기 힘든 분야라고 생각하는 것은 오해입니다. 환경오염으로 발생하는 ‘일반 사건’은 굉장한 블루오션입니다”(구보민 2017).

환경 변호사는 국민의 환경권이라는 공익을 위해 일한다는 점에서 보람을 느낄 수 있는 직업임과 동시에, 대형 로펌의 환경팀이나 혹은 환경 소송 전문 로펌에서 활동할 수 있는 기회가 있어 수입적인 측면에서도 양질의 일자리라고 할 수 있다. 최근 정치외교학을 전공하는 학생들 중에 로스쿨을 준비하는 학생들이 많아지고 있다. 환경-에너지 문제에 대해 관심이 있고 로스쿨을 진학하길 희망하는 학생들이라면, 환경 변호사는 좋은 선택지가 될 수 있을 것으로 기대된다.

2) 그린 마케터(Green Marketer)

그린마케팅은 1970년대에 발생한 개념으로, 자연 환경에 대한 부정적인 영향은 감소시키면서 소비자들의 욕구를 충족시키는 기업의 홍보 전략을 의미한다(Tiwari et al. 2011). 전세계적으로 환경-에너지 문제에 대한 관심이 높아지면서 소비자들의 인식이 높아지고, 기업의 사회적인 책임 또한 주목을 받게 되었다. 이러한 흐름에 따라 기업들은 친환경적인 이미지를 위해 저마다 그린마케팅을 시행하게 되었는데, 기업의 환경보호 활동에 따라 경영성과가 직결되는 사례 또한 증가하는 것으로 나타났다(KOTRA 2009). 이와 같은 그린마케팅을 효과적으로 시행하기 위해서는 마케터의 역할이 중요하다고 할 수 있다. 미국의 대표적인 일자리 사이트인 O*NET OnLine에 따르면 그린 마케터는 친환경 제품 마케팅 또는 판매 동향을 분석하고, 친환경 제품 또는 기술과 관련된 컨퍼런스, 이벤트 및 프로모션에 참여하며, 친환경 제품이나 서비스에 대한 소비자의 의견 및 구매 습관을 식별하는 등의 업무를 담당한다(O*NET OnLine 2011). 전반적인 마케팅 업무를 담당하지만 보다 친환경 제품이나 서비스에 초점을 두고 업무를 시행하는 것이 일반 마케터와의 차이점이라고 할 수 있겠다.

대표적으로 그린마케팅을 실시하고 있는 기업으로는 스타벅스를 예로 들 수 있다. 스타벅스는 한국에서 일반적으로 쓰이는 플라스틱 빨대를 대체하기 위한 방안으로 종이 빨대를 제공하고 있으며 빨대 없는 컵 뚜껑을 제공하고 있는 유일한 커피전문점이다. 또한 일회용품 줄이기 일환으로 텀블러를 챙겨가면 할인된 가격으로 음료를 구매할 수 있거나, 리워드를 받을 수 있다. 뿐만 아니라 나이키(Nike), 삼성, 아베다(Aveda) 등의 기업은 그린마케팅을 통해 기업 이미지를 개선시켰으며, 컴퓨터 판매회사인 HP는 제품의 에너지 효율화를 제고하고, 폐기물 수거를 재활용하는 등 친환경 제품 개발을 통해 그린마케팅을 시행한 바 있다(KOTRA 2009). 환경 친화적인 삶에 대한 소비자들의 인식이 제고됨으로써 그린마케팅은 기업에 있어서 필수적인 마케팅 전략으로 자리잡게 되었다.

3) 환경 스타트업

'Lean Startup'의 저자인 에릭 리스(Eric Ries)에 따르면 스타트업은 '극도로 불확실한 조건에서 새로운 제품이나 서비스를 만들도록 설계된 조직'이다(McGowan 2018). 스타트업에는 다양한 분야들이 있고, 주목을 받는 분야는 단연 IT이지만, 최근 들어 환경 스타트업 또한 주목을 받고 있다. 2013년, 네덜란드에서 론칭한 머드진스(Mud Jeans)는 청바지를 대여해주는 스타트업이다. 머드진스의 고객들은 계약기간을 설정한 뒤, 한 달에 7.5유로(약 1만원)씩 임차료를 내고 청바지 한 벌을 빌린다. 이후 계약기간이 끝나면 고객들은 청바지를 회사에 다시 돌려주거나, 추가 요금을 내고 새로운 청바지로 교체하거나, 기존의 청바지를 계속 빌리는 방법을 선택할 수 있게 된다(김민주 2016). 머드진스는 고객으로부터 회수한 청바지를 재활용하는 방식으로 버려지는 직물을 최소화하며 환경보호에 앞장서고 있으며, 패션과 환경보호라는 두 마리의 토끼를 잡는 똑똑한 친환경 스타트업이라고 할 수 있다. 스웨덴의 마츠마트(MATSMART)는 판매할 수 있는 식품임에도 불구하고 팔리지 못한 식품이나 잉여 식품을 합리적인 가격으로 재판매하는 스타트업이다. 음식물 쓰레기 문제에 대한 문제 의식으로부터 음식물 쓰레기의 양을 줄이고, 음식물 처리 비용을 감소시키기 위해 노력하고 있다. 스웨덴과 노르웨이, 핀란드에서 운영되고 있으며 매년 708톤의 식품을 절약하고 있는 것으로 알려졌다(MATSMART 2012; 주승호 2019).

한편 국내에서는 환경 스타트업의 발굴을 위해 환경부의 주최로 '환경창업대전'을 2018년도부터 1년 단위로 실시하고 있다. 주제는 환경현안해결, 친환경 상품 또는 환경기술 개발, 환경 서비스 등이다. 지원자들에게는 공통적으로 스타트업 클래스를 개최하거나 창업 공간 등 환경 스타트업을 적극적으로 지원하고 있는 양상을 보이고 있다. 위의 주제와 관련하여 아이디어가 있는 학생들은 적극적으로 지원해봄이 좋을 듯하다.

VI. 미래 녹색 일자리(Future Green Jobs)

인류가 맞닥뜨리고 있는 최대 환경 및 에너지 문제는 단연 기후변화와 에너지 고갈 문제라고 할 수 있다. 특히나 기후변화로 인한 해수면 상승은 기후학자들에 의하면 막을 수 있는 것이 아니라 그 속도를 늦출 수 있을 뿐이다(Chestney 2012). 게다가 화석 연료의 고갈로 인해 국가들은 다양한 대체 에너지를 찾기 위해 노력하고 있지만, 화석 연료의 생산량은 여전히 1위이다(IEA 2017). 이와 같은 환경 및 에너지 문제는 앞서 언급한 것처럼 우리의 삶에 부정적인 영향을 미치기 때문에 해결되어야 하는 문제이다. 그런데 반대로 이와 같은 현상은 환경 및 에너지 분야에서 직업을 구하고자 하는 사람들에게는 오히려 희소식이 될 수도 있는데, 이는 문제 해결을 위해 직업적 수요의 증가로 귀결되기 때문이다.

앞서 살펴봤던 전통적 직업군 내의 환경-에너지 분야 직업, 녹색 일자리 외 미래의 녹색 일자리에는 어떤 것들이 있을까? 우리가 살고 있는 사회는 빠른 속도로 변화하고 있고, 평생 직장의 개념이 사라지고 있다. 따라서 현 시점에서 우리는 적어도 5년 뒤에서 20년 뒤의 환경 및 에너지 문제와 직업 시장을 생각하며 진로를 정하는 것이 현명한 선택이라고 할 수 있을 것이다.

노동시장에서 화제가 되는 단어는 단연 '4차 산업혁명'이라고 할 수 있을 것이다. 2016년 WEF(World Economic Forum)에서 발간한 '일자리의 미래'(Future of jobs)에 따르면 4차 산업혁명으로 인해 총 710만 개의 일자리가 사라질 것으로 전망된다(WEF 2016). 특히 인공지능, 빅데이터, 블록체인 등의 발전으로 이와 같은 기술을 잘 활용할 수 있는 인재들이 필요하게 될 것으로 예상되는데, 세계적인 컨설팅 회사인 PwC는 환경 분야에서 4차 산업혁명과 관련하여 신생 일자리를 소개하고 있는데 기후변화, 생물 다양성과 보존, 건강한 바다, 물 안보, 깨끗한 공기, 기후 재난 및 재해 회복이라는 총 6개의 주제들로 분류하였으며 간추린 직업들은 〈표 4〉와 같다. PwC의 보고서가 소개하고 있는 직업들은 주로 기술과 관련된 직업들이거나, 정치외교학과는 상관이 없어 보이는 직업들이 대부분인 것을 알 수 있다.

하지만 WEF의 보고서는(2016) 4차 산업혁명으로 인한 기술의 발전을 강조하는 것 뿐만이 아니라 동시에 기술에 의해 대체가 불가능한

| 표 5 | 4차 산업혁명과 환경 분야 신생 일자리

주제	직업명
기후변화	–스마트 도시를 위한 분석 및 자동화 작업 –지속 가능한 생산 및 소비 체인 모니터링
생물 다양성과 보존	–도시 폐기물 유출 분석 –생물 서식지 보존 복구를 위한 드론 기술가
건강한 바다	–실시간 오염 수준 모니터링 –불법 낚시 감시 및 탐지
물 안보	–급수 모니터링 및 관리 –주거용 물 사용 모니터링 및 관리
깨끗한 공기	–대기오염원 탐지 –실시간 대기오염 모니터링 및 시뮬레이션
기후 재난 및 재해 회복	–실시간 자연재해 커뮤니케이션 –소셜미디어를 통한 재해 대응

출처: PwC(2018)

직업들을 소개하며 전망을 분석하였다. 즉, 인간이 아니면 할 수 없는 직업들을 소개하였는데, 예를 들어 서비스직, 인간문화, 조직 개발 전문가, 영업이나 마케팅 등이 이에 속한다. 또한 미래에 필요한 핵심 역량으로 분석적 사고와 혁신, 창의력과 독창성 및 주도권, 비판적 사고와 분석, 감성 지능, 추론과 문제 해결 및 관념 등을 제시하였다. 위의 내용을 바탕으로 이공계적 기술을 요하지 않는 미래의 녹색 일자리를 제시하고자 한다.

1. 지속 가능 경영 컨설턴트

지속가능 경영 컨설턴트는 기존에 존재하는 직업이지만, 미래에 급격한 수요 증가가 예상되는 직업이기 때문에 포함시키게 되었다. 전 세계의 비즈니스 리더들은 경제적, 사회적 변화 뿐만이 아니라 에너지, 물 부족, 식량 안보, 도시화 등과 같은 환경적 변화에 대한 대응의 필요성을 인식하게 되었다. 이와 같은 변화에 대응하기 위해서는 변화에 민감하고 적응력이 뛰어나며, 지속 가능한 비즈니스 모델이 필요하다. 기업을 위한 지속 가능한 비즈니스 모델을 제공하는 것이 바로 지속 가능 경영 컨설턴트의 업무라고 할 수 있다. 구체적으로는 변화에 따라 문제를 분석하고, 기업을 위한 맞춤형 계획을 제공하며, 계획을 시행하고, 모니터링하며, 결과를 보고하고, 평가하는 업무를 수행하게 된다(KPMG 2019).

노동연구원(2010)에 따르면 지속 가능 경영 컨설턴트의 자격 요건은

"1) 환경정책 전공, 환경과학, 공공정책이나 관련분야의 학위 취득자, 2) 최적의 지속 가능성 전략과 환경 작업을 위한 프로젝트팀을 이끌 수 있는 의지와 능력 필요, 3) 훌륭한 대인관계 기술, 4) 구두 및 서면 의사소통 기술이 뛰어난 자" 등이 있다. 또한 실제 국내 컨설팅 기업의 지속 가능 경영 컨설턴트 모집 공고의 담당업무와 자격조건은 다음과 같다.

| 표 5 | 국내 'ㅅ' 컨설팅 기업의 지속 가능 경영 컨설턴트 모집 공고

담당업무	지속가능경영전략 유관분야(경영전략, 지속가능경영전략, 기후변화전략, 사회적가치전략, 국제개발협력 등) 컨설팅
자격조건	-컨설턴트 직업에 대한 이해와 관심 -논리적 사고, 자료 서치 및 분석 능력 -영어 커뮤니케이션(Speaking & writing) 능통자 -MS 파워포인트(PPT), 엑셀(Excel) 능통자

출처: 삼정KPMG(2019)

국내외에서 ESG(Environment, Society, Governance)가 각광을 받고 있다. 기업들은 글로벌 경영 환경의 변화로 인해 환경과 사회, 거버넌스를 고려한 기업 운영에 관심을 가지고 다양한 방안들을 도입하고 있다. 의류업체인 파타고니아와 같이 직접 환경운동을 지원하기도 하고, 온실가스 저감 기술 도입 등을 통해 새로운 사업 기회를 찾기도 한다. 앞다투어 ESG 경영위원회를 만들고 실무팀을 조직하는 이 때가 국제정치적 감각과 조직에 대한 이해를 가진 정치학도가 미래 진로를 찾을 수 있을 기회이다.

2. 환경 정치 전문가

로비스트라는 직업은 표준국어대사전에 따르면 "특정 압력 단체의 이익을 위하여 입법에 영향을 줄 목적으로 정당이나 의원을 상대로 활동하는 사람"을 일컫는다(국립국어원 2019). 기존 로비스트의 의미는 본문에서 소개하고자 하는 로비스트의 역할을 충분히 다 담아내지 못하기 때문에 새롭게 정의하고자 한다. 따라서 본문에서 로비스트는 '정당이나 의원 뿐만이 아니라 더 많은 주체에게 효과적으로 의견을 전달하여 영향을 줄 목적으로 활동하는 사람'으로 의미를 넓힌다. 또한 한국에서 로비스트라는 직업은 불법으로 규정되어 있기 때문에 불법적 의미를 제외하고자 한다. 본문에서 소개하는 환경 로비스트는 문제를 전문적으로 다뤄야 하는 사람이기 때문에 환경 문제, 정책 등에 대한 전문적 지식이 필수적이며, 사람을 설득해야 하는 업무가 주를 이뤄 높은 수준의 커뮤니케이션 능력을 요구하기 때문에 기존의 비슷한 업무를 하는 일자리보다 한 단계 높은 수준의 일자리라고 할 수 있다.

환경 로비스트는 문제의 범위에 따라 업무의 내용에 변화가 있을 것으로 보이며, 범위는 소지역적 수준(local level), 지역적 수준(regional level), 국제적 수준(global level)으로 나뉜다(이태동-정혜윤 2019). 소지역적 수준에서 환경 로비스트는 주로 해당 지역 주민, 지방 의원 그리고 지방 공무원들을 상대하게 될 것이다. 더불어 해당 지역에서 발생한 환경 문제에 대한 깊은 이해가 필요하다. 지역적 수준에서는 정부, 정부 공무원 등을 상대하기 때문에 해당 국가에 대한 사회-역사-문화-

언어 등에서의 이해가 중요하다. 지역적 수준에서 환경 로비스트의 역할은 정부 공무원의 역할과 비슷하지만, 상대방을 설득하는 커뮤니케이션 능력이 전문적이라는 점에서 다르다고 할 수 있으며, 이 때문에 정부 기관에서 일할 수 있는 기회도 주어질 수 있다. 국제적 수준에서 환경 로비스트는 다양한 국가들을 상대하기 때문에 그만큼 다양한 언어를 구사할 수 있는 능력이 중요할 것이며, 추가적으로 기존의 국제 협약들에 대한 지식이 요구된다. 정부 공무원이나 국제 공무원은 자신이 속한 국가나 기관의 입장을 대변해야 한다. 따라서 국제적 수준의 환경 로비스트는 보다 자율성을 가진다는 장점이 있다.

3. 개발도상국 환경 사업 발굴가

선진국과 비교하였을 때, 개발도상국은 기후변화 대응 능력이 떨어진다고 할 수 있다. 도시의 인프라 뿐만 아니라 이에 대한 예산과 제도가 매우 제한적이며, 상당한 인구가 해안 지역에 거주하고 있어 환경 재해 및 재난에도 취약하다. 따라서 개발도상국에는 기후변화 피해에 대응하고, 적응 능력을 기르기 위한 지원이 필요하다.

이를 위해 한국 정부는 2015년부터 외교부 산하 무상원조 전담기관인 코이카(KOICA)를 통해 인도네시아 자카르타 북부 지역 대방조제 사업에 참여하게 되었다(박대로 2015). 자카르타는 전세계에서 가장 빠르게 침수하고 있는 도시로 기후변화로 인한 해수면 상승과 지하수 추출로 인한 것이며, 2050년에는 도시 전체가 사라질 예정이다(Lin and

Hidayat 2018). 따라서 인도네시아는 자카르타 북부 지역에 대방조제를 건설하는 프로젝트를 기획하였고, 코이카는 프로젝트에 무상 원조를, 한국 농어촌공사는 과거 새만금방조제 축조 경험을 바탕으로 자문을 제공하고 있다(성혜미 2019). 정부 기관 뿐만이 아니다. 현대건설 또한 인도네시아의 최대 국영기업과 양해각서를 체결하여 사업에 참여하게 되었으며, 기존 인도네시아에서 진행중인 사업의 영역을 넓힐 수 있게 되었다(최은서 2019).

한국과 인도네시아의 협력 사업 사례는 기후변화에 취약한 다른 국가들에도 적용될 수 있는 가능성을 시사한다. 국제개발협력의 일환으로 협력 사업을 통해 개발도상국은 대응 및 적응 능력을 높일 수 있고, 사업에 참여하는 기업들은 경제적 이익을 창출할 수 있게 된다. 개발도상국 환경 사업 발굴가는 개발도상국 내에서 발생하고 있는 환경 문제를 재빠르게 진단하고, 사업 가능성을 평가하여 기업에게 사업 참여의 기회를 제공할 수 있다. 국제개발협력을 증진시키고, 경제적 이익을 창출한다는 점에서 두 마리의 토끼를 잡는 직업인 셈이다.

VII. 환경-에너지와 정치학 교육

지금까지 환경과 에너지 분야에 관심있는 정치외교학도들이 선택할 수 있는 직업, 그리고 녹색 일자리에 대해서 알아보았다. 위의 내용을 종합하여 봤을 때, 정치외교학을 배우고 있는 우리는 이러한 질문을 생각해 낼 수 있을 것이다. '과연 정치외교학과 교육과정이 환경-에너지 분야 직종에 도움이 되는가?' 물론 대학 교육의 목적은 회사에서 요구하는 맞춤형 인재들을 양성하는 것은 아니다. 하지만 종국적으로 학생들은 대학을 졸업하여 구직 과정을 거치기 때문에 대학에서 제공하는 교육이 구직에 도움이 되는 지 그렇지 않은 지는 중요하다.

현재의 정치학 교육은 크게 국제정치, 한국정치, 비교정치 그리고 사상 및 방법론이라는 4가지 영역으로 분류된다. 학생들은 국제정치 과목들을 통해 국제사회 전반에 대해 이해를 할 수 있게 되고, 비교정치 과목들을 통해 지역에 대한 이해와 더불어 국제개발협력에 대한 지식을 습득할 수 있다. 또한 한국정치 과목들을 통해서는 한국 사회 전반에 대한 폭넓은 분석을 할 수 있으며, 사상 및 방법론을 통해 국가 사회의 정의와 가치에 대해 배울 수 있고, 다양한 방법론을 통해 분석의 폭을 넓히고, 사고의 수준을 높일 수 있게 된다. 즉 우리는 정치학 교육을 통해서 분석적 사고와 사회에 대한 통찰력을 기를 수 있게 되는 것이다.

환경 및 에너지 분야는 기술직이 대거 포진되어 있어 막상 정치학을 전공한 학생들이 직업을 구하기가 어려워 보이지만, 사실은 그렇지 않다. 왜냐하면 앞서 5절과 6절에서 제시한 것과 같이 기술을 요하지 않는 직업들 또한 존재하기 때문이다. 물론 선택할 수 있는 직업의 양이 적고, 분야가 한정되어 있다는 것은 어려움으로 작용한다. 하지만 정치학 전공자들은 다른 것은 몰라도 어느 분야에서나 직업을 가질 수 있다는 말을 들어보았을 것이다. 정치학 공부를 통해 사회를 다각도로 바라볼 줄 아는 눈, 그것을 이해할 수 있는 능력, 이를 체계적으로 분석할 줄 아는 힘, 문제에서 통찰력을 얻을 수 있는 능력은 구직 과정에서 메리트로 작용할 것이다. 다만 문제는 커리어에 있어서 어떻게 이야기를 풀어나가고, 발전시켜 나갈 것인지에 관한 것이다. 즉 '정치학 교육이 환경 및 에너지 분야 뿐만 아니라 전반적인 구직 과정에 도움이 되는가?'라고 누군가 물어본다면, '그렇다'라고 대답할 수 있겠으며, '다만 자기 하기 나름이다'라고 덧붙일 수 있겠다.

김리아

파타고니아 차장. Environment Manager 정치학과 석사 2020년 졸업

Q. 파타고니아에서 환경과 관련해서 어떤 일을 하시는가요?

저는 파타고니아 코리아 환경팀에서 환경단체 지원과 환경 캠페인 기획 및 진행을 담당하고 있습니다. 파타고니아는 풀뿌리 환경단체 활성화가 환경 보호를 위한 실질적인 변화를 만들어내는 가장 직접적인 방법이라고 믿습니다. 제가 담당하는 〈1% For the Planet〉 프로그램은 매년 파타고니아 매출의 1%를 환경보호를 위해 풀뿌리 환경단체에 기부하는 프로그램입니다. 이외에도 긴급한 환경 문제에 대한 재정 및 제품 지원 등으로 환경단체와 연대하고 있습니다. 또한 파타고니아 코리아가 직접 진행하는 캠페인으로는 전국에 버려진 보 철거를 촉구하는 〈푸른 심장〉 캠페인이 있습니다. 이와 같이 다양한 환경 관련 행사를 기획 및 진행하고 있습니다.

Q. 사기업에서 환경 관련업무를 하는데 정치학 교육이 어떻게 기여한다고 생각하시나요?

정치학 교육을 통해 저는 실무에 요구되는 환경 시민사회 및 기후변화에 대한 이론적 이해와 활동가들과 교류를 통한 현장 경험을 얻을 수 있었습니다. 〈시민사회와 NGO정치학〉 등의 정치학 수업을 통해 환경정치에 대한 이론적 이해뿐만 아니라 한국 환경 시민 사회의 역사를 배울 수 있었습니다. 또한 세미나 등을 통해 직접 현장에서 활동하는 활동가와 연결되며 시민사회 활성화에 열정을 가질 수 있었습니다. 관련

연구를 하며 직접 시민 사회의 일원으로 활동하는 경험을 얻은 것은 취업과 이후 업무에 크게 도움이 되었습니다.

Q. 환경-에너지 관련 진로를 추구한다면 정치학 전공자로서 어떤 준비가 필요할까요?

환경-에너지는 정치학과 마찬가지로 광범위한 업계와 분야를 포함하고 있다고 생각합니다. 따라서 자신이 열정을 가질 수 있는 특정 분야를 찾고 이해하는 것이 중요할 것입니다. 관련 수업, 연구, 세미나 참석, 인턴십 등을 넘어 직접 자신이 가고자 하는 직무를 하고 있는 사람들과 소통하고 업계의 부족한 점과 내가 기여할 수 있는 방안을 생각하며 진로를 준비할 수 있을 것 같습니다.

2 장

IT, 뉴미디어 정치 미래 진로

정유진, 김성덕, Iva Andreeva, 허구성

Ⅰ. 서론

인공지능, 블록체인, 사물인터넷, 클라우드 등과 같은 기술들이 인류와 사회에 끼치는 파급효과는 실로 대단해서, 오늘날 사회 곳곳에선 거센 변화의 소용돌이가 일고 있다. 정치영역도 이러한 시대적 흐름에서 예외는 아니다. 그렇다면 미래의 정치는 어떤 모습일까? 정치와 관련하여 이제껏 우리가 당연시 여겨왔던 관념과 지형 그리고 기준은 먼 훗날에도 과연 유효할까? 누군가는 그렇다고 할 것이고, 다른 누군가는 확신할 수 없다고 답변할 것이다. 그리고 또 다른 누군가는 정치가 근본적으로 변화할 것이라 단언하기도 할 것이다. 누구도 무엇이 답인지 명확히 알 수는 없다. 그럼에도 불구하고, 최소한 현재 정치 영역에서 어떠한 혁신이 이루어지고 있고, 그 원인은 무엇이며, 향후 정치가 어떠한 모습으로 흘러갈지에 대해 불완전하게나마 예측을 시도해 볼 순 있을 것이다. 본 장은 현재의 정치학도 혹은 예비정치학도들이 어떻게 하면 다가오는 변화의 시대에 보다 효과적으로 준비하고 또 대응할 수 있을지를 알려주는 일종의 안내서가 되었으면 하는 목적으로 집필되었다.

상기한 목적을 고려하여, 본 장은 크게 다음과 같은 두 가지 섹션으로 구성된다. 첫째 섹션은 제도권 정치 대 비제도권 정치라는 기존의 전통적인 관점에 입각하여 미래의 정치시장 구조가 어떤 모습으로 재편될지를 살펴볼 것이다. 이는 특히 오늘날 정치분야에서 가장 화두로 떠오르는 정치 플랫폼을 중심으로 분석을 시도할 것이다. 둘째 섹션은 변화하는 정치시장 구조에 따른 정치학과 진로의 지형변화에 대해 살펴볼 것이다. 특히, 새롭게 탄생하고 있는 창업-스타트업에 대해 소개하고, 정치외교학과의 전통적인 진로인 국회 보좌관의 변화에 대해 중점적으로 분석을 수행할 것이다.

II. 정치플랫폼과 미래진로

1. 정치 플랫폼이란?

1) 정치 플랫폼

오늘날 21세기에 가장 주목받는 굴지의 글로벌 기업을 꼽으라고 한다면 누구라도 구글, 유튜브와 페이스북, 에어비앤비와 우버 등의 기업들을 거론할 것이다. 이들 기업들은 역사상 그 어떤 기업보다도 가

파르게 성장하였고, 또 현재까지도 자사의 사업기반 및 영향력을 공고히 하는데 성공한 기업들이라는 점에서 공통적이다. 또한, 이들은 정보기술(IT)과 인터넷을 기반으로 하는 서비스를 제공한다는 점에서도 유사하다. 이러한 이유 때문일까? 이들은 서로 다른 영역에 위치한 기업들임에도 불구하고 종종 함께 거론되곤 한다. 구글은 통상 검색을 용도로 사용되는 검색업체이고, 유튜브와 페이스북은 온라인 컨텐츠를 기반으로 하는 미디어업체에 해당한다. 심지어 에어비앤비는 숙박업체를 중개하는 서비스를 제공하고, 우버는 택시업계와 밀접한 연관성을 지닌다. 이렇게나 상이한 기업들이 나란히 언급되는 이유는 무엇일까?

이들을 관통하는 핵심은 바로 플랫폼이다. 최근 우리들은 일상생활을 영위하는 와중에 플랫폼이란 용어를 자주 접하곤 한다. 그러나 그 누구도 플랫폼이 뜻하는 바가 정확히 무엇인지에 대해 명확히 설명하기란 쉽지 않다. 이는 플랫폼이란 용어가 여러 영역에서 다양한 의미로 쓰이기 때문이다. 그렇다면 플랫폼을 어떻게 정의 내릴 수 있을까? 이와 관련하여, 플랫폼을 정치, 사회, 경제 모든 영역에서 새로운 가치를 창출하는 토대이자 공간으로서 참여, 개방, 공유, 공통의 이익, 네트워크와 확장성을 지향하는 개념으로 정의한 연구가 존재한다. 이를 더욱 쉽게 표현하자면, 플랫폼이란 둘 이상의 사람이 만나서 서로의 의견과 생각을 교류하는 공간이라고 정의할 수 있다. 따라서 우리는 이러한 요건을 충족하는 모든 공간을 플랫폼으로 이해할 수 있을 것이다.

그렇다면 정치 영역에 존재하는 플랫폼은 어떻게 해석할 수 있을까? 이와 관련한 다양한 논의가 있겠지만, 가장 핵심을 관통하는 정의는 바로 정치인들과 유권자들이 만나 상호 교류하는 공간일 것이다. 한편, 정치 플랫폼에서 이루어지는 연결은 단순히 정치인과 유권자 간의 관계만을 의미하는 것은 아니다. 정치인과 유권자 간, 유권자들 상호간, 정치인들 상호간의 연결관계 또한 가능하다.

상기한 연결관계는 우리사회 곳곳에서 발견된다. 검색포탈로 여겨지는 네이버나 다음은 물론이고, 유튜브와 페이스북도 정치 플랫폼이라 할 수 있다. 뿐만 아니라, 청와대 국민청원게시판이나 온라인 뉴스 기사도 정치 플랫폼의 범주에 해당한다. 이처럼 정치 플랫폼은 우리 주변 곳곳에 아주 다양한 형태로 포진하고 있다.

2) 왜 정치 플랫폼인가?

수많은 사람들은 21세기 정치의 핵심은 바로 플랫폼에 있다고 지적하곤 한다. 실제로도 오늘날 많은 정치인들과 유권자들은 플랫폼이라는 공간 위에서 정치참여를 활발히 하고 있는 것으로 파악된다. 그렇다면 플랫폼이 오늘날 정치영역의 중심으로 자리매김한 데에는 어떠한 이유가 있을까?

첫 번째 이유로 플랫폼이 지닌 네트워크 효과(network effect)를 들 수 있다. 네트워크 효과란 특정 상품이나 서비스에 대한 어떤 이용자의 수요가 다른 사용자들에 의해 영향받는 것을 의미한다. 상술하자면, 특정 상품이나 서비스를 이용하는 이용자가 증가할수록 해당 상품이나 서비스의 가치가 올라가고, 이는 다시 해당 상품이나 서비스 이용자 수의 증가로 이어지는 일련의 순환적 과정이 반복되는 것이다. 또한, 네트워크 효과는 일정한 임계점에 도달한 이후부터 나타나며, 그 효과는 선형이 아니라 기하급수적(exponential) 성장 궤도를 그린다.

이를 고려할 때, 정치 영역에서 온라인 플랫폼이 지니는 잠재력은 실로 엄청나다. 특정 정치인이나 정치집단이 규모의 플랫폼을 확보하기만 하면 이후 이로부터 엄청난 수의 유권자들을 지지세력으로 끌어올 수 있기 때문이다. '수의 논리'가 좌우하는 정치경쟁에서 플랫폼이 지닌 이러한 효과는 특히 중요하다. 선거경쟁을 생각해본다면, 기존의 오프라인 선거유세에 비해 정치 플랫폼이 갖는 효과가 실로 막대하다는 것이 느껴질 것이다.

이러한 네트워크 효과는 유권자에게도 도움이 될 수 있다. 기존의 정치과정에선 제도권 정치에 자신들의 의견을 피력할 제도적 수단과 장치를 지닌 소수의 사회집단들이 주목 받아왔고, 이에 따라 사회의 한정된 자원이 이들에게 불균등하게 집중되었다. 그러나 플랫폼은 제도적 수단의 소유여부와 관계없이 모두에게 개방된 열린 공간이다. 따라서 설령 제도적 수단이나 장치가 없는 '정치적 약자'에 해당할지라도, 같은 의견을 가진 사람들이 플랫폼을 통해 결집함으로써 해당 의견은 정치적 영향력을 획득하게 된다.

둘째로, 정치 플랫폼은 다원화된 사회에서 나타나는 다양한 사회의 요구/가치를 효과적으로 응집할 수 있다는 특성을 지닌다. 오늘날 전 세계적으로 탈물질주의적 가치가 확산되면서 과거 정치영역을 지배하였던 계급갈등 및 이념갈등이 희석되고 있다. 대신 기존의 진보 대 보수라는 대립구도 하에서 명확하게 분류할 수 없는 다양한 가치들이 새롭게 등장하여 확산되고 있다. 환언하면, 유권자의 관심사는 이전과 같이 고정적이고 유형적인 것에서 보다 개인주의적이고 다원화된 것으로 변화하는 것이다. 이에 따라 과거 소수의 엘리트 정치인들과 주요 정당들이 진보와 보수라는 이분법적 구도에 입각하여 정치적 안건과 이슈를 선별하고 유권자들을 양자택일로 몰아넣는 기존 정치과정은 한계에 직면하였다.

정치플랫폼은 이와 같은 한계를 극복할 수 있는 대안으로서 의의가 있다. 플랫폼은 유권자들로 하여금 서로 간의 의견과 생각을 나누는 공간으로 기능한다. 이는 과거에 소수의 정치인들과 매스미디어로부터 정보가 유권자들에게 하향식으로 전달되었던 양상과 대조적이다. 그 결과 유권자들은 진보와 보수를 넘나들며 정치적 사안별로 교차되는 입장/견해를 취하는가 하면, 이전에 존재하지 않던 제3의 안건을 새롭게 생성할 능력을 지니게 되는 것이다. 즉, 정치플랫폼은 유권자들의 다원화된 요구와 이익이 정치적으로 표출되는 과정에 기여한다.

한편, 이는 기성 정당들에게도 기회로 작용할 수 있다. 지난 수십년간 전세계 각국의 정당들은 시대의 변화에 대응하여 생존을 위한 변화를 거듭해왔다. 보다 많은 유권자들의 지지를 획득하기 위해 이념의 극단보단 중도적 성향으로 수렴하는 포괄정당화 현상, 한편으론 정치에 대한 시민들의 무관심과 불신 속에서 생존을 위한 재정 획득을 목적으로 정부와 결탁하려는 카르텔 정당화 현상이 이를 방증한다. 이러한 현상의 이면에는 기성 정당들이 변화하는 유권자들의 특성을 좇아가기 위한 생존의 노력이 존재한다. 그럼에도 불구하고, 기성 정당에 대한 유권자들의 불신과 무관심 현상은 보다 심화되어 왔다. 이러한 맥락에서, 정치 플랫폼은 정당들에게 있어서도 직면한 위기를 극복하기 위한 기회로 작용할 수 있을 것이다.

셋째 요인은 인공지능(Artificial Intelligence)과 빅데이터 분석기술의 급격한 발전이다. 이러한 정보기술은 정치 플랫폼으로부터 축적되는 대량의 데이터와 결합함으로써 상기한 플랫폼의 기능을 극대화하는 효과를 가져온다. 먼저 양자의 결합은 유권자의 정치참여 활성화에 기여한다. 특정 유권자의 데이터를 토대로 해당 유권자에게 도움이 될만한, 혹은 해당 유권자가 선호할만한 최적의 정보를 추천해줄 수 있다. 유권자의 성별, 연령, 거주지역, 정치적 선호도뿐 아니라 해당 유권자가 특정 안건에 대해 표현한 선호도(예: 좋아요, 혹은 싫어요)나 댓글 등의 빅데이터를 분석함으로써 유권자가 관심을 가질만한 의원, 국회 발의 법안 내용을 비롯한 다양한 정치적 현안에 대해 제공할 수 있는 것이다. 뿐만 아니라, 소수의견을 가진 유권자들을 묶어줄 수도 있다. 설령 자신의 주변에 자신과 같은 의견을 가진 사람이 없더라도, 플랫폼상으로 비슷한 견해를 가진 사람들을 모아주고 또 의견 교류할 장소를 제공해줄 수 있는 것이다.

정치인과 정당 또한 이러한 기술의 효과를 상당부분 누리고 있다. 대표적으로 선거 캠페인의 사례를 살펴보자. 오늘날 선거캠페인의 크고 작은 많은 의사결정은 데이터를 기반으로 이루어진다고 해도 과언이 아니다. 실제로 선거캠페인에선 전체 유권자 집단 데이터를 분석함으로써 유사한 특성을 지닌 유권자 그룹으로 군집화한다. 이는 한정된 물적·인적 자원을 보다 효율적으로 사용하기 위해 어떤 유권자 집단을 우선적으로 공략해야 할지를 판단하고, 각 유권자 집단에 최적화된 선거전략을 수립하고자 함이다. 또한, 특정 안건에 대한 자신들이 취할 정치적 입장이 유권자들로 하여금 어떠한 반응을 이끌어낼 수 있을지 분석을 시도하기도 한다.

2. 제도권 정치(Public sector: 의회, 정당, 선거)와 비제도권 정치(Private sector)

상기한 바를 종합해볼 때, 정치 플랫폼이 현실정치에 미치는 영향력은 유례가 없을 정도로 강력하고, 또한 혁신적일 것이라 예상된다. 그리고 정치 플랫폼을 중심으로 정치 판도가 새롭게 재편되고 있다. 그렇다면 정치 플랫폼의 등장이 기존의 정치시장 구조에 어떠한 변화를 초래하게 될까? 이에 대해선 정치영역을 제도권과 비제도권 두 가지 영역으로 구분하고, 현재 제도권 정치과 비제도권 정치가 어떠한 양태를 보이는지 살펴본 이후 미래의 정치시장 구조를 예측해보고자 한다.

1) 제도권 정치의 변화

제도권 정치 영역은 기존 정치제도의 틀 안에서 정치 플랫폼을 수용/활용하려는 양상을 보인다. 먼저 행정부의 경우를 살펴보면, 오늘날 정부 수반이 직접 SNS상에서 주요 정책 현안에 대해 일반 국민들과 소통하려는 모습은 빈번하게 발견된다. 미국의 오바마 전 대통령이 그러했고, 트럼프 대통령과 한국의 문재인 대통령 또한 이와 같은 행보를 이어가고 있다. 뿐만 아니라, 정부 웹사이트의 한 섹션으로 청원 공간을 별도로 마련하고, 일반 시민들의 청원을 받는 사례가 증가하고 있다. 우리나라의 청와대 국민청원게시판, 미국의 'We the People' 등의 사례가 이러하다.

의회도 행정부와 유사한 경향을 보인다. 의회나 개별의원들은 최근 통과된 주요 법률안이나 현재 논의 중인 안건 등을 SNS를 통해 국민들과 공유하고자 한다. 또한 온라인 청원 웹사이트를 운영함으로써 의회와 정당 차원에서 수용하지 못한 국민 의견을 수용/반영하고자 노력하고 있는 것으로 파악된다. 영국 스코틀랜드의 'e-petitioner', 호주 퀸즐랜드 의회, 독일 연방의회, 우크라이나 의회 등이 이에 해당하는 사례이다.

한편, 의회 의원들이 일반 시민들과 함께 법률안을 만든 특별한 사례가 있다. 바로 프랑스의 '의회와 시민' 플랫폼이다. 절차를 요약하자면 다음과 같다. 먼저 의원이 자신이 추진할 법안과 이와 관련된(현황) 배경에 대해 짧은 영상으로 소개한다. 해당 영상을 본 시민들은 이에 대한 자신의 의견 및 수정/보완사항을 제안하고, 또 이들은 의원이나 다른 시민이 제안한 의견에 대해 찬성 또는 반대 투표를 진행한다. 이후 의원은 투표에서 가장 많은 표를 얻은 의견제안자들 중 일부를 선별하여 토론하게 된다. 토론은 실시간으로 중계되며, 토론에 참여하지 못하는 참가자들 또한 SNS을 통해 해당 과정에 참가하게 된다. 이러한 절차를 거쳐 수정/보완된 법안은 의원에 의해 전통적 입법 경로를 통해 상정되고 토론에 붙여진다. 이는 제도권 정치 영역이 유권자들과 직접적인 교류를 시도한다는 점에서 이전의 사례들과 구별된다고 여겨진다.

정당도 온라인 플랫폼을 수용함으로써 네트워크 정당으로 발돋움하려는 시도를 보이고 있다. 오늘날 주요 정당 상당수는 SNS을 통해 자당의 정책과 정치노선을 홍보하고 있으며, 온라인 플랫폼을 통해 자당의 핵심 공약을 선정하거나 당 대표나 간부를 선발하는 등 정당 내부의 의사결정과정에 일반 유권자들을 참여시키려는 노력을 진행 중이다. 이러한 사례는 국내 주요 정당들에서 빈번히 관찰된다.

기성 정당과 의회는 플랫폼을 통해 온라인 시민 여론을 반영하고자 노력하였으나, 이는 기성 정치세력들이 유권자들의 의견을 부분적/선택적으로 수용하는 경우가 대부분이다. 하지만 아르헨티나의 부에노스아이레스에서 2013년에 등장한 정당 넷파티는 다르다. 넷파티는 그 탄생부터 온라인 플랫폼인 데모크라시OS를 바탕으로 결성된 네트워크 정당으로서, 해당 정당의 원칙은 시민의 의견을 자당의 공약으로 선정하고, 나아가 정당에 소속된 후보는 오직 시민들의 의견에 따라 의회 표결권을 행사해야 한다. 비록 넷파티 정당은 해당 선거에서 의회 진출에 실패하였으나, 이 사례는 멀지 않은 미래에 기존과 다른 새로운 유형의 정당과 의원이 등장할 수도 있다는 것을 시사한다.

2) 비제도권 정치의 성장

최근 비제도권 정치 부문은 온라인 정치 플랫폼을 중심으로 급속도로 성장하고 있으며, 이에 따라 정치과정에서 그 영향력이 급격히 증가하고 있다. 특히, 이전까지 비제도권 정치가 특정 국가의 영역 내부에서 이루어지는 경우가 주된 경우였다면, 정보통신기술이 발전하면서 그 범위가 글로벌 차원으로 확장되는 경향을 보인다.

이와 관련하여, 글로벌 청원 플랫폼인 '체인지닷오아르지'를 들 수 있다. 2007년 미국 서비스로 시작된 체인지닷오아르지는 2019년 12월 기준 전세계 약 3억 2000만명을 가입자로 둔 명실상부한 글로벌 플랫폼으로 부상하였다. 전세계 누구라도 이 사이트에 '캠페인'이라는 청원을 제안할 수 있으며, 해당 청원이 SNS 등을 통해 일정 수준 이상의 공감과 서명을 얻어낸다면, 전세계 행정부, 의회, 기업 등에 막대한 영향력으로 작용하게 된다. 청원을 낸 이후의 진행 과정은 지속적으로 업로드 되고, SNS를 통해 다른 사람들과 공유되며, 자유롭게 댓글을 달 수 있다. 이러한 특성 덕분에 체인지닷오아르지는 소수의 핵심 참여자들에 의해 주도되는 것이 아니라, 다양한 유형의 사람들이 널리 사용하는 온라인 플랫폼으로 성장할 수 있었다. 워싱턴대학에서 진행된 연구는 체인지닷오아르지에선 소극적인 사용자들 또한 시간이 지날수록 웹사이트방문 빈도가 증가하였고, 웹사이트 방문이 증가할 때마다 재유입되는 시간이 12% 줄어든다고 분석한 바 있다. 실제 체인지닷오아르지를 통해 2014년 성공한 청원은 약 5천여개이며, 여기에는 '시리아에서 납치된 터키 기자를 구출해주세요(터키)', '성희롱 발언을 한 도쿄도 의원에게 공식 사과를 요구합니다(일본), 학교 주변에 보안 요원을 늘리고 CCTV를 설치해주세요(인도) 등 그 범위가 매우 다양하다. 이 밖에도 민간 영역에서 운영되고 있는 글로벌 청원 플랫폼으로 아바즈(Avaaz), 38디그리즈 등이 존재한다.

다음으로 정치 소통에 특화된 브리게이드를 소개하겠다. 브리게이드의 작동원리는 다음과 같다. 먼저 각 개인은 자신이 관심 있는 특정 주제에 대해 자신의 의견을 낸다. 이후 다른 사람들은 해당 의견에 대해 찬성/반대/보류 가운데 하나의 의견을 표시하며, 이유까지 덧붙일 수 있다. 브리게이드는 이렇게 축적된 데이터를 바탕으로 주제별로 자신과 비슷한 의견을 가진 사람들을 연결해준다. 가령, 특정 주제에 대해 게재된 100개의 의견 글에 대해, 특정인 A와 다른 특정인 B의 응답이 총 몇 개가 일치하는지를 기반으로 이들 간의 의견 일치율을 측정하는 것이다. 그리고 일정 수준 이상으로 의견 일치율을 보이는 사람들을 서로에게 추천해주어, 이들이 서로 '지지 관계'를 맺어 보다 심층적인 의견을 주고받을 수 있도록 지원한다. 결론적으로, 특정 주제별로 의견이 유사한 이용자들을 결집시킴으로써 온라인 상의 상호작용을 지속적이고 깊이 있는 성향으로 발전시켜 주는 것이다.

한편, 오늘날 블록체인 기술을 기반으로 하는 온라인 투표 방법에 대한 논의가 전세계적으로 활발히 이루어지고 있다. 이는 기존 오프라인 선거가 지닌 다양한 문제점들을 획기적으로 개선할 수 있다. 유권자는 언제 어디서든 모바일 기기를 통해 안전하고 빠르게 투표할 수 있으므로 투표의 장벽이 아주 낮아지고, 선거관리에 소요되는 비용이

비약적으로 감소하게 된다. 또한, 관련 데이터를 모두에게 공개하는 것도 가능하고, 투표 이력을 영구히 보존할 수 있으며, 재검표도 매우 수월하게 할 수 있다. 무엇보다, 이 기술은 전례가 없을 정도로 정치참여의 규모를 확대하는 효과를 가져올 것으로 기대된다. 에스토니아는 현재 이러한 기술을 국가적 차원에서 활용하고 있는 대표적 사례이다.

그렇다면 블록체인 기반 온라인 선거가 정치 플랫폼과 결합한다면 어떻게 될까? 제도권 정치과정에서 논의되고 있는 안건과 이슈에 대해, 혹은 사람들이 자유롭게 제기하는 안건과 이슈에 대해, 사람들은 언제 어디서든 실시간으로 의견과 정보를 주고받을 수 있으며, 또 각 사안에 대해 투표를 진행할 수도 있다. 이러한 과정은 에스토니아의 사례처럼 제도권 정치의 관리감독 하에 이루어질 수도 있고, 혹은 제도권 정치를 거치지 않고 비제도권 정치 영역에서 자체적으로 추진할 수도 있을 것이다. 후자의 경우, 투표 결과에 법적 구속력을 부여하지 않는다 하더라도 그 결과가 실제 제도권 정치과정에 상당한 영향력으로 작용할 것이다. 한편으로, 법적/제도적으로 투표 결과에 법적 구속력을 부여한다면, 무정부주의를 지향하지 않는 이상, 기존 제도권 정치에서 담당하던 업무와 역할의 일정 부분을 민간 영역으로 이양하는 방향으로 진행될 가능성이 높다. 어떤 방식을 택한다 하더라도 그 결과는 비제도권 정치 부문의 영향력 확대로 귀결될 것이다.

3) 제도권 정치와 비제도권 정치의 미래

상기한 바와 같이, 제도권 정치와 비제도권 정치 모두 온라인 정치 플랫폼을 중심으로 많은 변화와 혁신을 꾀하고자 시도하고 있다. 비제도권 정치 부문은 정보통신기술 및 인터넷기술의 발전으로 최근 들어 빠르게 성장하고 있는 상황인데, 온라인 정치 플랫폼은 그 성장곡선을 더욱 가속시킬 것으로 여겨진다. 그리고 비제도권 정치의 급격한 성장은 그것이 제도권 정치에 미치는 영향력을 보다 증대시킬 것이라 예상된다.

이를 고려할 때, 현재와 가까운 미래에는 제도권 정치가 비제도권 정치 부문에 대해 경계하려는 태도를 취할 것으로 추측된다. 제도권 정치는 비제도권 정치 부문의 성장과 행보를 일정 부분 수용하면서도, 한편으로 그에 대한 관리와 통제를 지속적으로 시도할 것이다. 그리고 일련의 과정에서 비제도권 정치가 제도권 정치에 반발하여 서로 간의 긴장관계가 형성될 우려 또한 존재한다. 즉, 양 영역 간의 협력과 대립이 끊임없이 반복될 것이다.

보다 먼 미래에는, 제도권 정치와 비제도권 정치 간에 존재해왔던 경계선이 더욱 희미해질 것이라 예상된다. 즉, 양 부문의 범위가 고정적이기보단 유동적으로 변화할 것이며, 서로 간의 왕래와 교류가 보다 자유롭고 또 빈번해진다는 의미이다. 또한, 정치 행위자로서 일반 시민들이 갖는 역할과 위상은 계속해서 높아질 것이다. 나아가 정치생태계가 다수의 유권자 중심 생태계로 이행할 것이다. 그리고 그 핵심에는 온라인 정치 플랫폼이 존재할 것이다. 온라인 정치 플랫폼의 개발의 진로를 탐색하기 위해 인터뷰를 진행했다.

신철호

정치외교학과 졸업, OGQ 대표이사

Q.1. 신 대표님께서 생각하시는 정치 플랫폼이란 무엇인가요?

정치 플랫폼은 우리 주변의 많은 영역에서 굉장히 다양한 형태로 존재하고 있습니다. 네이버, 카카오스토리, 페이스북 등 일반적으로 우리가 플랫폼이라고 여기는 대부분의 것들도 정치 플랫폼의 범주에 속한다고 생각합니다. 다만, 정치 플랫폼을 목적에 따라 세부적으로 구분할 수 있습니다. 오직 정치적 목적에 의해 설계되고 작동하는 정치 지향적 플랫폼과, 그렇지는 않지만 정치적으로도 활용되는 플랫폼으로 말이죠.

Q.2. 그렇다면 언급해주신 두 유형의 정치 플랫폼 간에는 어떠한 차이점이 있나요?

크게 두 가지 측면이 존재할 수 있습니다. 우선 일반 플랫폼에서 사람들은 자신의 정치적 의사를 굉장히 절제하면서 의견과 생각을 남기는 경향이 강합니다. 자신의 표현의 자유를 스스로 검열하는 거죠. 예를 들어, 우리는 페이스북에서 정치적 성향이 짙은 글을 쓰거나 혹은 정치 관련 게시물에 좋아요 버튼을 누르기를 주저하곤 합니다. 주변 친구들이 나를 싫어하지 않을까? 등의 걱정을 하며 스스로를 억누르는 거죠. 반면에 정치 지향적 플랫폼 상에서 사람들은 자신의 정치적 성향을 적극적으로 드러내는 경향이 강합니다.

두 번째 차이점은 정치 지향적 플랫폼에 비해 일반 플랫폼은 그 지속

가능성에 한계가 분명하다는 점입니다. 일반 플랫폼도 정치적으로 활발히 작동할 수 있지만, 그것은 특정 정치적 사건에 대해 일시적으로, 단발성으로 그치는 경우가 대부분입니다. 일반 플랫폼은 태초부터 정치 목적으로 만들어진 것이 아니기 때문입니다. 이에 반해 정치 지향적 플랫폼은 정치적 차원에서 지속적으로 활발히 기능할 가능성이 높습니다.

그렇지만 정치적 기능을 목적으로 고안된 정치 플랫폼일지라도, 앞에서 언급한 두 가지 특성을 언제나 가지고 있는 것은 아닙니다. 가령 외국의 어떤 행정부에서 청원게시판을 운영한다고 해보죠. 국민들은 해당 청원게시판에 자신의 청원내용을 작성할 수는 있지만, 다른 사람들이 작성한 청원글에 달 수 있는 댓글은 찬성 혹은 반대 양자택일로 제한되어 있습니다. 어떤가요? 당연히 플랫폼이 활성화되기 힘들지 않을까요? 해당 플랫폼에선 행정부와 개별 국민들 간 상호작용은 이루어지지만, 정작 다수 국민들 간 상호작용이 활발하게 이루어지지 않을 겁니다. 이러한 경우에는 해당 플랫폼이 정치적 목적에 따라 고안되었다 하더라도 위의 두 가지 효과를 갖기는 힘듭니다.

Q.3. 그렇다면 정치 지향 플랫폼을 통하지 않더라도, 기존에 이미 존재하는 일반 플랫폼을 정치 차원으로 활성화하는 것도 가능한가요?

당연히 가능합니다. 네이버를 예로 들어 설명해드릴게요. 네이버는 우리들에게 실시간 키워드 랭크 순위를 제공합니다. 이걸 역으로 생각해보면, 네이버는 우리들 각각이 현재 어떤 정보를 검색하고 있는지 실시간으로 파악할 수도 있는 것이죠. 이러한 점을 활용하면, 어떤 이용자가 특정 정치적 이슈에 대해 검색할 경우 검색결과 상단 화면상에 현재 이 주제 및 연관주제에 관심 있는 사람들이 모인 실시간 채팅방을 보여줄 수도 있습니다. 채팅 방에 들어간 사람들은 그곳에서 해당 주제에 대해 의견을 교환하는 한편 자료를 공유할 수도 있습니다. 이러한 상황에서, 자신이 검색한 주제에 관심이 있는 이용자는 당연히 그 채팅방에 들어가지 않겠어요?

Q.4. 플랫폼을 포함하여, 다가오는 새로운 시대에서 정치외교학적 지식이 어떤 측면에서 도움이 될까요?

모든 것의 출발점은 문제의식을 갖는 것에서 시작한다고 생각합니다. 문제의식이란 곧 사회를 비판적으로 바라보는 것을 의미합니다. 또 다른 말로 표현하자면, 이는 내가 아닌 타인의 관점에서 사회를 바라보는 것입니다. 오늘날 전세계적으로 공정함이라는 가치를 중시하는 사회적 인식이 널리 확산되고 있습니다. 공정함이란 결국 나 자신 뿐만 아니라 상대방 또한 살피는 것입니다. 그리고 이러한 과정에서 문제의식을 발견할 수 있습니다. 언급한 내용과 자질은 모두 정치외교학과 밀접한 관련성을 갖고 있습니다. 결론적으로, 정치외교학을 전공하면서 습득하게 되는 지식과 사고방식은 다가오는 시대에 아주 강력한 자산이자 무기가 될 것입니다.

III. 뉴미디어와 미래 진로

21세기에 가장 두드러진 사회변화 중 하나는 뉴미디어의 부상이다. 뉴미디어는 다자간 통신 수단을 확대하고 정보 접근의 벽을 허물면서 사회 전체의 패러다임에 변화를 가져왔고, 자연스레 정치 영역의 변화까지 이어졌다. 뉴미디어가 시민사회와 민주사회의 발전에 긍정적이든 부정적이든 지대한 영향을 미치고 있다는 점에서 정치학을 공부하는 학생들은 다가올 미래에 뉴미디어가 가지는 영향을 배제하고는 정치를 논할 수 없을 것이다. 본 장에서는 뉴미디어와 정치의 관계를 설명하고 이런 관계가 미래 정치학 분야 진로 측면에서 정치학과 학생을 위해 어떤 길을 터 주는지 탐구해 볼 것이다.

1. 뉴미디어의 특성

1) 뉴미디어의 정의

뉴미디어는 "TV·신문과 같은 전통적 방법이 아닌 컴퓨터 또는 인터넷을 활용하여 정보나 오락을 제공하는 상품 또는 서비스(products and services that provide information or entertainment using computers or the internet, and not by traditional methods such as television and newspapers)"라고 정의된다. 기존의 일대다(一對多)·일방향 모델이 아닌, 인터넷을 통한 쌍방향·다채널의 특성을 바탕으로 정보와 사용자 간의 상호작용성을 촉진하는 통신기술을 말하는 것이다. 이러한 뉴 미디어는 정치분야에서 활발한 정치커뮤니케이션을 가능하게 하여 각종 정치활동의 활성화를 촉진한다. '정치 커뮤니케이션'은 정치체제의 기능을 구축 또는 정치체제를 기능시키는 메시지나 심벌(symbol)의 교환' 이라고 정의되는데, 쉽게 말해 인간 공동체 속에서 이루어지는 정치와 관련된 커뮤니케이션 행위를 의미하며 정치와 관련된 의미를 창조하고 전파하는 행위라 할 수 있다.

정치영역에서 뉴미디어 시대의 시작은 신문과 타블로이드 형태의 아날로그 미디어로부터 텔레비전 토크쇼와 라디오 방송으로 발전한 1980년대로 거슬러 올라갈 수 있다. 기존의 일방향의 의사소통에서 시청자와 청취자의 참여를 통해 양방향 소통의 수단으로 거듭 발전하면서 미디어를 활용한 정치커뮤니케이션이 증대된 시기였다. 이러한 변화는 인터넷이 주요 미디어 플랫폼으로 부상한 1990년대로 접어들면서 더욱 급진적으로 발전했고, 이는 이메일(e-mail)과 블로그를 통한 커뮤니케이션으로 인해 정보의 전달이 쌍방향·다채널화 된 시기였다. 정보통신기술의 발달이 가져온 현재의 뉴미디어는 풀서비스 웹을 기반으로 실시간으로 정보의 유통이 가능하며, 소셜미디어의 발달과 스마트폰의 보급은 정보의 접근성은 물론, 대중에의 정보 도달성 또한 높임으로써 정치적 소통을 더욱 활발히 했다. 특히, 기존의 미디어 형태는 개인의 목소리를 정치영역으로 전달하기 어려웠으나, 소셜네트워킹 서비스 등의 뉴미디어를 통해 '네트워크화된 개인'은 강한 응집력과 소통 수단의 파급력을 통해 정치 영역으로 의사전달을 더욱 효과적이고 활발히 할 수 있게 되었다.

2) 뉴미디어의 특성

러셀 뉴먼(W. Russell Neuman)은 뉴미디어는 개인 및 대중매체 통신을 상호 연결하여 통신에 영향을 미치는 엄청난 변화였고, 지리적 거리 축소, 정보량 증가, 통신의 속도 향상, 상호적인 통신(소통) 기회, 다양한 통신(소통) 종류의 상호 연결의 5가지 특성을 지닌다고 언급했다. 이러한 특성 외에도, 기존의 미디어에 비해 저비용으로 활용가능하고, 그로 인해 접근성이 증가했다는 점도 뉴미디어의 확산에 기여하고 있다. 페이스북, 트위터, 유튜브, 인스타그램 등의 소셜 플랫폼은 개인간 의사소통의 주요 도구의 기능에서 출발했지만, 현재는 플랫폼의 접근성과 그 플랫폼에서 이용할 수 있는 데이터의 양으로 인해 정치영역에서도 막대한 영향을 끼치고 있다.

물론 미디어의 발전은 긍정적인 효과만 가지고 온 것은 아니다. 누구나 언제든 쉽게 정보를 접근하거나 정보를 빠른 속도로 전파 할 수 있게 하는 매체로써 박식한 민주주의, 신중한 논의 및 시민의 권한 부여에 긍정적인 영향을 끼쳤지만, 다른 한편으로는 정치 양극화(polarization), 부정적 에코 체임버(echo-chambers)의 출현, 선전 및 가짜뉴스(misinformation, fake news)의 무분별한 양산과 같은 부정적인 영향도 가져왔다. 특히 트위터(Twitter) 같은 마이크로 블로깅(microblogging) 플랫폼은 불완전한 정보, 가짜뉴스의 확산에 크게 기여함으로써 인터넷을 통한 정보의 신뢰도를 크게 저하했다.

그런 이유로 뉴미디어가 가진 가장 큰 단점인 신뢰성 문제가 최근 대두되고 있다. 박창섭 박사의 연구에 따르면 유튜브(YouTube)로 전달된 정치 정보의 신뢰성은 가장 낮은 것으로 나타났다. 현재 유튜브는 인터넷을 통한 가짜 뉴스의 확산 및 출처가 불분명하고 신뢰성이 떨어지는 정보의 유통에 대응하여 고품질의 정확한 뉴스를 제공하는 데 많은 노력을 기울이고 있으며, 이러한 움직임은 정치관련 콘텐츠에서 두드러지게 발전하고있다. 이에 따라 유튜브를 통해 전달되는 정치 뉴스의 신빙성을 높이는 역할을 하는 정치 분야 전문가의 수요도 늘어날 전망이다.

2. 뉴미디어와 정치

1) 뉴미디어의 발전과 정치활동

미디어의 발전으로 실시간 양방향 소통의 활성화가 보편화 됨에 따라 정치환경 또한 빠르게 변화하고 있다. 정치활동 방식의 변화는 물론이고, 정치의 영역 또한 예전의 정치가, 기자 등 전문적 영역의 벽이 허물어져, 누구나 정치에 참여할 수 있는 시대가 도래하고 있다. 뉴미디어를 정치활동에 활용한 각국의 사례를 통해 뉴미디어의 파급효과를 확인해 보고, 향후 정치학을 공부하는 학생들이 기존의 직업군에 더해 새로 창출할 수 있는 영역까지 살펴보고자 한다.

건 엔리(Gunn Enli) 교수에 따르면, 정치와 미디어의 관계는 미디어와 통신 연구에서 가장 전통적인 분야이며 '공생(symbiosis)관계'라 주장한다. 즉, 그 두 분야는 불가분한 존재라는 말이다. 정치와 미디어 분야가 가장 적극적으로 상호 작용 하는 분야는 바로 앞서 언급한 '정치커뮤니케이션'이다. 지금은 올드 미디어(old media)가 된 출판·신문계 같은 전통 매체는 일대다·일방향 정보전달 기능을 통해 대중에게 적절히 선택된 정치 정보를 제공하는 문지기(gatekeeper) 역할을 해 왔고 정치 저널리즘 같은 직업은 미디어 분야 배경지식이나 경력을 요구하는 전문 직업군 이었다. 그러나 뉴미디어의 등장으로 인해 정보의 투명성과 소통이 증가되었고, 그로 인해 시민들은 쌍방향·다채널 특성을 가진 소셜미디어를 통해 정부 또는 정치집단과 간단없는 의사소통이 보편화된 사회에 살고있다.

디아나 오웬(Owen)은 이러한 뉴미디어의 발전과 선거캠페인의 관계에 주목하여 인간 상호작용 방식 뿐만 아니라 정치 정보를 얻는 방식까지 완전한 변화를 가져온 뉴미디어시대 변화를 아래와 같이 설명한다.

뉴미디어의 발전은 지속되고 있고, 그 영향력이 증대됨에 따라 학계에서는 뉴미디어와 정치의 관계에 관한 활발한 연구가 진행되고 있으며 주요 4분야를 요약하면 아래와 같다.

- Political Activism: 공공분야에서 뉴미디어의 역할을 분석하는 분야로써 소셜 미디어를 포함한 뉴미디어는 이론적·경험적으로 정치적 활동까지 그 분야를 확장시키면서 사회 변화의 도구로서 기능을 한다. 이 분야는 뉴미디어를 통한 네트워크화된 동원의 장단점을 분석하고, 뉴미디어의 기능이 어느 정도 공공의 영역에서 영향을 미치는지를 연구한다.
- Political Campaigns: 소셜 미디어를 통해 정치인과 유권자들 간의

구 분	특 성	사 례
Old Media, New Politics (1992-1994)	1. 선거 커뮤니케이션을 수용할 수 있는 비정치적 및 엔터테인먼트 미디어 형식 확립 2. 원시적 단계의 웹 캠페인	3.(라디오·텔레비전의) 시청자 전화 참여 프로 4.심야 텔레비전 프로그램 5.뉴스 잡지 프로그램 6.Music Television(MTV) 7.인쇄 및 텔레비전 타블로이드 8.Brochure ware 웹사이트
New Media, New Politics 1.0 (1996-2006)	9. 인터넷 기술이 상호작용 기능을 가진 새로운 형태의 캠페인 커뮤니케이션의 개발을 촉진	10.상호작용 기능이 있는 웹사이트 11.이메일(e-mail) 12.토론 게시판 13.블로그 등
New Media, New Politics 2.0 (2008-현재)	14. 캠페인 애플리케이션에 고차원의 상호 정보 공유, 네트워킹, 협업, 커뮤니티 구축 및 참여를 특징으로 하는 디지털 기술의 광범위하고 정교한 사용 15. 유권자들에게 호소를 개인화(타켓팅) 하기 위한 "빅데이터" 활용	16.풀 서비스 웹사이트 17.소셜 미디어 18.동영상 공유 사이트 19.트위터 20.마이크로 블로깅 사이트 21.모바일 애플리케이션 22.i-Media 애플리케이션

상호작용을 분석하는 분야로, 서구의 통합 민주주의 국가뿐만 아니라 새로운 민주주의 국가에서 선거캠페인 도구로서 활용되는 소셜미디어를 분석한다. 이런 연구들에서 나온 결과는 정치 후보자들이 자신을 홍보하기 위해 뉴미디어를 사용하는 반면 유권자들과의 대화는 거의 하지 않는다는 것을 보여주기도 하지만, 최근에는 소셜미디어를 통한 시민의 참여가 급증하고있어 앞서 언급한 공공분야에서 뉴미디어의 역할과 상당히 많은 부분을 공유한다.

- Political Polarization: 뉴미디어의 역할과 정치적 양극화와 관계 분석하는 분야로, 각종 뉴미디어 플랫폼이 에코 체임버(echo chambers)

를 통해 정치적 양극화에 미치는 영향을 조사하는 분야이다. 이 분야는 파편화된 개인들이 유사한 성향을 가지는 개인끼리 뭉치게 되면서 발생하는 정치적 양극화에 미디어가 얼마나 영향을 미치는지, 또 해결방안이 무엇인지를 연구하는 분야이다.

- Political Reporting: 기존의 미디어가 담당했던 정보전달 매체로서의 기능을 뉴미디어가 담당하게 됨으로써 파생되는 현상들과 기존 미디어와 뉴미디어의 관계에 관한 연구분야로, '하이브리드 미디어 시스템(hybrid media system)', '미디어간 의제 설정(intermedia agenda setting)', '사용자 생성 콘텐츠를 통한 정치 보도' 등의 개념을 통해 기존 미디어와 뉴미디어의 상호 연계성을 분석하는 연구한다.

2) 해외 뉴미디어의 정치적 활용사례

1990년대 이후 인터넷의 출현과 각종 뉴미디어의 발전으로 기존의 신문, 라디오, TV 매체를 통해 전달되던 정보의 흐름이 인터넷을 기반으로한 뉴미디어로 이전되고 있는 현상이 나타나게 되었고, 이러한 변화는 정치커뮤니케이션 영역에 지대한 영향을 미쳤다. 대중과의 소통이 투표결과에 지대한 영향을 미치는 정치의 특성으로 인해 정치분야의 뉴미디어 활용은 나날이 증가했으며, 그 파급효과 또한 미디어의 영향력 증대와 함께 증가하고 있다.

미국의 경우 1992년 당시에 대선 후보였던 빌 클린턴(Bill Clinton)의 '토크 쇼' 출연을 시작으로 오바마(Barack Obama), 트럼프(Donald Trump)까지 뉴미디어를 십분 활용해 왔다. 클린턴의 토크쇼 출연은 당시 정치·언론계 엘리트들로부터 품위 없고 저속하다는 평을 받았지만, 사실은 정밀한 기획의 산물이었다. 유력한 민주당 후보였던 클린턴이 본선 경쟁자인 부시 대통령에 비해 신뢰도가 20%가량 낮았고, 대규모 TV 광고를 하기엔 자금력 또한 부족했기 때문에 당시로서는 '뉴 미디어'인 토크 쇼에 도전한 것이다.

2008년과 2012년의 선거에서 오바마 대통령의 선거활동은 뉴미디어가 정치커뮤니케이션의 강력한 수단임을 재입증 한 사례이다. 오바마 선거진영은 SNS 전문가를 영입하여 오바마 후보의 메시지를 트위터(Twitter)나 페이스북(Facebook)을 통해 유권자들과 소통하는 방식으로 소셜미디어를 십분 활용했다. 기존에는 정보의 생산이 중심이었다면 뉴미디어의 발전을 통해 '정보의 도달률'을 높임으로써 지지자를 확보하고 선거에서 승리할 수 있었고, 이러한 긴밀한 소통은 유권자들의 의견을 선거전략 수립, 정책 결정 등에 활용함은 물론 정치에 무관심한 집단의 관심을 유도하는데도 큰 효과를 보였다고 할 수 있다.

ABC뉴스에 따르면, 2012년 대선 당시 미국시민의 80%가 온라인으로 정치 뉴스를 확인했으며, 2천만명이 트위터로 정치에 참여하는 등 정치 역사상 이례적 기록을 세웠다. 대선 당일 분당 65,000건의 정치관련 트윗과 600,000건의 사진이 인스타그램(Instagram)에 '#ivoted' 해시태그와 함께 게재되는 등 대중과 정치의 소통에서 뉴미디어의 파급력을 확인시켜 준 것이다. 이런 뉴미디어의 활용에 'SNS 정치'라는 새로운 정치패러다임을 제시한 트럼프 대통령은 선거기간 동안 각종 정치 현안 및 유권자와의 메시지를 트위터에 쏟아내며 '대선후보

트럼프'이미지를 제고하였다.

뉴미디어의 발달과 정치에의 미디어 활용은 지난 수 십년 간 발달해 왔기에 뉴미디어 분야의 발전은 거의 포화상태에 다다른 것처럼 보일 수 있으나, 그 발전가능성은 날로 증가하고있다. 아래 그래프는 '매채별 미국 정치 광고' 를 연도별 추이로 나타낸 그래프이다. 여전히 TV가 압도적이긴 하지만 2008년이래 TV에서는 10%가량 하락한 반면 소셜 미디어는 10%가량 증가세를 보이고 있으며, 그 금액은 2008년 60억 달러에서 2016년 102억 달러로 급격하게 증가했다.

영국 노동당 대표인 제레미 코빈(Jeremy Bernard Corbyn)의 사례는 미디어의 영향이 얼마나 큰지 여실히 보여준다. 2015년 9월 13일 영국

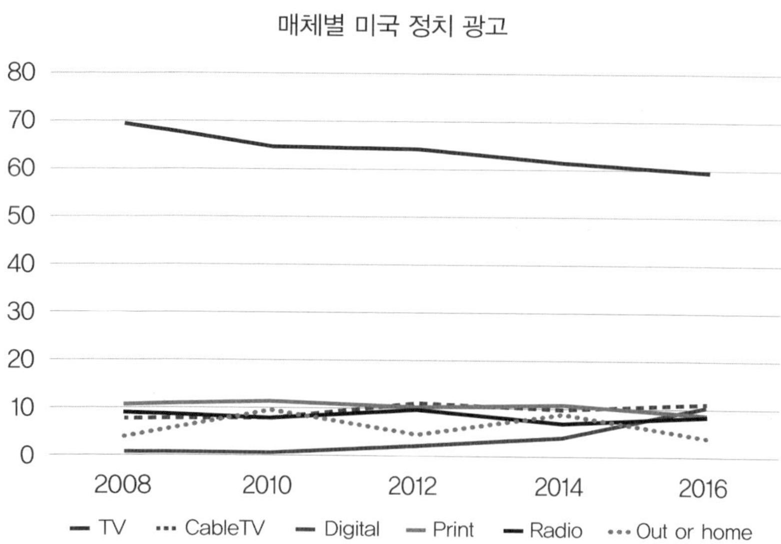

매채별 미국 정치광고(출처: eMarketer.com에서 재구성)

주요일간지는 일제히 당선가능성 2%, 3개월 만에 59% 득표율 승리" 라는 헤드라인 기사를 보도했다. 입후보 당시 추천수 35명을 채우지도 못한 2% 가능성을 가진 그는 극좌파, 기술대학 중퇴, 66세의 나이였고 노동당 내에서도 외골수 기질로 아웃사이더였다. 상대측은 모두 명문대 졸업, 전직 장관출신 후보였고 상대가 안된다고 전망되었지만 제레미 코빈은 SNS의 힘으로 기적 같은 당선 결과를 이루어냈다. 당시 트위터 팔로워 10만 4천 명, 페이스북 팬은 12만 4천 명 보유했던 코빈은 SNS의 즉시성, 공유성, 실시간성, 상호작용, 집단지성을 이용하여 유권자의 표를 얻을 수 있었던 것이다.

3) 국내 뉴미디어의 정치적 활용 사례

IT기술의 발달이 빨랐던 한국은 참여저널리즘이 빠르게 확산되었고 정치영역에서도 인터넷 및 소셜미디어를 선거에 적극 활용하고 있다. 2000년도에는 참여연대를 비롯한 400여 개의 시민사회단체가 온라인을 통해 부적절한 후보를 대상으로 낙천낙선운동을 펼쳐 선거에 영향을 미침으로써 인터넷을 통한 시민단체의 영향을 보여주었다. 시민사회도 정치권에 물갈이를 압박했다. 참여연대를 비롯한 전국 400여 개 시민단체로 구성된 총선시민연대가 부적절한 후보를 대상으로 낙천·낙선운동을 벌여 선거에 막대한 영향을 미쳤다. 2002년 대선 당시 민주당 노무현 후보는 신한국당 이회창 후보에 비해 조직력과 자금력에서 열세였고, 이를 극복하기위해 선거 유세와 지지자 확보에 인터넷을 적극 활용하였다. 노무현 대통령은 온라인과 오프라인이 결합된 새로운 선거운동을 통해 기존의 '낡은 정치'에 대항하는 '새로운 정치'로 스스로를 규정하면서 진보적이고 선진적인 대선후보자의 이미지를 굳혀 나갔다. 특히, 인터넷을 활용한 지지층 확보 노력은 진보적이고 젊은 유권자들을 동원하는데 크게 일조했고, 선거자금 모금이나 자원봉사자 모집 등은 물론 각종 현안과 이슈의 제기부터 국민 지지층 형성까지 인터넷의 활용범위를 넓혀갔다. 또 다른 예로 2011년 박원순 서울 시장의 당선사례에서 찾을 수 있다. 당시 '무소속' 박원순 후보는 SNS를 통해 시민의 지지를 이끌어내며 성공적으로 선거활동을 했으며, 2014년에 재선된 이래로 트위터 등 각종 소셜미디어를 통해 시민들과 활발하게 소통하고 있다.

4) 뉴미디어와 공공 및 민간부문

뉴미디어로 인한 정치 환경의 변화는 정치권뿐만 아니라 사회 공공분야에서도 발전을 거듭해 왔다. 한국은 전통적으로 중앙집권화된 정부 체제가 정착되었던 나라로 경직된 정치 구조를 갖고 있었으나, 1988년 '지방자치법'을 통과시키면서 지방자치단체가 주도하는 풀뿌리 민주주의와 분권화가 가능해졌고 중앙집권화된 정부운영시스템에 변화를 가져왔다. 한국에서 전자정부 구축이 본격적으로 시작된 시기는 1978년으로, 이 해에 '정부 전산화 5개년 계획'이 수립되었다. 현재 정부는 정보통신기술 및 인프라 구축으로 정부-시민 간(G2C) 네트워크를 완전히 구현하였고, 한국의 성공적인 전자정부 구축 과정과 실현은 국제사회로부터 많은 관심을 받고 있으며, 유엔(UN)의 전자정부

발전 지수(E-government Development Index) 및 온라인 참여 지수(E-government Participation Index)에서 최상위 수준을 유지하고 있다.

이러한 변화는 시민사회의 요구에 맞춰 이루어진 변화라 할 수 있다. 현재 우리나라의 온라인 사용 실태를 보면 기존의 신문, 라디오에서 벗어나, 인터넷이나 소셜미디어로 옮겨가는 경향이 뚜렷하다. 정보통신정책연구원에 따르면, SNS 이용률은 2018년 전체 응답자 9,426명 중에서 4,546명이 SNS를 이용하고 있다고 응답하여 이용률은 48.2%로 전년 대비 2.4%p, 2011년 대비 31.4%p 증가했다. SNS 이용자의 하루 평균 이용시간은 56분이며 스마트폰을 통한 SNS 이용량은 하루 평균 52분으로 다른 기기(데스크탑PC 2.7분, 노트북PC 1.2분)에 비해 압도적으로 많다. 이는 정보에의 접근성이 더욱 향상되었다는 것을 나타낸다. 한 설문조사에서는 온라인으로 자주 보는 뉴스 주제가 사회(49.1%), 정치(46.4%)분야 순으로 나타났다. 이러한 트렌드는 한국사회가 정보에의 접근성이 더욱 좋아졌고, 정부의 e-거버넌스와 더불어 뉴미디어가 정치영역에서도 강력한 도구가 되어가고 있다는 것을 나타낸다.

뉴미디어가 정치적 도구로써 발휘하는 순기능 외에, 개인을 파편화시키고 사회 결속력을 떨어뜨리는 동시에 그러한 개인들의 정체성을 표현할 수 있는 담론의 장을 만들어 줌으로써 정당의 필요성이 약화되는 결과를 가져오기도 한다. 박영숙·박세훈에 따르면 현재의 산업민주주의는 오늘날 정보화시대 사회구조에 적합하지 않은 낡은 시스템이며, 시민들은 뉴미디어를 통해 스스로 이익집단을 형성하거나 NGO

등을 통해서 정당을 뛰어넘어 정부와 의사소통을 하려하는 추세가 증가했다고 주장한다. 그들은 포린 팔러시(Foreign Policy), 영국문화원의 2020보고서 및 OECD 미래예측보고서 등 저명한 보고서의 주장을 근거삼아, 이웃의 경계가 넓어지고 사회결속력은 약화되며 물질적·육체적 커뮤니티에 관한 관심이 저하되는 정보화시대의 특성으로 인해 가까운 미래에 정당이 사라질 것이라고 주장한다. 미디어 발달을 통해 증가한 소수자 및 개개인의 영향력이 인터넷을 기반으로 하나의 정치이념을 지닌 정당이 되거나 이익집단이 되어 정당을 거치지 않고 정부와 직접 의사소통하는 추세로 변모할 지도 모른다. 비록 정당 강화론자의 주장도 언급하지만, 네트워크화로 인해 주체적 개인들이 수평적 조직체계를 유지하며, 조직의 원력이 네트워크로 연결된 개인이 만들어내는 디지털 시대의 정치로 인해 기존의 소수 엘리트 주도의 대의민주주의가 더 이상 용납되지 않는 시점에 도달했다고 한다. 지금까지 언급한 뉴미디어의 발전과 정치와의 밀접한 연관성, 그로 인한 정치영역의 변화들은 전 세계적 현상이며 그 속도 또한 날로 증가하고 있기에 정치학을 공부하는 학생들이 정보화사회와 뉴미디어가 사회·정치에 미치는 영향에 대한 진지한 고민을 해야함은 거듭 강조해도 지나치지 않을 것이다.

5) 뉴미디어와 시민사회(직접민주주의)

뉴미디어로인한 발달로 '직접민주주의'의 특성이 높아지면서 대의민주주의가 위기를 맞고 있다. 시민들로부터 시작한 2008년의 '촛불 시민

운동', 행정기관에 의해 주도된 '핵폐기물처리장 주민투표'와 같은 사례는 점차적으로 증가하고 있다. 이는 기존의 대의민주주의가 정치과정에서 효율성의 제고를 위해 시민의 역할을 제한하는 한계를 가졌으나, 현재는 미디어와 정보통신 기술의 발달로 인해 직접민주주의가 기술적으로 가능하게 된 시대가 다가오고 있다는 것을 반증하는 것이다.

그간의 대의민주주의는 정치적 거래비용이 낮고 대표에 의한 더욱 합리적 의사결정이 가능하다는 두가지 측면에서 고안된 장치로 우리 사회에 정착했지만, 소셜미디어와 정보통신기술의 발달은 시민의 의견을 일일이 수렴하는 정치적 거래비용을 대폭 하향시키고, 그동안 소외되었던 개개인의 의사표출이 쉽게 이루어지는 특징으로 인해 그 자리를 위협받고 있는 것이다. 현재 대의민주주의는 시민들의 참여 및 개방 정치의 요구를 수용하면서 온라인을 중심으로 활발하게 시민들의 참여를 보장하고 있는 추세이다. 그러나 웹 기반의 직접민주주의가 루소가 말하는 이상적인 직접민주주의가 될 수 있는지는 세심한 고찰이 필요하다. 앞서 언급한 웹의 신뢰성 문제는 물론이고, 중우정치의 함정으로 인해 민주주의가 더욱 훼손될 수도 있기 때문이다. 이러한 네트워크시대의 민주주의는 가상공간과 실제공간의 융합으로 의미 있는 UCC모델, 다수의 UCC모델, 정보 제공형 모델이 공존하는 정치환경이 발전될 것이며, 이는 기술발전으로 인한 대의민주주의와 직접민주주의의 복합형태가 되는 것이다.

3. 뉴미디어 정치 관련 진로

앞서 뉴미디어가 사회는 물론 정치분야를 어떻게 변화시켰는지 살펴보았다. 특히, 뉴미디어로 인해 '집단지성의 정치경제' 양상이 변모했다는 것은 주목할 만하다. 일부 사회에서 드러났듯, 뉴미디어는 집단지성의 일부를 감성으로 퇴색시키기도 했고, 정치분야에서는 뉴미디어와 데이터 분석을 통해 대중을 더욱 쉽게 파악할 수 있을 것이라 예측했지만 그러지 못했다. 정치학도라면 뉴미디어가 변모시키는 사회에 대한 논의를 넘어 뉴미디어로 인해 변화된 정치가 현 사회에 어떤 영향을 미치는지까지 연구해야 할 것이다. 우리사회는 시민의 목소리를 제대로 전달하기위해 이익을 집약하고 대변하기위한 정당, 의회 등의 제도를 고안하고 대의민주주의를 시행하고 있으나, 급격하게 변화하는 뉴미디어로 인해 대의민주주의가 무색해지기도 하는 시대에 살고 있다. 드루킹 사건에서 보듯 선거조차 조작되거나 미디어를 통한 여론의 조작으로 일순간에 여론이 뒤바뀌는 현상을 목도했다. 최근 가세한 유튜브 정치는 같은 이익을 공유하는 사람들 사이에서 집단 형성을 더욱 가속화하고 에코체임버(echo chamber)현상을 극대화 하면서 정치적 양극화를 더욱 심화시키고 있다. 4차 산업혁명의 시대가 도래함에 따라 빅데이터와 뉴미디어의 결합은 정치영역에서도 지대한 영향을 미치고 있는 것이다. 캐시 오닐(Cathy O'Neil)은 빅데이터가 천사도 악마도 될 수 있다고 언급하면서 우리의 기대와는 반대로 불평등을 확산하고 민주주의를 위협한다고 경고했다.

뉴미디어를 통해 국민이 정치에, 정치가 국민에게 양날의 검을 휘두르고 있는 현 시점에서 민주주의가 퇴색되고, 정당과 의회의 본질이 퇴색되지 않고 올바른 대의민주주의를 가능케 하기 위해 정치학도들은 어떠한 역할을 해야 할 것인가? 종래의 직업은 특정한 면에서 특정한 숫자만 볼수있었던 주사위와 같았다면, 뉴미디어와 정치가 결합된 미래의 직업은 미디어와 각 영역들간 자유로운 교차와 융합으로 한 면에 갖가지 색을 가질 수 있는 루브릭 큐브(Rubric cube)와 같을 것이다. 지금은 상상도 할 수 없는 다양한 직업군이 창출될 것이며, 준비된 정치학도들에게 더 많은 기회가 열릴 것임에는 틀림이 없다. 특히, 4차 산업혁명 시대에 '융합'의 트렌드가 직업세계 판도를 크게 변화시키고 있는 현 시점에서 이러한 뉴미디어의 발전은 다가올 미래에 어떤 진로를 열어줄 것인가에 대한 고민을 절실하게 한다. 과학기술의 발달로 인해 슈퍼컴퓨터와 빅데이터에 기반한 'AI정치인'이 탄생하게 될 지도 모르겠지만, 그러한 수십년 후의 미래 보다는 10여 년 내에 마주할 미래에 현실적인 직업군을 모색해 보고자 한다.

1) 디지털 소통 전략가(Digital communication strategist)

사회에서 소통은 조직을 형성하고 문화를 창조해 내기에 정치에 있어서 소통은 생명과 같다. 소셜미디어의 발전은 정치가들이 유권자들에게 더욱 책임을 다하도록 하고 더욱 가까이 접근토록 해 주었다. 대중에게 선별된 그리고 목표로 하는 특정 집단에 맞춤형(tailored) 메시지를 전할 수 있으며, 대중들의 반응을 즉각 확인하고 대응할 수 있게 되었다. 수천만 시민에게 즉각적으로 정보를 게시할 수 있고 파급 속도가 거의 실시간이라는 긍정적 면도 있지만, 한번 게시된 정보는 타인에 의해 전달이 쉬워 한번 소통된 정보는 과거처럼 되돌릴 수도 지울 수도 없는 부정적 특성 또한 지니고 있다. 따라서 심사숙고하게 선별된 정보를 게시하는 것, 또는 동일한 정보라도 소통하는 방법이 더욱 중요하게 되었다. 트위터와 페이스북 계정에 외설적 메시지를 게시한 것으로 인해 의원직을 잃은 안토니 와이너(Anthony Weiner)의 사례는 잘못 활용된 미디어의 대가를 여실히 보여주는 예이다.

비단 정치인 뿐만이 아닌, 일반 기업 등 전 영역에서 대중과 전략적으로 소통하는 문제는 향후 정치학을 공부하는 학생들에게 새로운 진로를 열어줄 것이다. 커뮤니케이션, 방송 및 통신 분야의 기술적 접근을 넘어, 잘 정제된 메시지를 효과적으로 전달할 수 있는 방법을 연구하는 분야로써, 미디어 및 저널리즘, 커뮤니케이션 등 관련분야와의 협업 또는 해당분야 지식이 도움이 되겠지만, 무엇보다도 중요한 것은 상충하는 이익과 희소자원의 배분 등의 관계를 이해하는 통찰력, 정치적 메시지를 전략적으로 전달하는 관점에서 사회전반을 이해할 수 있는 안목이 중요할 것이다.

현재는 유사한 업무들을 '보좌관'이나 '비서'들이 담당하거나 선거캠프에서 임시적으로 고용하는 경우가 많으나, 향후 미디어와 관련된 정치 미디어 전략가(Political media strategy staff), 선거활동 스태프(Political campaign staff)등의 직종이 가까운 미래에 자리잡을 것이다. 이러한 디지털 사회과학의 발달 흐름에 맞춰 학계에서도 관련 석·박사 프로그램 및 데이터분석분야 교육이 증가하고 있지만 단순한 데이터를 생산하는 것이 아니라, 데이터를 유의미하게 분석하는 것, 더 나아가 데이터의 인과관계(causal)를 분석하고 적절한 해결책 또는 정책을 제시하는 역할을 하는 전략가로 양성하기에는 해당분야 교육이 충분하지 못한 것이 사실이다.

2) 빅데이터 정치 전략가(Political strategist), Political Analysts(애널리스트)

최근 급증하고 있는 유튜브 정치를 보면 개인이 정치현상을 분석하거나 평론하는 경우를 많이 볼 수 있다. 이는 비단 정치분야만의 이야기는 아닐 것이다. 소셜 네트워크를 통해 세계적 환경운동가가 된 그리스의 그레타 툰베리(Greta Thunberg)는 현재 제2의, 제3의 툰베리를 낳고있다. 현재 정치분야에서 특정 정당, 국가기관(입법부, 행정부, 중앙정부, 및 지방자치단체)에 소속되지 않고 개인적으로 정치평론이나 분석을 하는 경우는 거의 찾아볼 수 없으며, 물론 그러한 분야에서 빅데이터를 기반으로 분석 및 전략제시까지 통합된 서비스를 제공하는 기업은 국내에는 현재까지 없다.

앞으로는 빅데이터를 기반으로 선거 결과를 예측한다거나 트위터나 페이스북의 댓글의 온도 차이를 기반으로 유권자들의 의향을 분석하는 직종이 생겨날 것이다. 이러한 분야는 빅데이터를 생산하고 분석하는 기술적 능력도 중요하겠지만, 데이터를 생산하기 위해 어떠한 목적으로 또는 어떠한 전략을 위해 데이터를 생산할 것인지에 대한 올바른 판단이 우선시 될 것이며, 데이터의 단순한 분석에 그치는 것이 아니라 분석된 데이터가 가지는 내면적 의미와 분석결과의 활용까지 다룰 수 있어야 한다. 캐시 오닐(Cathy O'Neil)은 "데이터 처리 과정은 과거를 코드화 할 뿐, 미래를 창조하지 않는다. 미래를 창조하려면 도덕적 상상력이 필요하다. 그런 능력은 오직 인간만이 가지고 있다"라고 데이터 시대의 인간의 올바른 판단을 강조했다. 이러한 올바른 판단은 빅데이터관련 기술적 분야보다는 인문사회적 바탕으로부터 나오며, 분석된 데이터 값에 의미를 더하고 통찰력으로 대안 제시를 할 능력은 정치학도들이 가지는 강점과 잘 부합할 것이다. 빅데이터 분야를 크게 빅데이터기획가, 빅데이터분석가, 빅데이터개발자로 나누어 본다면 빅데이터 분석 목적과 목표를 세우고 빅데이터 분석 추진 전략 및 정책을 계획하는 '빅데이터 서비스 기획가'의 역할을 하게 될 것이다. 물론 해당 분야 직종을 위해서는 R 또는 파이썬(Python)과 같은 기술적 분야의 학습에도 매진해야 할 것이다.

3) 정치분야 디지털 스토리텔러(Digital Storyteller)

스토리텔링은 "이야기 또는 이야기 방식을 산업과 연계하여 경제적 소득을 높이는 수단으로 사용하는 것"으로 이야기를 통해 친밀성을 제고하여 브랜드, 상표, 디자인 보다 더 효과가 좋다는 생각에서 나온 경제분야에서 사용되는 용어이다. 당연히 광고나 마케팅과 같은 분야에서 스토리텔링을 접목하여 이윤을 높이려는 시도는 이미 시작되었다. 이러한 스토리텔링은 뉴미디어의 연결성, 상호작용성, 이동성과 휴대성, 선택성 등으로 인해 더욱 부각되고 있으며 이는 정치영역에서도 활용될 수 있을 것이다. 뉴미디어 시대의 시민참여는 과거의 거대담론 중심으로부터 탈피하여 반권위적인 생활 이슈 중심의 형태가 증가했고, 시민참여 역시 정치제도적 참여보다는 온라인을 통한 비제도적 참여로 전환되고 있는 추세이다. 기존의 정당이나 정치는 정당 이름, 브랜드네임, 캐치프레이즈, 시각화 등을 통해 정당의 이미지를 구축해왔고 시민들은 그러한 제도 하에서 정치참여를 해 왔다. 현재 한국당의 보수주의와 붉은색 그리고 민주당의 진보주의와 파란색의 대립, 대통령 당선인들의 다양한 슬로건이나 캐치프레이즈 등이 여론형성에 영향을 미쳐왔으며, 대중들은 그렇게 구축된 정당이나 정치인의 가치체계에 편승하여 거대담론을 위주로 정치를 해 온 것이다. 하지만 뉴미디어 시대에는 더 이상 그러한 정치제도에 얽매이지 않고 정치에 참여하는 이들이 늘어나고 있으며, 이야기가 접목된 스토리텔링은 유권자들에게 심리적 부담을 낮춘 상태로 접근하고 생활과 가벼운 소재를 다루는 친화성과 전파성이 강하기에 정보의 홍수 속에서 의도적으로 정보를 회피하거나 필요한 정보만 확인하려는 대중에게 필수적인 광고 수단이 되어가고 있다. 기존의 올드미디어 매체를 통한 광고는 일방향 이었기에 정치인의 '전 국민을 대상으로 한' 일방적 홍보 방식이었으나, 정치 스토리텔러는 뉴미디어와 사물인터넷 등의 기술을 융합하여 개개의 유권자 특성과 선호에 맞는 스토리텔링의 방식으로 접근하게 될 것이다.

4) 규제 전문가(Regulation Specialist) / 정치 네트워크 신뢰성 분석가

새로운 분야가 발전하게 되면 새로운 제도, 법적 장치 또는 규제가 따라오기 마련이다. 규칙과 규제의 증가는 그것들의 상충된 현상 등으로 모호성과 모순성을 증가시킨다. 현재까지 뉴미디어의 발달이 가져온 정치분야의 뚜렷한 규제나 제도가 형성되지는 않았지만, 뉴미디어에 대한 규제의 중요성이 나날이 언급되고 있기에 해당분야의 직업군은 필수적이라 할 수 있다. 강장묵에 따르면 특히 우리나라는 정보통신 기술발전에 따른 규제와 제도적 장치 마련에 집중하여 웹 공간의 순기능보다 역기능이 미치는 파장에 집중하고있다. '마녀사냥' 또는 '온라인 신상 털기' 등은 쉽게 목도할 수 있었으며 이제는 댓글이 한 사람을 죽이는 세상이 되어버렸다. 이러한 흐름을 볼 때 뉴미디어가 급격하게 발전하게 되고, 그것이 정치화 된다면 앞서 언급한 양날의 검을 부정적 방법으로 사용하지 못하도록 하는 각종 규제가 요구될 것이며, 뉴미디어 자체에 대한 규제는 물론, 정치 영역에 대한 각종 규제와 뉴미디어와 정치 영역이 결합되어 생성되는 규제 또한 다루어야 할 것이다. 경제분야에서만 봐도 카카오뱅크가 핀테크(fintech) 비즈니스를 하고자 할 때 현존하는 여러 신용카드 회사와 빚는 갈등이 존재했고, 우버(Uber), 타다 등의 도입 과정만 보더라도 새로운 기술이 현존 분야와 생성하는 또는 그로 인해 생성될 각종 규제를 담당하는 직업군은 반드시 생겨날 것이다. 또한 규제가 증가하고 복잡해질수록 일반 시민들은 법규나 규제를 이해하기 어려워지며, 뉴미디어를 통한 담론의 증가는 자칫 옳지 않은 방향으로 대중의 집결이 이어질 수 있다.

이러한 규제 분야는 법과 가장 관련이 있다고 생각할 수 있으나, 정부와 이익집단의 이해관계를 이해하는 정치적 감각이 있는 인재가 더욱 빛을 발할 것이다.

웹의 부정적 측면을 방지하기 위한 규제 전문가 외에도, 웹의 신뢰성 자체를 확인하는 웹 신뢰성 전문가의 역할도 커질 것이다. 가짜 뉴스 또는 허위정보를 전파하여 정치적으로 악용하는 사례가 늘면서 소셜미디어의 신뢰성에 많은 우려가 나타나고 있다. 실제로 스탠퍼드(Stanford)대학의 유인기술연구소에서는 웹 신뢰성에 대한 정량 연구, 웹 신뢰성에 대한 공적 정보수집 등을 바탕으로 한 웹 신뢰성 프로젝트를 수행하고 있다. 웹의 역기능을 최소화하고 순기능을 유지하기위해 웹의 신뢰성을 정성정량적으로 분석하는 것은 물론, 정책적, 제도적 해결방안을 제시하는 일 또한 포함될 것이다. 강장묵은 웹의 신뢰성 분석을 위해서는 여과(filtering)와 선택(selection)이 웹의 위상구조상에서 어떻게 이루어지는지를 추적하여 콘텐츠의 정적 가치(참과 거짓)와 동학적 가치(확산 및 전파과정에서 가치판단)를 모두 판단하는 과정을 거치며, 이러한 과정에서 네트워크 구조 속에서 정보 이동과 경로 및 정보 선택의 과정을 파악할 수 있다고 한다. 언뜻 보기에 데이터와 수치를 분석하는 기술적 영역 같지만 네트워크가 가지는 심화된 인간관계를 파악하기 위해서는 사회과학의 합리성이 요구되며, 정치분야에서 활용될 경우 정치적 이해는 필수적일 수밖에 없다. 정치관련 뉴스와 정보의 신뢰성을 확인하고, 정보의 흐름과 선택을 파악하는 직종은 거짓 정보와 신뢰성이 낮은 뉴스들의 확산 또는 정치적 악이용을 막기에 대의민주주의가 고도로 발전된 정보화사회에서 올바른 방향으로 나아가게 해 주는 일이 될 것이다.

Ⅵ. 마치면서

정치학도라면 정치학의 변화에 대해 더욱 근원적이고, 근본적으로 생각해 보아야 할 것이다. 뉴미디어로 인해 사회가 변하는 것에 대해, 나아가 "그런 현상이 민주주의에 반해 부정적으로 변모하는 사회를 정치학으로 어떻게 바로잡을 수 있을까?" 라는 큰 질문은 아직도 정리되지 않았지만 본 장에서 언급한 직업군들을 시작으로 사회변화에 뒤따라 가는 것이 아닌, 한발 앞서가는 직업군을 정치학을 공부하는 이들이 창출할 날을 기대하며 글을 마친다.

김범수 박사

정치학과 박사, 디지털 사회과학 연구센터 연구원

Q. 디지털 사회과학센터는 어떤 곳인가?

디지털 세상은 모든 정보에의 접근성을 쉽게 만들기도 했지만, 물리적으로 만나지 않고도 담론의 장을 형성한다는 특성으로 인해 사회를 파편화 하기도 했다. 센터는 이러한 파편화된 사람들이 어떻게 공존할 수 있는가? 라는 질문을 시작으로 디지털화된 사회에 대한 이해를 통해 더 나은 사회를 만들기 위해 "네트워크 시대의 핵심문제인 다중극화와 불평등을 해소함으로써 민주주의와 사회통합에 기여"라는 비전을 바탕으로 연구를 하는 곳이다.

- 연세대학교 디지털 사회과학센터: http://cdss.yonsei.ac.kr/

Q. 뉴미디어는 민주주의를 이롭게 하는가? 해롭게 하는가?

뉴미디어는 미시적, 거시적으로 민주주의를 이롭게도 해롭게도 할 수 있다. 미시적으로는 하버드대 선스타인(Cass R. Sunstein) 교수의 "해시태그 리퍼블릭(#republic)" 이라는 책에서 언급 되었듯, 미디어가 민주주의 정치에 긍정·부정적 역할을 해 왔다. 소셜미디어가 맞춤형 뉴스를 제공해 줌으로써 참여정치를 유도하기도 하지만, 동종 집단의 유대성을 부정적으로 증가시켜 공통된 경험(shared experience)이 줄어들고, 분파끼리 벽을 쌓게 되는 현상 또한 증가했다. 즉, 뉴미디어로 인해 사회가(또는 개인이) 파편화 되는 현상이 발현된 것이다. 거시적으로는, 제이미 바틀렛(Jamie Bartlett)의 "The people VS tech"라는 책에서 언급된 것처럼 민주주의는 '토론과 담론의 장'이 필요한데 온라인의 신속성으로 인해 개인의 숙의과정(deliberation)이 줄어들고, 일부는 소수가 정보생산하여 다수에게 노출시키는 엘리트 주도의 일방향 정치 현상이 나타나기도 하여 민주주의가 훼손되고있는 점도 있다.

Q. 그렇다면 뉴 미디어를 통해 어떻게 민주주의를 회복할 수 있는가? 또는 부정적인 면을 극복할 수있는가?

물론이다. 그것이 바로 정치학을 공부하는 학생들이 미래에 해야할 일이라 생각한다. 예를 들어, '전자입법(e-registation)'을 들 수 있다. 시민들이 온라인상에 의제를 제기하고 공청회를 실시하면, 해당 공청회는 유튜브를 통해 전국으로 송출된다. 실시간으로 올라오는 유튜브의 댓글, 'like'버튼을 종합하여 입법을 시도하는 것이다. 입법 시 조항들 또한 실시간으로 토론하여 구체적으로 작성하는 전자입법은 뉴미디어의 장점을 살린 대의민주주의 구현의 예라고 할 수 있다. 이처럼 뉴미디어를 이용한 '담론의 장'형성을 통해 역기능을 극복하려는 노력이 필요하다.

Q. 단순한 소통을 넘어 뉴미디어를 통한 새로운 정치활동 양상이 있는가?

물론이다. 브렉시트로 의회는 해산된 상태에서 치뤄지는 영국 정당 총선(2019.12.12.)의 경우, 노동당과 보수당은 각각의 홈페이지를 통한 자원봉사 모집, 펀드 모집은 물론이고, 온라인 상에서 포럼을 통해 시민과 소통하고 있다. 또한 영국의 '전자청원(e-petition)'의 경우, 과거에는 국회에서 청원해야 의제로 상정이 되었지만 지금은 시민 1만 명 이상이 동의 시 의제로 상정이 가능하다. 그 외에도 대만의 'V-taiwan', 브라질의 'e-Democracia', 프랑스의 'Parlement & Citoyens' 등의 사례를 보면 국회의원이 온라인으로 시민과 소통하고, 대표자들이 오프라인에 모여서 논의를 하거나 온라인 시민참여정당(마드리드 포데모스당)이 결성되는 등 뉴미디어를 통한 새로운 정치 양상이 빠르게 변화하고 있다는 것을 알 수 있다.

Q. 이러한 변화가 한국정치사회에는 있는지?

'서울민주주의위원회'는 시민의 일상을 바꾸는 서울의 공론장으로써 인터넷을 통한 참여 정치의 좋은 출발이라 생각한다. 이런 시도를 통해 사회적 소수의 의견도 공론의 장에서 토론할 수 있도록 하자는 취지에서 만들어진 것이다. 예를 들어, 소수의 의견으로 시작했지만 병원에서만 시행하던 난임 주사를 보건소에서도 시행토록 한 것은 의미 있는 일이라 할 수 있다. 현재70~80명의 직원이 4개과에서 일하고있으며, 공무원 80%, '서울민주주의위원회'는 시민단체 출신 20%의 비율로 구성되어있다. 민주주의총괄팀장에 의하면 정치과정, 특히 시민참여와 의회와의 협의에 대한 지식이 많고, 조율할 수 있는 역량을 지닌 인력이 필요하다고 하니 앞으로 정치학과 학생들이 이런 분야에서 일하는 것도 좋을 것 같다.

Q. 정치학을 공부하고 있는 학생들이 꼭 갖추어야 할 소양이 있다면?

사회 및 경제 등 많은 영역과 맞물려 있는 정치학 자체가 쉬운 학문이 아니다. 정치와 사회에 대한 깊은 통찰력은 기본 소양이 될 것이다. 이와 더불어 현재의 정치는 통계나 빅데이터를 다루는 정치학으로 바뀌고 있다. 정치학 방법론적 측면에서 각종 통계 프로그램이나 빅데이터 분야 공부는 필수가 되었다 해도 과언이 아니다. 이러한 공부는 정치계 뿐만 아니라 각종 연구소에서 일할 수 있는 기본 능력도 키워주기에 정치학과 학생들에게 적극 권하고 싶다.

참고문헌

강장묵, 2009, 『뉴미디어와 소통의 정치학』, 한울 아카데미.

기획재정부, 2014, 『2014 경제발전경험 모듈화사업: 지방자치단체의 e-거버넌스 구축사례』, 기획재정부.

김윤화. 2019, "SNS(소셜네트워크서비스) 이용추이 및 이용행태 분석" 정보통신정책연구원 (KISDI STAT Report, Vol. 19-10)

박영숙·박세훈, 2006, 『미래직업 대예측(Next Job)』, 매경출판.

신문과 방송, 2017, "2017 소셜미디어 이용자 조사: 소셜미디어 통한 뉴스 이용의 일상화 확인" https://blog.naver.com/kpfjra_/221187898177(검색일: 2019.12.19.)

윤성이, 2018, 『한국정치-민주주의·시민사회·뉴미디어(제2판)』, 법문사.

임명섭, 2006. 『뉴미디어 시대의 블루오션 전략』. 심미안.

즐거운교실문화연구소, 2019. 『읽으면서 알아가는 미래산업 미래직업 10』 캠퍼스멘토.

캐시 오닐(Cathy O'Neil), 2017. 『대량살상 수학무기』, 흐름출판.

Chang Sub, Park. "Do social media facilitate political learning? Social media use for news, reasoning and political knowledge", *Journal of social media in society*, 6(2).

Gunn Enli, 2017, "New media and politics", *Annals of the International Communication Association*, 41:3-4.

Owen D., 2014, "New Media and Political Campaigns" The Oxford Handbook of *Political Communication*, edited by Kate Kenski and Kathleen Hall Jamieson, Oxford University Press.

머니투데이, "[대선기획]-SNS 플랫폼" https://news.mt.co.kr/mtview.php?no=2017031709067656327&outlink=1&ref=http%3A%2F%2Fsearch.naver.com(검색일: 2019.12.19)

문화일보, 오피니언 "색소폰 정치학" http://www.munhwa.com/news/view.html?no=2019110701033011000002(검색일: 2019.12.19)

21세기 정치학대사전: https://terms.naver.com/entry.nhn?docId=729377&cid=42140&categoryId=42140

ABC News(2012), "Election 2012: Social Media Effect" https://www.youtube.com/watch?v=zr2etgBga2A(검색일: 2019. 11. 10)

Cambridge Dictionary: https://dictionary.cambridge.org/dictionary/english/new-media

eMarketer, 2016, " Digital Political Ad Spending to Skyrocket in 2016" https://www.emarketer.com/Article/Digital-Political-Ad-Spending-Skyrocket-2016/1013861(검색일: 2019. 11. 09).

Tom Murse, 2019, "How Social Media Has Changed Politics: 10 Ways Twitter and Facebook Have Altered Campaigns" https://www.thoughtco.com/how-social-media-has-changed-politics-3367534(검색일: 2019.10.9.)

3 장

교육 정치
미래 진로

● 최선아, HU CHIH-CHIEH ●

I. 서론

“세상은 기술 결합에 따른 혁신의 시대로 이전하고 있다. 비즈니스 리더와 최고 경영자는 변화 환경을 이해하고 혁신을 지속해야 살아남을 수 있을 것이다.” 이 글귀는 『제4차 산업혁명』을 쓴 클라우드 슈밥(Klaus Schwab) 세계경제포럼(The World Economic Forum) 회장의 말이다. 4차 산업혁명이 진행되고 있는 현 시대를 사는 우리는 더 이상 과거의 모습에 매몰되어선 안되며, 특히 결정권을 가진 리더일수록 변화 환경에 적응하고 혁신을 지속해야한다는 뜻이다. 우리는 학문의 왕(King of science) 이라고 불리우는 “정치학”을 배우는 정치학도이기에 슈밥 회장의 말처럼 변화 환경을 이해하고, 이 시대의 혁신을 주도해 나가야한다. 이를 위해서는 현 시대가 어떻게 변화하고 있는지에 대한 정확한 분석과 미래에는 과연 정치-교육 분야의 잡마켓(Job Marekt)이 어떻게 변화할지를 예측해보는 것이 필요하다.

이 장에서는 4차 산업혁명 시대 정치학도들이 어떻게 시대의 변화에 적응할 수 있는지 교육과 정치 분야의 융합적 미래 직업을 중심으로 알아보고자 한다. 1장에서는 일자리 시장에 변화를 가져오고 있는 4차 산업혁명을 기술적 요인과 사회적 요인으로 나누어 바라보고자 한다. 2장에서는 이러한 기술적, 사회적 변인으로 인해 찾아온 일자리 전반의 변동 과정을 설명하고자 한다. 3장에서는 교육 분야의 현재 일자리를 소개하고, 4차 산업혁명이라는 변화의 동인으로 하여금 미래의 교육 분야 일자리가 어떻게 변화할지를 분석할 것이다. 4장에서는 미래의 교육–정치 분야의 융합적 일자리를 소개하고, 미래 정치-교육 분야의 일자리로 각광받고 있는 시민교육 방면에서 일하고 계신 대표님과의 인터뷰를 싣고자 한다.

아래에서 시작될 내용은 다음과 같은 자료를 활용했음을 밝힌다. 이번 장은 연세대학교에서 진행되었던 일반대학원 정치학과 "정치학과 진로개발" 수업 중 정치외교학과 이태동 교수님과 C-program 엄윤미 대표, 꿈지락 네트워크 박석준 대표와의 좌담을 중심으로 서술하였다. 또한, 4차 산업혁명 시대 미래 직업의 변화에 대해 고민한 여러 학술대회의 발표지, 교육분야 직업에 대한 연구논문, 커리어넷 등을 참고하였다.

Ⅱ. 교육-정치와 관련된 미래 변화

1. 기술 진보

그동안 인류의 발전과정에서 증기기관, 전기, 컴퓨터, 인터넷 등의 신 기술들은 인간의 직업을 비롯한 일상 생활을 크게 변화시켰다. 우리는 이렇게 변화된 것을 일컬어 '산업혁명'이라고 한다. 18세기 영국이 불러일으킨 기계화와 증기기관으로 알려진 1차 산업혁명, 19세기 전기(Electricity)의 발명이 촉발한 대량생산의 본격화가 시작된 2차 산업혁명, 20세기 후반 컴퓨터의 발전에 의한 자동화 및 정보화 생산시스템이 주도한 3차 산업혁명이 현재까지 삶의 진보를 이끌어 왔다. 여기서 한 발 더 나아가 자동화 로봇, 인공지능, 가상현실, 빅데이터 등이 초래할 혁신적 변화를 4차 산업 혁명이라 일컫는다. 생산 방식은 물론, 이를 통해 만들어진 제품과 서비스가 '똑똑해지는 것'이 특징이다(김한준 2018, 17).

2016년 다보스포럼에서 처음으로 등장한 4차 산업혁명이라는 용어는 산업경제, 과학기술뿐만 아니라 생활 전반에 이르기까지 대대적인 변화와 그에 따른 기대를 갖게 하는 최근 가장 빈번하게 사용되고 있는 키워드이다. 4차 산업혁명은 인공지능(Artificial Intelligence, AI), 빅데이터, 유전공학, 기계학습, 로보틱스, 3D 프린팅 등 디지털 기술로 촉발되는 초연결 기반의 지능화 혁명으로써 이러한 일련의 기술 변화가 사회경제나 지리 정치, 인구 전개에 영향을 미치는 것을 뜻한다(이

정아·김영훈 2014, 3). 세계경제포럼(2016)에서는 이러한 4차산업혁명의 본질로서 탈 중앙화/분권화, 연결, 개방/공유을 통한 맞춤 시대로서의 지능화 세계 지향을 제시한다. 이 지능화 세계의 구축을 위해서 필요한 기술들이 앞서 기술한 빅데이터, 유전공학, 블록체인(Blockchain Security Technology), 인공지능 등이다.

4차 산업혁명의 동인을 본고에서는 과학기술적 변화 동인과 사회적 변화 동인 두 가지로 나누어 살펴보고자 한다. 과학기술적 변화 동인의 첫번째는 인공지능(AI)이다. 인공지능은 사람의 생각 관련 활동 예를 들면 의사결정, 문제해결 등을 자동화한 것으로서 인간의 언어, 학습, 사고 등의 지능을 모방할 수 있도록 설계된 알고리즘 체계를 말한다. 과학기술적 변화 동인의 두 번째는 빅데이터이다. 네트워크 기술의 발달로 데이터가 급증하고, 이러한 데이터로부터 학습을 통해 기계가 지속적으로 지능화를 이룩하자 기계의 정보 처리 능력 고도화가 이루어지고 있다. 아래의 표를 보면, 2017년 기준 글로벌 시가총액 상위

| **표 1** | 글로벌 시가총액 5대 기업

2007년	2017년
1위 페트로차이나	1위 애플
2위 엑손모빌	2위 알파벳
3위 제너럴일렉트릭	3위 마이크로소프트
4위 차이나모바일	4위 아마존
5위 중국공상은행	5위 페이스북

출처: 파이낸셜타임스, 나스닥(2018)

기업 중 1~5위가 모두 IT 기업임을 확인할 수 있다. 불과 10여년전까지만 해도 에너지 회사가 1~2위를 다투던 것과 비교해보면 4차 산업혁명 시대가 도래하며 데이터가 전 세계 기업 순위를 결정하고 있음을 알 수 있다.

사회적 변화동인의 첫째로는 인구구조의 변화를 들 수 있다. 최근의 사회는 저출산 고령화 사회로서 생산가능인구의 감소를 불러왔고, 이러한 한계를 완화하기 위한 4차 산업혁명이 일어났다고 보는 연구들이 존재한다. 1965년 53.1%에 해당했던 생산 가능 인구비가 2015년 기준 73.4%로 최고점을 찍고, 그 이후 가파른 속도로 줄어들 것으로 예측된다.

사회적 변화 동인의 두 번째는 경제의 소프트화 심화이다. 21세기의 시대는 플랫폼 상에서 가치를 창출하는 플랫폼 경제 활성화, 온디맨드경제(On-demand Economy)나 긱 이코노미(Gig Economy) 활성화와 같은 스마트 비즈니스 모델 활성화, 소비자와 생산자 간의 연결이 강화되어 소비자 중심 맞춤형 경제가 활성화되는 경향을 보인다. 이러한 요인들도 4차 산업혁명의 동인으로 꼽히고 있다.

2. 기술진보가 가져올 직업의 변화

앞서 알아본 인공지능, 빅데이터와 같은 4차 산업혁명을 촉발시킨 첨단 핵심기술들은 우리 생활을 지금보다 더욱 편리하게 만들 것이다. 저렴한 비용으로 개인 비서(인공지능 스피커)를 둘 수 있고, 신체의 상태를 손쉽게 진단하여 건강을 지킬 수 있으며, 목적지에 가보지 않아도 차량용 네비게이션을 통해 빠르고 쉽게 도착할 수 있다(김한준 2018, 17). 번역기에 인공지능 기술을 적용하여 알지 못하는 외국어로 쓰여진 정보를 습득할 수 있으며, 인공지능이 CCTV를 분석하여 범죄 상황이 어떻게 이루어지는지 경찰에 알려주어 거리를 안전하게 다닐 수 있다. 또한 금융권의 인공지능 로봇 어드바이저(Advisor)는 목표 수익률과 투자 위험 감수 정도만 제시하면 적합한 투자 포트폴리오를 알려준다. 이렇듯 세상이 급격히 달라지는 것은 물론이고 기존에 보지 못했던 직업이 생기거나 일을 하는 방식 자체 등에도 많은 변화가 예상된다. 이번 챕터에서는 4차 산업혁명이 불러일으킬 직업세계의 변화를 살펴보겠다.

1) 일자리 양의 측면

일자리 양의 측면에서는 단순, 반복 업무의 자동화가 진전될 것이다. 자동화 대체 확률이 낮은 직업은 1~5위가 화가 및 조각가, 사진사 및 사진작가, 작가 및 관련 전문가, 지휘자 및 작곡가, 만화가 및 애니메이터, 무용가 및 안무가 등 창조적인 일을 하는 직업군이며, 자동화 대체 확률이 높은 직업은 1~5위가 콘크리트공, 정육원 및 도축원, 고무 및 플라스틱 제품 조립원, 청원경찰, 조세행정사무원 등 단순하고, 반복적인 업무를 실행하는 직업군이다. 이는 기술의 발달이 단순하고, 반복적인 업무를 자동화시켜 미래에는 이들 직업군들을 사라지게 할 것임을 보여준다.

2) 일자리 질의 측면

일자리 질의 측면에서는 새로운 직업과 창의적 업무가 증가할 것이다. 신기술 활용이 확산됨에 따라 신시장의 확대가 필수불가결할 것인데 이 과정에서 신규로 창출되는 일자리가 많을 것이라는 예측이 존재한다. 아래의 표를 보면 알 수 있듯이 빅데이터 품질 통제로 인해 인공지능, 빅데이터 과학자의 수요가 증가할 것이고, 로봇을 통한 생산으로 인해 로봇관리자가 필요해질 것이며, 자가운전 물류 차량의 등장으로 인해 기존의 물류 인력이 감소하고, 생산라인 시뮬레이션 기술로 인해 시뮬레이션 전문가의 수요가 증가하게 될 것이다. 뿐만 아니라 창의적 업무도 늘어날 것으로 예측된다. 독창성을 중시하는 개인 맞춤형 상품이 점차 각광받으면서 1인 기업 및 1인 미디어가 증가할 것이고, 기존의 업무들은 자동화가 어려운 창의적 업무로 재편될 가능성도 높다.

| 표 2 | 일자리에 영향을 주는 주요 신기술

주요 신기술	특징	일자리 영향
빅데이터 품질통제	AI를 활용한 대규모 데이터 분석을 통한 품질관리 강화	기존 품질통제 전문가 감소, AI, 빅데이터 과학자 수요 증가
로봇을 통한 생산	기존에 자동화하기 어려운 조립 및 포장을 기계화	생산 작업에 수작업노동(조립, 포장) 감소하고 로봇관리자 필요
자가운전 물류차량	완전 자동화된 운송시스템으로 스마트 공장과 연계	기존 물류인력 감소
생산라인 시뮬레이션	소프트웨어 발달로 생산라인 시뮬레이션 최적화	산업 엔지니어와 시뮬레이션 전문가 수요 증가

출처: 문화재청(2017); 문화재청 2017의 내용을 참고하여 저자가 재구성

3) 고용 형태적 측면

고용 형태적 측면에서는 새로운 고용형태가 등장하게 될 것이다. 대표적으로 온 디맨드 이코노미(On-Demand Economy) & 긱 경제(Gig Economy)가 있다. 온 디맨드 이코노미란 소비자가 요구하는 재화나 서비스가 온라인/모바일 네트워크를 통해 즉각적으로 제공되는 경제 시스템으로서 즉시적 접근성, 편리함, 가격 경쟁력 등으로 인해 활성화되고 있다(조선일보 2016). UBER나 Airbnb 등의 사례가 대표적이며, 숙박·세탁·배달·청소·세차·대리운전·퀵서비스 등이 해당한다. 이는 전통적이고 획일적인 근무형태에서 벗어나 유연한 노동 형태를 보인다는 특징이 있다. 이러한 온디맨드 경제가 활성화됨에 따라 해당 노동력에 대한 수요가 급증해 자연스레 긱 이코노미가 새로운 노동트렌드로 확산되고있다. 긱 이코노미의 경우 기업의 필요에 따라 단기 계약직으로 인력을 충원하고 그에 따른 대가를 지불하는 형태의 경제 시스템을 의미한다. 기존의 고용의 경우 회사가 직접 직원을 채용, 정식 계약을 맺어 고객에게 재화나 서비스를 제공했다면 긱 이코노미에서는 기업이 수요에 따라 초단기 계약 형태로 공급자를 활용하는 것에서 차이가 있다. 예를 들면, UBER는 110만명 이상의 택시기사를 직접 고용하지 않고, Drive Partner 즉 독립 계약자의 형태로 서비스를 제공하고 있다.

III. 교육 분야의 현황과 미래 일자리 변동

상기한 바와 같이 4차 산업혁명이라는 시대적 흐름 속에서 일자리는 많은 것이 변화할 것이다. 이번 장에서는 조금 범위를 좁혀서 4차 산업혁명이라는 변화의 동인을 직면한 여러 가지 직업 분야 중 교육 분야의 전망이 어떠한지를 소개할 것이다.

교육 분야의 전망을 살펴보기에 앞서 교육 분야에 과연 어떤 직업들이 존재하는지를 우선 살펴보도록 하겠다. "교육"의 사전적 정의는 인간이 삶을 영위하는 데 필요한 모든 행위를 가르치고 배우는 과정이며 수단을 가리키는 것이다. 이 때문에 교육과 관련된 직업은 무궁무진하다. 현재 교육부 진로정보망 커리어넷에서 제공하고 있는 직업정보 중 교육직 카테고리에 존재하는 직업은 아래 〈표 4〉와 같다. 총 14개의 직업이 리스트업 되어 있으나 편의상 유사한 직업군은 묶어서 표기하였다.

커리어넷에서는 위와 같이 교육 분야에 다양한 직업이 있음을 확인할 수 있었으며, 각 직업들의 발전가능성 및 일자리 전망, 고용평등 역시 기재되어 있었다. 본고에서는 이러한 많은 교육 분야의 직업 중 대표적 직업인 "교육자"를 중심으로 살펴보겠다. 여기서 말하는 교육자란 초·중·고등학교 교육의 일선에 서 있는 교사, 대학 및 대학원 등 고등교육기관의 교수, 사교육 시장의 강사 등 "교육" 관련 업에 종사하고 있는 직업군을 말한다. 기존의 교육자의 역할, 즉 요구되는 직무 및 핵심역량은 다음과 같다.

| 표 4 | 교육분야 직업정보

직업	역할	일자리전망	발전가능성	고용평등
교사	국, 공, 사립 학교에서 수업지도, 학급운영, 생활지도 등을 담당	보통 미만	보통 미만	매우 좋음
독서지도사	초, 중등학생들을 대상으로 독서 교육 프로그램을 개발, 적용, 평가	보통 이상	보통 미만	보통 이상
학원강사	다양한 연령층 사람들이 가지고 있는 다양한 교육적 요구를 수용하여 필요로 하는 지식과 기능을 전수하는 일 담당	좋음	좋음	좋음
장학사	학교를 주기적으로 시찰하고 교과과정, 교육 방법 등을 평가하고 제반 문제에 대해 교사와 협의하고 조언하는 역할	보통 미만	좋음	매우 좋음
교수	전공 과목을 강의하고, 시험, 보고서 등을 통해 학생들을 지도하며 자신의 전공 분야에 대한 지속적인 연구 활동 진행	보통 미만	매우 좋음	매우 좋음
직업능력개발 훈련교사	직업전문학교, 공공직업훈련원 등에서 근로자에게 직업에 필요한 기능과 지식을 가르치는 업무를 담당	좋음	좋음	좋음
특수교사	신체적, 정신적 장애를 겪고 있는 학생에게 사회 구성원으로서 살아갈 수 있도록 지식과 기능을 가르침	보통 이상	보통 미만	매우 좋음

출처: 커리어넷(2019); 교육부 진로정보망 커리어넷의 내용을 참고하여 저자가 재구성

| 표 5 | 교육자의 역할 구분

1.지식의 전달자: 학생의 능력과 필요에 맞는 지식 전달
2.상담자: 진로 상담 및 윤리 교육 담당
3.평가자: 학생의 능력과 잠재력을 평가 및 진단
4.행정 담당자: 학교 행정과 관련된 담당 업무 수행

출처: 국회미래연구원(2019) p.12

위의 표와 같이 교육자는 그간 교과 지식을 전달하고, 상담자의 역할을 하며, 학생에 대한 평가 업무 및 행정업무를 수반해 왔다. 그러나 교육자의 역할 역시 4차 산업 혁명 시대를 맞이하여 변화를 겪게 될 것으로 전망된다. 본고에서는 위에서 말한 두 가지 변화 동인으로 인해 교육자라는 직업에 대한 분석을 중심으로 말하고자 한다.

1. 과학기술적 변화 동인에 대한 교육자의 역할 변화

과학기술적 변화 동인에 대한 교육자의 역할 변화를 살펴보면, 현 시대는 증강·혼합·가상 현실(AR, MR, VR) 기술, 인공지능(AI), 로봇이 사회 전반 깊숙이 투입되고 있다. 이러한 신기술의 도입은 교육자의 미래 변화를 주도하는 핵심적 관련 요소로 작용할 것이다. 예를 들어 교사의 교과 업무를 로봇이 보조하는 역할로 활용되고 있는 시범학교도 존재하는 것처럼 말이다. 뿐만 아니라 빅데이터가 만연한 시대가 되면서 지금 아이들이 미래를 대비하여 배우고 있는 국어, 영어, 수학과 같은 대부분의 것들은 쓸모 없는 지식이 될 확률이 높다. 모든 것은 데이터 천국인 인터넷에서 몇 번 검색하면 나오는 것들이 될 수 있기 때문이다. 이 때문에 앞으로 각광받게 될 역량은 단순히 지식을 얼마만큼 많이 가지고 있는가보다 그것을 가지고 어떻게 융합해내고, 새로운 것을 만들어 낼 수 있느냐가 될 것이다. 그렇기에 미래에 쓸모 있는 지식들이란 생각하는 힘, 분석하는 능력 등 단순 지식이 아닌 창의적 지식들이 각광받을 것이다. 국어, 영어, 수학 중심의 현재 교육에서 더 나아가 좀 더 창의적 지식을 가르치고, 분석적 능력을 키우는 방향으로 교수법을 변화시켜야만 교육자라는 직업이 살아남을 가능성이 높다.

EMBRAIN에서 실시한 "4차 산업혁명과 교육, 직업 관련 인식 조사"에 따르면 4차 산업혁명 도래 시 우리나라 '교육 제도'와 '대학'은 "근본적으로 다른 형태로의 변화 및 발전할 것"이라는 전망이 지배적이라고 한다. 특히 최종 학력이 높을수록 "현 시스템이 붕괴되고 어려움에 직면할 것"이라는 다소 우려 섞인 목소리가 높다. 이를 통해 미루어 보았을 때, 대다수의 국민 역시 4차 산업혁명으로 인해 교육자 및 교육 시스템이 변화를 꾀하거나 어려움에 처할 것이라고 예측하고 있음을 알 수 있다.

2. 사회적 변화 동인에 대한 교육자의 역할 변화

사회적 변화 동인을 살펴보면 가장 대표적으로 인구구조의 변화가 있다. 교육통계서비스 자료(2019)에 따르면, 현재 전국 초·중등 공립학교는 10,834곳으로 1999년부터 20년 사이 대략 1,100여 개의 학교가 새롭게 설립되었다. 교원의 수 또한 20년 동안 293,765명에서 387,445명으로 9만 여명이 증가하였다. 하지만 2000년대 후반부터 학교와 교원 증가율이 감소하고 있으며, 2020년 이후부터는 감소추세로 변화할 가능성이 높다고 한다. 이는 저출산, N포세대의 등장, 고령화 등의 사회적 흐름이 인구구조의 변화에 기인했기 때문이다. 특히,

통계청의 미래인구통계를 보면 아래와 같다. 필수 교육 수혜자인 만 6세~17세 학령 인구는 2000년 811만명으로 최고점을 갱신한 이래로 2015년기준 617만 명으로 줄어들고, 2050년 434만 명으로 대폭 감소할 것으로 예측되고 있다. 이 때문에 지금 교육자의 인원 유지가 매우 어려울 것으로 전망된다.

다음으로 경제의 소프트화 분야에서는 첨단 기술을 활용한 교육관련 플랫폼 비즈니스가 활발해지면서 여러 방송매체 및 인터넷, 첨단 기술들을 활용하여 스타 강사 한 명이 동 시간대에 100명 이상의 학생을 대상으로 교육 서비스를 제공하는 것이 가능해졌다. 즉, 다수의 교사가 필요한 것이 아니라 소수의 스타 교사가 여러 학생을 대상으로 교육할 수 있게 된다는 것이다. 이러한 사회적 동인을 살펴보면 교사의 수요에 대한 미래가 밝지만은 않음을 예측하게 한다.

Ⅳ. 정치와 교육 융합적 일자리

앞서 살펴본 바와 같이 "교육자"라는 직업은 과학기술적, 사회적 변화에 의해 더 이상 현재의 모습을 유지해서는 살아남기가 어려울 것이다. 다양한 교수법을 개발해야 하고, 변화에 적응해야만 한다. 그러나 비극적이게도 변화에 적응한다고 하더라도 사회적 변화에 의해 많은 수의 교육자가 설 자리를 잃게 될 것이며, 교육에 대한 빛나는 꿈을 갖고 있는 미래 세대들은 시작도 해보지 못한 채 그 꿈을 접어야할지도 모른다. 그렇다면 이렇게 어두운 미래가 점철되고 있는 가운데 교육에 대한 꿈을 가진 정치학 전공자는 어떤 일자리를 가질 수 있을까? 우리는 앞서 지속적으로 논의했던 과학기술적 변화 동인 2가지, 사회적 변화 동인 2가지를 중심으로 정치-교육의 융합적 직업의 미래를 예측해 보고자 한다.

1. 과학기술적 변화 동인에 의한 정치-교육 분야의 미래 일자리

1) 빅데이터 - 양적 방법론 수업에 대한 적응

첫째로, 과학기술적 변화 동인의 빅데이터가 가져올 미래이다. 중·고등학교 교사의 변화 적응으로서 정치과목에서 빅데이터를 활용한 융합 수업을 진행하는 것이 하나의 미래가 될 수 있다. 빅데이터의 이해와 분석은 사회적이거나 정치적인 이슈에 대한 의사결정이나 합의 창출 과정에서 필요한 정보활용 능력이다(최병영 2018, 115). 이 때문에 정치학 전공자가 빅데이터를 알아두면 매우 유용하게 사용할 수 있다. 학교 교육에서 빅데이터를 활용한 가장 쉬운 교수법은 구글트렌드 분석을 통해 진보 보수, 대통령 후보 등의 트렌드를 살펴보는 것이다. 아래의 표는 최병영(2018)이 고등학교 정치과목으로 한정해 탐구한 융합 수업 사례로서 법과 정치 과목에서 대단원별로 선정 해본 빅데이터 활용 수업의 제재를 정리한 것이다. 간단한 구글트렌드 분석이나 심화 과정인 R 프로그래밍을 통해 고등학교 교과 과정의 학습 목표를 달성할 수 있음을 알 수 있다.

대학교수의 변화 적응으로는 양적 방법론 수업을 진행하는 것이 존재한다. 그간 정치학은 이론을 바탕으로 논리로서 사람을 설득하는 연구를 진행해왔던 학문이다. 그러나 이제 빅데이터의 시대가 도래하며, 더 이상 논리로만 타인을 설득할 수 없는 분야가 생기기 시작했다. 정치학도 이러한 변화에 발맞추어 데이터를 활용한 증명 연구를 시도하고 있는 추세이다. 고등교육 기관 종사자로서 대학생, 대학원생들에게 트렌드한 방법론 수업(Stata, R, Spss 등 교수)을 가르친다면 미래의 석학 발굴에도 힘쓸 수 있을 것이다. 아래의 표들은 4차 산업 혁명 이야기가 본격적으로 대두된 2016년부터 세계 유수의 대학들과 연세대 정치외교학과 학부 및 정치학과 대학원에서 개설된 양적 방법론 수업의 리스트이다. 이들 강의의 경우 인기가 높아 수강신청을 하기도 까다롭고, 얻어가는 것이 많다는 학생들의 긍정적 평가를 많이 받기도 한다.

| **표 6** | 2016~2019 연세대학교 정치외교학과/정치학과 양적 방법론 수업 개설 현황

구분	개설 학기	과목명	담당교수	교수내용
학부	2016-1 2017-1 2019-2	사회과학조사방법론	진영재	연구 설계 방법론, 조사 방법론, 통계 방법론 강의
	2016-1 2017-1 2018-1	정치학데이터분석	황태희	R & STATA 활용 강의
대학원	2016-1 2018-1	사회과학조사방법론	진영재	연구 설계 방법론, 조사 방법론, 통계 방법론 강의
	2016-1 2016-2 2017-1 2019-1	정치학방법론	황태희	R & STATA 활용 강의
	2019-2	계량정치방법론II	우병원	STATA 활용 강의

출처: 연세포탈 학부/대학원 수강편람조회(2019) 참고하여 저자 작성

| 표 7 | 2019 세계 대학 양적 방법론 수업 개설 현황

학교명	개설 학기	과목명	담당교수	교수내용
Stanford University	2019 Spring	Research Design (Undergraduate)	Prillaman, S.	연구 설계 방법론
Stanford University (Graduate)	2019 Autumn	Political Methodology I: Regression	HandanNader, S. Xu, Y.Luo, J.	기초 회귀방법론
	2019 Winter	Political Methodology II : Causal Inference	Hainmueller, J. HandanNader, S. Luo, J.	인과관계추론 서베이
	2019 Spring	Political Methodology III:Model-Based Inference	Grimmer, J., Hai, Z., Nowacki, T.	모델기반추론 서베이
	2019 Autumn	Political Methodology IV: Advanced Topics	Bauer, V., Rivers, D.	심화 통계학 수업
Princeton University	2019 Spring	Qualitative Methods (Graduate)	Cassandra V. Emmons	양적방법론 이론 기초 수업
University of Michigan	2019 Winter	Qualitative Research Methods (Graduate)	Ichino,Nahomi	양적방법론을 활용한 실증주의 연구
Yale University	2019 Spring	Mixed Methods Research (Graduate)	Elizabeth Nugent	양적방법론과 질적 방법론 동시 활용
University of Chicago	2019 Spring	The Practice of Social Science Research. (Graduate)	P. Conley	사회과학 연구 설계 방법론
Duke University	2019 Spring	Research Design and Qualitative Methods		연구설계 방법론 및 기타 통계적 방법론

출처: 세계 대학 포탈 참고하여 저자 작성

2. 사회적 변화 동인에 의한 정치-교육 분야 일자리 변화

1) 인구구조변화 - 에듀테크 기업 취업

사회적 변화 동인의 인구구조변화가 가져올 미래이다. 저출산과 기대 수명의 증가로 고령화사회가 되고 있다. 어린 아이는 점점 줄고, 고령인구는 많아지는 가운데 긴 인생을 하나의 직업으로 살기는 매우 어렵기 때문에 최근 많은 각광을 받는 것이 바로 평생교육이다. 특히, 전 세계적으로 제2의 직업, 제3의 직업을 갖기 위한 기초 교육을 제공하는 맞춤 교육 서비스, 교육 콘텐츠 플랫폼 등 다양한 형태의 에듀테크 기업들이 많이 생기고 있다.

최근 들어 한국 교육현장 곳곳에 심심치 않게 '에듀테크(EduTech)'가 스며들고 있다. 에듀테크는 교육(education) 그리고, 기술(technology)을 결합한 단어이다. 단어에서 느껴지는 느낌 그대로 교육 콘텐츠를 좀 더 효과적으로 습득할 수 있도록 하는 기술을 뜻한다. 에듀테크 하면 많은 사람이 대개 이러닝(e-Learning · 온라인 교육)을 떠올리지만, 이 용어는 현재 인공지능(AI), VR · AR(가상 · 증강현실), IoT(사물 인터넷) 등을 교육 분야에 적극적으로 활용하는 것으로까지 확장되어 사용되고 있다.(조선일보 2019b) 이러한 에듀테크는 전통적인 교육 현장에 그치지 않고, 재교육, 성인 취미, 대학 시장까지 그 범위를 확산하고 있다. 미국 시장조사 업체 글로벌 인더스트리 애널리스츠(Global Industry Analysts, GIA)에 따르면 에듀테크의 세계 시장 규모가 2017년 2,200억 달러(약 257조원)에서 2020년 4,300억 달러(약 502조원)로 두 배 가량 커질 것으로 전망된다.

아래 그림과 같이 한국 에듀테크 스타트업 기업의 경우 외국어 교육 분야가 압도적으로 많은 수를 보이는데 정치학 전공자의 경우 이런 외국어 교육 측면에서 강점을 가질 수 있을 것이다. 또한 국내 기업의 경우 콘텐츠 개발과 응용에 주력하고 있으며, 코딩 교육 기업, 실감형 교육기업, 맞춤형 교육 기업으로 구분된다(백정열 2018, 23). 이 중 맞춤형 교육 기업은 인공지능 기술을 활용하여 사용자의 현재 상황과 능력 수준을 파악하고 이를 응용하여 사용자에게 적합한 콘텐츠를 학습하도록 함으로써 학습효과를 배가시키도록 하는 기업이다(백정열 2018, 26). "창의적 인재 양성"에 대한 니즈가 커지고 있는 현 상황에서 이러한 맞춤형 교육 기관에 정치학도가 역할을 할 수 있을 것이다. 정치학은 기본적으로 사람과 사람 사이의 관계를 배우는 학문이다. 이 때문에 정치학도는 개인의 인격적·신체적인 성숙과 경제적·사회적·문화적인 성장 발달을 장려하고, 각 개인의 상황과 능력 수준을 평가하는 평생교육, 맞춤 교육의 목적에 부합한 인재이다.

2) 경제적 소프트화 - 정치학 컨텐츠 제작 / 시민 및 청년 교육 스타트업 창업

사회적 변화 동인의 경제적 소프트화이다. 네트워크 플랫폼이 점점 발전함에 따라 Youtube를 통한 1인 미디어, 1인 방송이 많은 화제이다. Youtube에 "정치학강의"를 검색하면 고시 준비를 위한 정치학 강의뿐만 아니라 가벼운 정치토크, 3분 정치인 강의, 100초 정치 수업, 정치학 필독서 강의, 정치외교학 전공체험 강의실 등 다양한 분야의 정치학 동영상이 존재한다. 1인 미디어를 통해 많은 수익구조를 창출해낼 수 있는 현대에 이러한 유튜브를 통한 정치교육 동영상을 제작하는 것 역시 하나의 진로가 될 수 있을 것이다.

다음으로는 청년 교육을 위한 펀딩이 있다. 청년의 교육을 위한 대표적 펀딩인 C-program은 '다음 세대의 건강한 성장'을 미션으로 하는 벤처 기부 펀드이다(C-program, 2019). 연세대학교 정치외교학 졸업생인 엄윤미 동문이 대표로 있는 C-program은 놀이와 배움, 아이와 친구들이 자라는 공간에 대해 고민하고 새로운 시도와 실험에 투자하는 일을 진행함으로서 미래 세대의 성장을 위한 자양분의 역할을 하는 펀드이다. 대표적으로 두 가지 펀드로 구성이 되어있는데 하나는 어린이들을 위한 제3의 공간을 동네마다, 도시마다 만들어 내는 Play Fund와 다른 하나는 새로운 배움을 만들고자 실험하는 사람들의 커뮤니티를 운영하는 Learning Fund이다. 또한 아이들이 뛰어놀기 좋은 동네라는 "놀세권"이라는 신조어를 만들어 다양한 규모의 놀이 장소를 연구하기도 한다.

이들이 의미가 있는 것은 무엇이 당연한지를 다시 설정하는 것에 집중하기 때문이다. '미술관에서는 만지면 안돼', '도서관에서는 조용히 해야지'라는 기존의 고정관념들, 당연한 것들을 깨고, 어떤 공간에서 진짜 아이들이 행복할 수 있는지에 대한 사회적 Norm을 형성하는 것에 초점을 두고 있다. 이와 같은 벤처 펀드를 구성하여 사회에 기여하는 역할을 하는 것 또한 미래의 정치학 전공자가 나아갈 수 있는 방향이 될 것이다.

C-program과 유사하지만 다른 시민교육을 위한 장을 제공하는 기업을 창업할 수도 있다. 연세대학교 정치외교학과 출신의 박석준 대표이사는 '꿈지락네트워크'라는 미래세대가 자유롭게 꿈꾸고 도전할 수 있는 사회를 만드는 비영리 사단법인을 설립하였다(꿈지락 네트워크, 2019). 꿈지락 네트워크에서는 금천구청소년의회, 청춘삘딩, G-Camp, 스튜디오독산 등 우리의 미래를 조금 더 아름답게 만드는 프로젝트를 기획하고 운영하는 역할을 한다.

정치학과 진로 개발 수업 당시 박석준 대표가 소개해준 대표적인 활동은 금천구청소년의회와 청춘삘딩이다. 금천구 청소년 의회는 청소년의 사회참여 및 자치활동 확대를 위하여 추진된 것으로서 의제를 중심으로 청소년정책정당을 구성하고, 비례대표 및 관내 청소년을 유권자로하는 총선거를 통해 20명의 의원을 선출하여 의회를 구성하는 것이다. 이들은 구 주민참여예산 중 교육 청소년 분야 예산을 직접 심의 및 의결하고, 집행부의 정책적 의사결정과정에 참여하는 역할을 한다. 청춘삘딩은 청년의 제안으로 조성된 최초의 청년활동공간으로서 청년을 위한 공공 공간의 필요성에 공감하면서 시작된 프로젝트이다. 이런 공공 공간의 필요성에 대해 지속적인 사회적 설득과정을 거친 결과 저이용 되고있던 독산3동 청소년독서실의 기능 전환을 추진하였다. 이는 2017 행정안전부 사회혁신서비스 대상을 수상하며 행정혁신 사례로 조망받기도 했다. 정치학 전공자들은 박 대표처럼 미래 세대에 필요한 가치를 창출하는 청년의 힘을 기르는 데 기여할 수도 있을 것이다.

특별히, C-program의 엄윤미 대표와 꿈지락네트워크의 박석준 대표는 일반대학원 정치학과 "정치학과 진로개발"이라는 수업에서 교육-정치분야 특강을 맡아 학생들에게 관련 분야 이야기를 들려주었다. 그 중 시민교육이라는 새로운 분야에 진출하는데 있어서 정치학 전공자가 얻었던 이점에 대해 이야기하기도 하였다. 아래는 두 분의 대표님께서 정치학 전공자로서 얻은 이점, 정치학 전공자들이 관련 분야에 진출하고자 한다면 어떤 것을 준비해야 하는지에 대해 답변하신 것을 바탕으로 정리한 것이다. 다음의 인터뷰는 "정치학도로서 무엇을 어떻게 준비할 것인가?", "정치학 전공자의 시장가치는?", "정치학해서 뭐먹고살지?"라는 질문을 가지고 살아가는 정치외교학과 학생들에게 큰 힘과 도움이 될 것으로 기대한다.

V. 결론

지식과 과학기술의 혁신으로 말미암아 시작된 4차 산업혁명 시대엔 이 변화에 적응하고, 혁신을 이끌어 갈 역량을 갖춘 인재가 필요하다. 이러한 시대에 고등교육의 역할은 미래 사회를 선도하고, 이끌어 나갈 역량을 갖춘 인재를 교육하고, 성장시키고, 배출하는 것이라고 할 수 있다. 그런데 여기서 한 가지 중요한 점은 미래 사회와 산업을 이끌어 갈 역량은 단순히 전문지식만을 의미하지 않는다는 것이다. 전문지식은 물론이거니와 사회적, 감정적 역량과 인지능력까지 고루 필요하다. 이러한 맥락에서 OECD는 현대 경제에서 요구하는 역량을 다음의 세

가지 카테고리로서 분류하고 있다(OECD, 2016)

첫째, 전공 중심의 구체적인 전문적, 기술적 지식과 역량이다. 이 역량은 어떤 직업이든지 핵심적인 필요 조건으로 작용한다. 둘째, 노동시장에서 광범위한 직무의 요구에 적절하게 대응하기 위한 수리능력, 문해 능력, 비판적 사고 능력, 문제해결 능력 등과 같은 인지 역량이다. 인지 역량은 빅데이터의 홍수 속에서 필요한 정보만을 취하고, 그 정보를 바탕으로 종합적 분석을 가능하게 만든다. 이로 하여금 수많은 도전들에 효과적으로 대처할 수 있게 하며, 급격히 변화하는 환경에 적응할 수 있게 만들어준다. 셋째, 감정적, 사회적 역량이다. 이 카테고리는 어려운 일이더라도 진취적으로 일을 추진하고, 스스로를 늘 관리하는 감정적 역량과 협동정신, 리더십, 팀워크 등의 사회적 역량을 포괄하는 것이다. 이는 직무를 수행함에 있어 타인과의 협업을 통한 시너지 효과를 창출할 뿐만 아니라 스스로의 역량을 최대치로 끌어올려 어려움을 해결하는 데 긍정적 효과를 낼 수 있다.

OECD에서 제시한 현대 경제에서 요구하는 핵심 역량 3가지를 살펴보면, 정치학 교육과 상당히 맞닿아 있다는 것을 알 수 있다. 구체적인 전문적, 기술적 지식과 역량은 모든 학과의 교육들이 그 분야의 전문성을 띄도록 한다는 점에서 인재를 동등하게 길러낼 수 있을 것이다. 두 번째 인지 역량은 결국 분석력이 핵심인데 그 어느 학과보다 분석력을 기르는데 중점을 둔 교육을 지향하는 정치학 교육을 받은 정치외교학과 학생들은 현대 사회가 요하는 핵심 역량을 갖췄다고 볼 수 있다. 마지막 감정적, 사회적 역량의 핵심은 상대방을 어떻게 설득하고, 시너지 효과를 내는가이다. 정치외교학 전공자에게 정치학개론 1장 1절에 해당하는 "정치란 무엇인가?"를 물었을 때, 습관적으로 데이비드 이스턴이 정의한 "희소된 가치의 권위적 배분"이 튀어나올 것이다. 그만큼 정치는 사람을 다스리고, 희소한 자원을 나눠주는 역할을 배우는 학문이다. 타인을 어떻게 다스리고, 내 편으로 만들기 위해 어떻게 자원을 나눠주는가를 항상 고민하는 학문인만큼 사회적 역량은 그 어느 전공자들보다 충분히 갖출 수 있을 것이다.

이렇게 정치학이 현대 경제사회가 요구하는 역량을 갖춘 인재를 키워내는데 적합한 교육을 진행하고 있다고 하더라도 정치학 교육 역시 진화하고, 바뀌어야 할 필요성은 존재한다. 단순히 이론중심의 교육을 탈피하여 현실정치를 학생들에게 교수할 필요가 존재한다. 광장의 촛불집회가 웅변하듯 최근 시민은 정치의 중요한 행위자로 대두되었다. 하지만 '시민'이 주체가 되는 시민정치는 우리 삶에 녹아있다. 주민들이 관과 함께 협치적으로, 그리고 자치적으로 동네에 존재하는 문제점을 해결하기 위해 노력한다. 그 노력들은 지역 수준의 사회적경제 조직 구축, 마을 만들기, 주민참여예산제 등의 모습으로 나타난다. 대학의 정치학 교육도, 이러한 지역수준의 시민정치 현상에 주목하여 현실정치를 가르치는 방향으로 진화해야한다. 단순히 이론만 배우는 것이 아니라 내가 직접 나의 준거 집단에 영향을 미치고, 더 나아가 동네, 국가에 영향을 미칠 수 있는 것들을 배운다면 비판의식과 책임감, 문제해결능력과 정치적 효능감, 비판의식과 책임감 등으로 대두되는 공공성과 시민성 역시 함양할 수 있을 것이다. 기존의 정치학 교육이 강점을 가졌던 현대 사회가 요구하는 3대 역량과 더불어 진화된 정치학 교육을 통해 공공성과 시민성까지 함양한 정치외교학도들은 미래 시대의 혁신을 선도할 리더가 될 자질을 갖출 수 있을 것이다.

엄윤미

정치외교학과 졸업, C-Program 대표

박석준

정치외교학과 졸업, 꿈지락네트워크 대표

Q. 대학시절 정치외교학과 학생으로서 배웠던 것이 어떻게 도움이 되었나요?

엄: 학교에서 배우는 프레임을 가지고 세상을 보는 연습을 했던 것이 가장 큰 도움이 되었던 것 같습니다. 학부생의 수준에서 대단히 전문적인 것을 배우진 못했더라도 같은 관심을 가진 친구들과 함께 사회적 대화를 나눴다는 사실이 주는 영향은 상당히 오래갑니다. 제가 대학을 다니던 때는 지방자치제가 막 시작될 때였는데 이 때 지방자치가 무엇인지를 어렴풋이 배우며, 관심사를 나누던 동기들과 많이 이야기를 했습니다. 지금 공간을 확보하는 일을 하는데 대부분의 공간을 구축할 수 있는 자원은 지자체에 있습니다. 이 일을 하다보면 지자체의 많은 다이나믹이 읽히기 시작하는데 선출직인 시장이 할 수 있는 일과 할 수 없는 일, 그리고 행정직인 시청의 직원들이 하고싶어도 시의회를 설득하지 못하면 할 수 없는 일 등을 직접 피부로 느끼고 있습니다. 대학 시절 글로 배웠던 것을 지금 현실로 체감하고 있는거죠. 그 당시 구축했던 나의 관점과 관심사가 이렇게 이어지고 있구나, 배웠던 지식들이 이렇게 이어지고 있구나를 생각하며 지방자치란 무엇인가를 깨닫고 있습니다.

Q. 정치외교학과 전공자로서 관련 업계에 진출한다면, 어떤 역량을 준비해야 할까요?

엄: 정치철학을 좀 더 열심히 공부하면 좋을 것 같아요. 비단 이 업계뿐만 아니라 사회생활을 하다가 일정 커리어 이상에 이르게 되면 나의 생각을 정리하고, 글로든 말로든 상대방을 설득하고 비전을 제시해야 하는 순간이 옵니다. 이 때 그 사람이 닦아놓은 글에 대한 깊이가 빛을 발하죠. 철학책을 많이 읽은 사람에게는 남다름이 있는 것 같습니다. 깊게 사유하고, 자신이 생각한 것에 대해서 똑같은 관점으로 바라보고, 평가하고, 깊이가 있는 답을 내놓을 줄 아는 사람이 되는 것 같아요. 이런 역량을 길러놓는다면 참 좋을 것 같습니다.

박: 이제 세상은 학력의 세대에서 역량중심세대로 전환되었다고 봅니다. 가장 중요한 역량 중 하나는 단순히 지식을 얼마만큼 많이 가지고 있느냐가 아니라 주어진 지식을 가지고 어떻게 융합하고, 새로운 것들을 만들어 낼 수 있는가? 그 지식으로 타인과 어떻게 소통할 수 있는가?를 보아야 한다고 생각합니다. 실제로 이쪽에서 일을 하다보면 아무리 사업 계획을 멋지게 짜놔도 어떤 사람이 이 일을 맡는가가 가장 핵심적인 일인 것 같습니다. 모든 계획과 일들을 본인이 의도하는대로 끌고가는 역량을 지닌 사람, 프로젝트에 연관된 이해관계자들을 설득해서 자원을 가져오도록 하는 역량을 지닌 사람 그런 사람이 프로젝트를 맡았을 때 성공 확률이 높아요. 저는 이 능력이 바로 정치력이라고 생각하고, 이것이 정치학 전공자가 준비해야 할 역량이자 강점이라고 생각합니다.

Q. 대표님이 신입을 뽑는다면 어떤 신입을 뽑으실건가요?

엄: 직원을 뽑는다면 첫째론 일에 대한 기준이 높은 사람을 뽑고 싶습

니다. 일적인 스킬 같은 것들은 다 배울 수 있는데 한 번 굳어지면 바뀌지 않는 게 일의 완성도, 즉 아웃풋의 질에 대한 기준인 것 같아요. 이건 아무리 말로 설명하거나 가르치려고 해도 가르칠 수 없는 부분인 것 같습니다. 두 번째로는 호기심과 에너지가 있는 사람을 뽑고 싶어요.

박: 아까 말씀드린 정치력을 가진 사람을 뽑고 싶어요. 상대방을 설득하고, 그것을 통해 내가 필요한 일의 자원을 확보한다는 게 굉장한 능력이거든요. 실제로 일을 하다보니 이 역량이 정말 중요한 부분이라는 것을 느껴요. 과연 동일한 시간에 출근하고, 퇴근하는 구조가 합리적일까요? 주 52시간 근무를 하면 워라밸이 지켜질까요? 일례로 저희는 육아를 하고 있는 분들에 대해서는 출퇴근 시간을 자율로 맡겨드리고 있습니다. 이렇게 하고나니 훨씬 일의 능률이 오르더라구요. 이렇게 하다보니 그분들의 부인, 남편분들까지도 일에 협조를 잘 해주셔요. 정치력이 바로 이 지점에서 역할을 하는 것 같습니다. 디테일을 이끌어나가는 역할. 사회적 테두리가 있다면 그 안에서 더 효과적으로 일이 진행될 수 있도록 디테일을 이끌고, 설득하는 정치력을 지닌 사람을 뽑고 싶습니다.

Q. 진로를 고민하는 스무살의 나에게, 스무살의 대학생들에게 해주고 싶은 조언이 있다면?

엄: 이것에 대해선 제가 좋아라 하는 많은 친구이자 동료이자 선배들의 말을 인용하고자 해요. 박시원교수는 "방황은 팔자구나 생각하고 확신이 없으면 이것저것 경험해봐라."라고 말했어요. 20대에 방황하는거 너무 당연한거죠. 내가 하고싶은게 뭔지 모를땐, 이것저것 경험해보는 게 매우 좋아요. 옐로우독 제현주 대표는 "지금은 그런 업계가 있는지도 모르는 업계에서 일하게 될거야."라고 했는데 정

말 맞아요. 직업 세계는 변할거고, 지금의 여러분이 알고있는 직업이 다라고 생각하지 마세요. 다양한 직업을 선택할 수 있는 시기가 올 거예요. 여성가족부 김희경 차관은 "알 때까지 계속 시도하는 자세와 용기를 몸에 익힌 사람이 되세요. 그리고 남의 의견은 잡혀가지 않을 정도로만 존중하고 그 이상은 무시하시길."이라는 조언을 해줬어요. 상대의 의견을 듣고, 참고하는 것은 좋지만 그 의견이 나의 선택을 갉아먹는다면 무시하는 것도 필요합니다. 마지막으로 에누마 이수인 대표는 "자기가 좋아하는 배를, 자기가 좋아하는 방향으로 저으세요."라고 말했는데요. 진짜 중요한 건 좋아하는 일을, 좋아하는 방식으로 하는 것 같아요. 여러분도 좋아하는 걸 꼭 찾으시길 바래요.

참고문헌

강순희. 2017. "4차 산업혁명과 직업세계의 변화". 한국예술심리치료학회 학술대회. 10월.

김한준. 2018. "4차 산업혁명과 직업세계 변화 전망."『상담과 지도』제 53호, 17-43.

문화재청. 2017. "4차 산업혁명 대응 문화재 정책방향 설정 연구". 11-1550000-001766-01. 12월.

박가열. 2017. "4차 산업혁명 시대, 직업변동과 대응방안.". 한국직업자격협회 학술대회. 2월.

백정열. 2018. "에듀테크의 기술 및 콘텐츠 동향."『주간기술동향』제 1885호. 14-28.

변재극. 2017. "한국 에듀테크 스타트업 투자생태계." 2017 이러닝 코리아. 8월

최병영. 2018. "고등학교 정치과목에서 빅데이터를 활용한 융합수업의 사례연구 - 구글 트렌드와 R을 이용한 데이터 시각화를 중심으로."『사회과 교육연구』제 25권 2호. 115-131

EMBRAIN(마이크로밀엠브레인). 2017. "4차 산업혁명과 교육, 직업 관련 인식 조사."『리서치 보고서』제 2017권 8호, 1-29.

Jonathan Woetzel. 2017. "4차 산업혁명 시대 자동화, 일자리, 그리고 직업의 미래."『Occational Paper Series』제 17권 2호. 57-98.

Klaus Schwab 저·이민주, 이엽 역.『클라우드 슈밥의 제4차 산업혁명 THE NEXT』. 서울: 새로운현재

교육통계서비스. 2019. "유초중등통계" https://kess.kedi.re.kr/index(검색일: 2019.10.28)

꿈지락네트워크. 2019. http://ggumjirak.org/(검색일: 2019.11.03)

네이버지식백과. 2019. "블록체인"

https://terms.naver.com/entry.nhn?docId=2838482&cid=43667&categoryId=43667(검색일: 2019.11.03)

네이버지식백과. 2019. "로보틱스"

terms.naver.com/entry.nhn?docId=1617789&cid=50321&categoryId=50321(검색일:

2019.11.03)
조선일보. 2016. “온디맨드 경제 급성장… 대세로 떠오른 노동 트렌드 ‘긱 이코노미’” http://it.chosun.com/site/data/html_dir/2016/08/09/2016080985047.html(검색일: 2019.10.27)
조선일보. 2019a. “세계를 바꿀 스타트업… 한국계 20대 사업가 美서 돌풍”
http://biz.chosun.com/site/data/html_dir/2019/08/26/2019082600279.html(검색일: 2019.10.29)
조선일보. 2019b. “미래교육 열쇠… 500조 에듀테크 시장 꿈틀댄다”
https://biz.chosun.com/site/data/html_dir/2019/05/09/2019050901216.html(검색일: 2019.10.29)
중앙일보. 2016. “자동화 대체 확률 높은·낮은 직업” https://news.joins.com/article/19777285(검색일: 2019.10.27)
C-program. 2019. http://c-program.org/whoweare(검색일: 2019.11.03)
Yonsei University. 연세포탈 수강편람조회. http://ysweb.yonsei.ac.kr:8888/curri120601/curri_new.jsp#top(검색일: 2019.11.03)
Stanford University Department of Political Science. Current Courses. https://politicalscience.stanford.edu/courses(검색일: 2019.12.11)

Princeton University Department of Political Science. Courses. https://politics.princeton.edu/graduate/courses(검색일: 2019.12.11)
University of California, Berkeley. Courses. https://polisci.berkeley.edu/courses(검색일: 2019.12.11)
University of Michigan LSA Political Science. Courses. https://www.lsa.umich.edu/cg/default.aspx(검색일: 2019.12.11)
Yale University Political Science Department. COURSE SEARCH. https://courses.yale.edu/(검색일: 2019.12.14)
Columbia University Political Science Department. Courses. https://polisci.columbia.edu/

content/courses(검색일: 2019.12.14)

University of Chicago Political Science Department. COURSE SCHEDULE FOR 2019-20. https://political-science.uchicago.edu/content/courses(검색일: 2019.12.14)

Duke University. Political Science Department. Courses. https://polisci.duke.edu/courses?qt-courses=1#qt-courses(검색일: 2019.12.14.)

4 장

문화 정치
미래 진로

박민지, Fatin Julaihi

I. 정치외교학과가 문화 분야 미래 진로를 고민하고 연구해야 하는 이유

오래전부터 미래학자들은 세상의 빠른 변화를 예상하며 사라지는 직업들에 대해 소개를 해왔다. 한국고용정보원장인 이재홍은 직업을 둘러싼 혁신적인 변화는 우리에게 위험과 기회가 공존하는 위기의 모습으로 다가올 것이라고 이야기한 바 있다. 변화에 효과적으로 대응하고 기회를 잡기 위해서는 어떤 변화가 일어나고 있는지 지속적인 관심을 가지고 들여다보아야 한다. 변화하는 미래 진로를 연구하는 것은 학생들의 선택의 폭을 넓히고 미래에 필요한 기술을 알고 미리 준비하는 데 도움이 될 것이다. 이 장에서는 기술 혁명 시대에서 변화할 기존의 직업과 새롭게 창출될 수 있는 잠재적 직업에 관하여 논하고자 한다.

세계는 현재 기술이 인간의 업무 능력을 능가할 것으로 예상하는 준비 단계에 있다. 고용노동부가 발간한 "한국직업전망 2027"은 미래 직업에 대한 변화 요인으로 고령화, 기술, 자동화 등을 꼽았다. 세계경제포럼(다보스포럼)에서 발간한 '직업의 미래 2016'에서는 로봇공학과 인공지능(AI) 개발로 500만 개 이상의 일자리가 사라질 것으로 전망했으나, 2년 뒤의 '직업의 미래 2018'에서는 2025년까지 사라지는 직업에 비해서 새로운 직업이 두 배(약 1억 3300만 개 가량)더 많을 것이라고 수정하였다. 또한 2018년도 보고서에서는 정보 그리고 커뮤니케이션 분야 중에서 관리와 기술같은 활동은 2022년까지 20% 이상 기계로 대체되지만 커뮤니케이션과 상호작용은 계속해서 높은 수치로 인간이 활동하는 영역으로 분석되었다.

문화란 '문화산업진흥기본법' 제2조(문화의 정의)에 따르면 예술성·창의성·오락성·여가성·대중성을 체화한 것으로 영화, 음악, 출판, 문화재 등의 형태를 띠고 있다. 문화는 인류의 창조성에서 나온 것으로 문화의 내용을 채우는 '컨텐츠'는 기술로 대체될 수 없는 개인의 고유한 예술(art)의 형태로 표현된다. 전통적으로 정치학에서 다루는 권력은 '다른 사람 혹은 집단이 자신이 원하는 대로 행동하게 하는 영향력'을 의미한다. 그러한 의미에서 문화정치란 과거의 무력이나 힘과는 달리 콘텐츠를 통해서 부드러운 영향력을 발휘하여 사람들의 생각, 행위를 변화하게 할 수 있는 원동력이 될 수 있다. 미래의 정치학 진로에 있어서 이러한 문화의 소프트 파워가 중요하다고 생각되는 이유는 다음의 세 가지와 같다.

첫째는 4차 산업혁명과 정보혁명과 같은 기술의 진보 속에서 소외되는 인간의 감성과 가치 때문이다. 4차 산업혁명의 한 주축인 초연결성은 언제 어느때나 사람 간 혹은 사람과 사물 간을 연결시키고 있다. 그러나 OECD 의 'Better Life Index 2017' 보고서에 따르면 우리나라 사람들 중 "어려울 때 도와줄 이웃이나 친구가 있다"고 응답한 비율은 조사대상 41개국 중 최하위로 나타났다.

기술의 초연결성이 인간의 정서적 교류를 대체하지 못하는 것을 보여주는 결과이다. 개인용 모바일 기기, 가상현실, 증강현실, AI 개인비서, 음식을 만들어주는 로봇, 인간이 아닌 센서로의 대체 등 디지털화될수록 사람들은 오히려 분리되고 파편화되어 간다. 그런 현실 속에서 사람과 사람을 이어주는 공통의 문화라는 것, 사회적 연대에서 오는 감성을 충족시키는 수요가 늘어날 것으로 예상된다. 인간의 삶을 지탱하는 '공동체'를 유지하는 것은 문화라는 공통된 감정적 교류에 기반하고 있으므로, 문화는 기술 중심의 사회가 되면서 파편화된 개인을 응집시키고 가치, 존엄성, 감성을 회복하는 역할을 할 것이라고 기대된다.

둘째 동인은 세계화이다. 현재도 많이 진행되었으나 앞으로 국경의 장벽이 더욱 낮아지고 우리들의 삶은 다양한 문화에 노출될 것이다. 문화는 기본적으로 창조적 개인 그리고 다양성을 전제로 한다. 세계화가 진전되면서 이민이나 종교와 같은 문화적이고 정치적인 문제들이 증가할 것이고, 이 정치 영역에서 일하는 것이 그 어느 때보다도 중요해질 것이다. 문화적 다양성을 보호하기 위한 노력은 국제사회에 전보다 더 중요한 화목이 될 것이다.

셋째로 문화는 인간과 국민들의 삶에 직접적으로 영향을 미치는 분야이기 때문이다. 문화와 연관된 스포츠, 여가, 워라벨 등등 콘텐츠를 공급하고 여가 시간을 향유할 시간을 보장하는 것은 모두 우리의 삶의 질과 밀접하게 맞닿아 있다. 문화 다양성을 보호하고, 일정 시간의 여가 활동을 보호하는 것은 정치에서 다루는 복지와 정의의 문제이다. 또 인간의 창조성을 극대화하기 위해서 예술인들의 권리 및 저작권을 법률로 보호할 필요가 있으며, 이 분야는 정치와 문화를 융합할 수 있는 지점이 될 수 있으리라고 기대한다.

Ⅱ. 현재의 문화 관련 업무와 미래의 변화

1. 전통적인 분야

1) United Nations Education Scientific and Cultural Organization (UNESCO/유네스코)

전통적인 분야에서의 문화-정치 융합 직업은 비록 기술이 발전한 미래에도 수요가 있을것이라고 예측된다. 문화 외교와 관련되는 영역에서 인간이 여전히 주요 행위자이기 때문이다. 유네스코는 문화 보호 권한을 가진 유일한 유엔 기관으로 문화적 다양성 문제에 관한 국제 외교의 주요 포럼이다. 또 각국이 문화 융성을 과시함으로써 자신의 소프트 파워를 투영하는 수단으로 활용하고 있다. 유네스코는 '세계유산협약과 무형유산협약(World Heritage Convention and the Intangible

Heritage Convention); 을 통해 "모든 형태와 표현의 문화적 다양성을 보호하고 증진시키겠다"고 선언하고 있다. 또한 "무형문화유산에 대한 인식과 프로필을 높이고 국가와 지역사회가 미래세대의 즐거움을 위해 무형문화재를 보호하도록 장려하는 것"을 주요 목표로 하는 '경구 및 무형문화유산의 마스터피스 선언(Proclamation of Masterpieces of Oral and Intangible Culture Heritage of Humanity)'이라는 프로그램을 만들었다. 유네스코는 이렇듯 문화 영역에서 세계 건축의 변화와 국제 관계의 역동성을 반영하고 있다. 유네스코의 '교육, 과학, 문화를 통한 국가간의 협력을 촉진한다'는 모토는 인터넷, 학생 교류, 관광, 과학 협력, 미디어 네트워크, 세계 자본주의를 통하여 세계화의 원동력이 되고 있다.

▶ 들어가는 방법

유네스코에서 일하는 방법은 직업적 서비스와 일반 서비스 두 가지가 있다. 두 직업군 모두 유네스코 홈페이지(https://careers.unesco.org/careersection/2/joblist.ftl)의 경력 코너를 통해 신청한다. 전문직의 경우, 관심 있는 후보자는 구인 광고 후 2개월 이내에 신청할 수 있는 반면, 일반직은 1개월 이내에 신청할 수 있다. 지원자는 분류, 경험 및 기술(언어 포함)을 바탕으로 심사를 받는다. 특정 결정을 내리기 위해서는 다른 관련 지식과 능력이 필요할 수 있다. 이 단계를 통과한 뒤 전화면접이 있을 예정이며 추가 평가는 결정문 작성에 앞서 진행될 예정이다. 영 프로페셔널(Young Professional) 프로그램은 32세 이하의 젊은 대학 졸업생과 젊은 자격을 갖춘 전문직 종사자들에게 기회를 제공한다. 이들은 비(非)회원국 및 저(under) 회원국의 지원자를 대상으로 하기 때문에 한국인 지원자들에게는 적합하지 않다. 유네스코의 인적자원 관리부서는 국가 위원회와 비회원국 또는 비회원국들의 상설 대표단을 통해서 인턴을 모집한다. 인턴에 대한 재정적 지원은 없지만 유네스코가 어떻게 돌아가는지 관심이 있다면 참가해볼 만하다.

2) 문화체육관광부

문화정치 분야에서 또 다른 전통적인 경력은 문화체육관광부 산하에 있는데 그 중 하나가 문화정책 분석가다. 이 분야에서 일하면 문화분야 등에서 국가의 정책 결과에 기여할 수 있다. 1993년 이후 한국정부는 소프트파워의 매우 영향력 있는 형태인 한류를 예술이 아닌 경제적, 외교적 중요성을 지닌 것으로 보고 있다. 문화체육관광부는 이어서 한국을 세계 5대 문화산업 국가로 만들기를 희망하는 콘텐츠, 창조성, 문화에 대한 C-Korea 2010 비전을 공식화했다. 이 C-Korea 공식은 2007년에 문화, 경쟁력, 창조성으로 수정되었다. 노무현 정부에서는 한류 열풍이 초국가적 문화 대화의 잠재적 기폭제가 될 것으로 기대하였고 한국의 문화를 알리는 데 그 어느 때보다 적극적이었다. 이명박 정부 또한 정부가 한국 영화제를 지원하고 한국 TV 연속극을 해외에 방송하는 것을 도왔다. 이러한 일련의 정책은 한국의 국가 이미지를 향상시키는 것뿐만 아니라 문화 교류를 촉진하였다.

3) 한국국제교류재단 Korea Foundation

한국국제교류재단은 문화정치 분야에 관심이 있는 학생들에게 또 다른 잠재적 통로다. 이 기구는 '국민 연결, 세계 연결'을 기치로 문화외교를 주로 강조하는 한국 외교부 산하 기구다. 국제사회에서 한국에 대한 이해를 증진하고, 다양한 교류 프로그램을 통해 한국과 다른 나라들 간의 우정과 친선을 증진시키는 것이 주요 목표다. 이러한 문화외교의 측면은 한국과 국제 사회 사이의 국제 교류를 조직하고 지원하는 데 주로 초점을 맞춘 활동을 통해 더욱 강화된다. 그들이 하는 일 중에는 한국축제(Korea Festival)를 조직하는 등 문화예술 교류도 있다. 이 기구는 대중외교 노력의 일환으로 이번 축제를 통해 한국에 대한 세계인의 인식을 높이기 위한 것이다. 개최국 현지인들의 참여로 한국축제(Korea Festival)는 단순히 해외 시민들에게 한국 문화를 선보이는 것이 아니라 교류를 촉진하고 상호 이해의 폭을 넓히는 계기로 진화하고 있다. 게다가, 그들은 또한 외교적으로 중요한 지역의 문화 행사에 대한 전시와 프로그램에 대한 지원을 제공한다. 이런 지원은 통상 재외 한국 공관과 조율되고 있다.

▶ 들어가는 방법

채용 과정은 서류, 필기 시험, 면접 등 3단계로 구성된다. 한국국제교류재단은 국제문제와 문화교류에 대해 폭넓은 지식을 가진 지원자를 선호한다. 국제교류와 관련된 재단과 뉴스에 관심을 갖고 해당 분야에서의 지식과 경험을 쌓는 것이 필요할 것이다.

▶ 변화될 분야

디자인 정치

2007년 열린 '정치 디자인, 디자인의 정치' 전시에서 고현주 디자이너는 '기관의 경관'이라는 작품명으로 국회의사당 로비, 대검찰청 대회의실, 대법원 대법정 등 국가 권력기관의 실내 풍경을 촬영한 사진을 전시하였다. 고현주 디자이너는 가구, 사물, 장식물과 같은 평범한 일상용품 속에 정치적 권위와 권력이 어떻게 표현되어 있는지 드러내고자 하였다. 디자인 정치란 가구, 일상생활용품, 도구들, 패션, 생활 속의 패턴을 정치영역의 문제로 가져오는 것을 의미한다. 세상을 바꾸기 위해서는 삶과 가장 밀접한 연관을 가지는 삶의 패턴을 바꾸는 것이 필요하다는 것이 정치 디자이너들의 시각이다. 이들은 정치적 사물이 아닌 일상 사물이 무의식적으로 정치의식을 반영하고 있고, 정치적 언술이 아니라 일상 생활의 무의식을 주도하는 디자인에 개입하여 정치를 바꿀 수 있다고 본다.

디자인 이론가이자 철학자인 토니 프라이의 『정치로서의 디자인』은 디자인으로 지속가능한 미래를 고민하는 방법과 이것으로 기존의 정치 이데올로기를 대체하는 내용을 담고 있다. 토니 프라이는 경제 영역에만 갇혀 있던 디자인 영역을 "정치적인 영역"으로 옮길 것을 주장하고 있다. 이처럼 과거 디자인은 형태적인 측면에만 주목하였으나, 최근 디자이너들은 자신의 인문학적인 숙고를 반영하는 방식으로 그 내용적인 측면에서의 발전이 있었다. 토니 프라이가 분석하는 디자인의 흐름은 해체와 모더니즘이다. 이러한 디자인적인 패러다임과 사고의 흐름이 정치영역까지 확장되어 '미래화'의 기획에 기여할 수 있다는 것이 그의 주장이다. 외형적인 요소인 정치 제도나 경제 체제를 넘어선 경계 파괴적인 사고가 앞으로의 지속가능한 사회의 탄생에 기여한다는 것이다. '미래'를 들여다 볼 때 디자인의 흐름에 있었던 해체와 모더니즘을 반영하면서 디자인과 정치철학을 결합하고 있다. 이처럼 디자인 정치란 구조화된 제도가 아니라 평범하고 일상적인 사물 혹은 생활패턴의 변화가 정치변화를 가져오도록 고민하는 것이다. 그리고 현재의 생산주의 사회가 지속가능하지 않다는 토니 프라이의 지적을 숙고해 보았을 때 생활양식과 일상의 변화를 통해서 미래지향적이고 지속가능한 사회로 나아가는 디자인에 대한 수요가 있을 것으로 예상된다.

인플루언서와 문화 기자(기존 기자 직업군)

문화 저널리스트는 정치학 학생을 위해 추구할 수 있는 또 다른 문화-정치 관련 직업이다. 문화 저널리즘은 예술적이고 대중적인 문화적 표현을 통해 정치적 이슈를 탐구한다. 현대 사회의 반복되는 정치적 이슈들 중 일부는 문화 저널리즘의 종교, 인종, 이민과 같은 주제에 대한 논쟁에서 비롯된다. 정치학 학생들은 문화 표현에 대해 글을 쓰고 분석하며 평가할 수 있는 능력을 갖추기 위하여 인문학에 대한 지식을 잘 갖추어야 할 것이다.

일반적으로 저널리즘은 기술의 더 많은 발전으로 인해 위험에 처한 직업이다. 예를 들어, AI 소프트웨어의 개발은 주어진 정보만으로 뉴스 원고를 만들어낼 것이고 가상의 아나운서가 이 내용을 전달하게 될 것이다. 이러한 저널리즘 영역에서 등장할 수 있는 직업으로는 '인플루언서'가 있다. 디지털 미디어의 발달로 1인 미디어의 상승에 따라 새로운 형태의 저널리즘이 더욱 강화될 것이다. 과거에는 저널리즘이 대형 미디어 회사 및 TV와 더 일반적으로 관련되어 있지만, 지금은 미디어 플랫폼이 기존의 플랫폼을 넘어 확장되었다. 오늘날 미디어 콘텐츠는 더 짧고 더 인기가 있고 더 개방적이다.

새롭게 등장한 Z세대(Gen Z) 와 알파 세대(Gen Alpha)가 이끄는 문화에도 주목할 필요가 있다. 이들의 공통 특성 중 하나는 새로운 미디어 플랫폼의 푸시 알림에 의해 큰 영향을 받는다는 것이다. 비록 이 세대들은 다양한 정보에 노출되어 있지만, 자신의 편안한 활동 반경인 에코 챔버(echo chamber) 안에서 생활하기 쉽다. 그렇기 때문에 새롭게 등장하고 있는 유튜브와 같은 미디어 플랫폼에서 인플루언서의 역할이 중요해진다. 전통적인 저널리스트는 사실만을 전달할 수 있었고 사회를 비판하고 풍자하고 견제하기 위해 글에 의존했었다. 유튜브 등의 뉴미디어 플랫폼의 발달로 1인 미디어의 저널리스트들의 영향력은 더욱 막대해 졌으며 정보 공유 및 팬덤 형성을 통한 정치 문화의 형성에 기여할 수 있다. 인플루언서는 자신의 문제에 관심있는 청중들을 대상으로 이야기하여 보다 효과적으로 공감을 이끌어낼 수 있다. 예를 들어, 유엔 총회(UNGA)에서 연설한 그레타 툰베리(Greta Tintin Eleonora Ernman Thunberg)라는 소녀는 10대 소녀로서 느꼈던 감정과 생각을 전달함으로써 사람들에게 영감을 주었다. 환경 문제에 관하여 그레타와 같은 인플루언서의 증가는 환경 변화에 관한 미래 세대의 관심을 확보하는 데 도움이 될 수 있을 것이다.

인플루언서가 되는 데 가장 중요한 부분은 다양한 세대의 관심을 얻고 청중들이 계속해서 자신의 팔로워가 되게끔 유지하는 것이다. 특정 주제에 대한 관심을 확보하고 관심을 끌기 위해 어떻게 그 주제에 대한 새로운 이야기를 만들 것인가에 대한 좋은 전략을 사용하는 것이 중요하다. 오프라인과 온라인 모두에서 사용할 채널을 선택하는 것도 중요할 것이다.

이러한 인플루언서들의 행보가 새로운 저널리즘의 형태를 예고하고 있으며, 미래에는 미디어와 콘텐츠를 통한 문화-정치 및 영향력 행사를 통한 미래 세대 유권자들의 행동 변화를 유도할 가능성이 있다. 그들의 역할은 미래에서 그 어느 때보다도 필요할 수도 있고 그들의 영향력이 기존 정치인들의 역할을 일정 부분 대체할 가능성도 있다.

스토리텔러(기존 작가 직업군)

전통적으로 작가라는 직업은 신문, 라디오, TV, 서적에 사용되는 콘텐츠를 창조하는 일을 해왔다. 고용노동부에서 발간한 '한국직업전망 2019'에서는 작가의 직업 변화 요인으로서 '문화 콘텐츠에 대한 수요 증가'와 '온라인 작가 플랫폼의 자극'을 꼽았다. 이러한 요인과 기술 발전 추세에 비추어 보았을 때 작가라는 직업군은 4차 산업 혁명의 유망 직종인 스토리텔러로 바뀔 가능성이 높다. 4차 산업혁명에 관한 책에서는 앞으로는 "전달하고자 하는 목적에 어울리는 이야기를 만들어

내는" 일에 관한 수요가 있을 것이라고 예측하고 있다. 그 이유는 전달의 매체가 디지털로 변하면서 사람들이 정보를 대다수 귀찮고 무익한 것으로 여기는 현상이 나타나고 있기 때문이다. 현대인들은 정보의 풍요 속 정보의 빈곤을 겪고 있다. 4차 산업혁명의 유망 직종인 스토리텔링의 핵심은 '매체에 적합한' 표현 방식을 찾아서 이야기를 전달하는 것이다.

스토리텔링의 기본 정신은 '상업과 소비자'에 기반하고 있지만, 이것을 정치와 융합할 때 유권자들의 마음 혹은 국민이나 시민의 마음을 움직이는 글을 쓰는 작가, 콘텐츠 제작자가 될 수 있다. 이 직업은 소수 집단에 대한 혐오 표현을 피하고자 하는 정치적 올바름(political correctness)과 융합할 가능성이 있다. 혐오 표현에 대한 자제는 다양성에 기반하여 살아가는 우리들의 삶에 꼭 필요하며 문화에서 나타나는 표현을 정제하기 위해서는 정치에 대한 이해가 필수적이다.

예를 들어, 미래에는 다문화주의에 대한 스토리텔링을 정치적 이해를 바탕으로 제시할 수 있다. 다문화주의는 한국이나 일본과 같은 동질화 국가에서 더욱 중요한 이슈가 될 것이다. 기존의 규범과 편견을 바꾸기 위한 노력과 문제에 대한 강도가 증가할 것으로 예상되기 때문에, 콘텐츠 제작자와 같은 스토리텔러의 역할이 중요해질 수 있다. 다문화주의와 같은 사회적으로 중요하면서도 민감한 문제를 다루는데 있어서 쉽게 소화 가능한 내용을 만들고 수용 행동을 촉진하기 위해서 이야기를 전달할 수 있다. 정치적으로 잘못된 용어와 맥락을 피하는 것은 단순한 글쓰기의 기술이 아니라 사회와 인간 활동에 대한 깊은 이해를 필요로 하기 때문에 가까운 장래에서도 AI로는 대체될 수 없는 활동영역이다. KBS의 이웃 집 찰스(My Neighbour Charles)와 같은 TV 프로그램은 다문화주의를 쉽게 받아들이게끔 하고 개방적인 사회를 형성하는데 도움이 될 수 있다. 문화적인 영향력과 스토리텔링 능력은 기존의 규범화된 사회와 편견 그리고 부정적인 인식을 바꾸는데 중요한 역할을 할 것이다. 전 세계적으로, 이와 관련한 1인 저널리스트이자 인플루언서 프로그램은 프로그램은 꾸준히 증가하고 있다. 예를 들면, 넷플릭스(Netflix)의 〈The Good Place〉, 〈President〉, 〈빌마허의 Political Incorrectness〉, 〈하산 미나즈의 Patriot Act〉가 있다. 특히 이중 빌 마허의 프로그램에서는 소수자와 이민자 문제를 다루고 있다. 해당 프로그램은 사람들에게 해당 이슈를 상기시키고, 정보를 전달하며, 사회를 비판하는 역할을 통해 영향력을 행사하고 있다. 이러한 인플루언서의 등장은 한 사람 혹은 대중의 이념에 기반하고 있는 이야기 전달 능력이 앞으로 요구될 것임을 보여준다. 〈하산 미나즈의 Patriot Act〉에서도 다양한 사회정치적 이슈를 다루고 있다. 그렇지만 다른 프로그램과의 차별점은 하산 미나즈가 미국의 소수 집단에서 온 사람이라는 것이다. 그는 실제로 그와 같은 비슷한 환경에 있는 사람들이 처한 관련 문제에 대해서 사람들에게 호소력 있는 주장을 펼칠 수 있다. 문화적인 영향력은 소외된 집단들 간의 태도 변화를 이끌어내고 있으며 새로운 정치 영역을 만들고 있다.

새롭게 생겨날 분야

(1) 기금 모금 전문가

새롭게 생겨날 것으로 예상되는 직업군 중 하나는 기금 모금 전문가이다. 2011년 주요 국가의 공적개발원조 중 30%는 민간자선활동이 차지하고 있다. 최근에는 크라우드 펀딩이라는 것으로 익명의 다수에게 가치를 전달하고 해당 가치를 실현하기 위한 금액을 모금하는 추세이다. 이 직업이 유망한 이유는 세계적인 중산층의 성장과 관련 있다. 2009년 전 세계 18억 명이었던 중산층은 2030년 49억 명으로 2배 이상 증가하고, 구매력 역시 21.3조 달러에서 55.7조 달러로 2배 이상 증가한다. 이에 따라서 4차 산업혁명을 분석한 책에서는 전 세계 중산층(하루에 구매력 평가 10~100달러를 지출하는 사람들)의 자선활동 참여가 예상된다고 분석한 바 있다.

문화산업을 구성하는 것은 창의성(creative), 제작(production), 투자(investment), 전달(distribution/publishing), 홍보(Marketing/PR)가 있다. 이중 기금 모금 전문가는 문화가 전파되기 위해서 꼭 필요한 전통적인 직업군의 투자와 홍보 능력이 요구된다. 이들은 사람들이 듣고자 하는 내용으로 모금 활동을 스토리텔링하여서 문화를 전파하는 것에 기여할 수 있다. 이러한 모금 활동을 통해서 문화적 영향력의 기반이 되는 금전적 기반을 마련할 수 있고, 홍보의 과정을 통해서 사람들에게 정보를 전달하고 특정 가치를 위해 연대하게 하는 효과를 낼 수 있다. 이러한 '모금'이라는 특정 가치를 위한 교류 활동은 정치문화 발달에 기여할 수 있을 뿐더러, 전통적인 정치 권력이 하는 것과 유사하지만 더 부드럽게 사람들의 행동 변화를 이끌어낼 수 있을 것이다.

III. 무엇을 준비할까?—문화 리터러시, 스토리텔링 그리고 교육에서의 '디자인 사고'

1. 문화 리터러시

세계경제포럼은 사회 변화가 급속한 지금 직업보다는 '스킬의 개발'이 중요하다고 강조한다. 앞으로의 직업은 상호 연관되어 있고 자신이 특정 스킬을 잘 익히고 있다면 100세 시대에서 참여할 수 있는 분야와 직업이 무궁무진하다고 보여진다. 세계경제포럼이 제시하는 기술 중에서도 그들이 특히 강조하는 것은 '리터러시'와 '감성적 지능' 이다. 문화 리터러시란 허시(E. D. Hirsch)가 만든 용어로 주어진 문화를 이해하고 참여하는 능력이다. 앞선 미래에 개발될 직업들인 기금 모금 전문가, 인플루언서, 스토리텔러는 모두 소통이 중심이 되어 있고 사람들이 요구하는 것에 맞게 이야기를 전달하는 능력을 이야기하고 있다. 기금 모금 전문가와 인플루언서 모두 스토리텔러 못지 않게 이야기를 전달해야 하며, 이러한 소통 능력이 곧 기금 혹은 경제를 충족시켜주는 기술이 된다.

2. 스토리텔링

우리나라에는 스토리텔링과 관련한 자격증도 없지만 교육기관도 별로 없다. 그렇지만 콘텐츠 개발에 중심이 되는 것은 자신이 만들고자 하는 것에 대한 기본 지식이다. 그런 의미에서 자신의 전공 분야, 정치학이 가장 중요하고 부가적으로 철학과 인문학 공부, 미디어에 관한 개념과 특징을 이해하는 것 등이 필요하다고 볼 수 있다. 이와 관련하여 열린 방송이나 뉴스 토론 참여하거나 전달하고자 하는 주제를 정하고 스피치를 해보는 것이 도움이 될 것이다 .

3. 교육에서의 '디자인 사고'

디자인 사고란 "인간을 관찰하고 공감하여 소비자를 이해한 뒤, 다양한 대안을 찾는 확산적 사고와, 주어진 상황에 최선의 방법을 찾는 수렴적 사고의 반복을 통하여 혁신적 결과를 내는 창의적 문제 해결 방법이다." 혁신적인 디자인 기업인 IDEO가 주도한 디자인 사고는 새로운 경영 및 교육 패러다임으로 각광받고 있다. 디자인 사고는 디자이너의 사고방식을 모방하여 혁신을 가져온다. 단순한 물건의 생산이 아니라 사람들이 무엇을 원하고 무엇을 필요로 하고 특정 제품에서 어떤 점을 좋아하고 싫어하는지 이해하는 것을 모든 기업의 프로세스에 반영한다. '디자인 사고'는 기본적으로 경영학에서 다루는 기업의 홍보 전략과 대중들이 원하는 것을 읽어내는 능력과 관계가 있다. 과거에는 기업이나 정치인이 사회의 이상향을 가지고 제품이나 정당을 만들어 시민이나 소비자를 찾았다면, 앞으로는 '디자인 사고'에서 말하듯이 소비자나 시민의 수요가 출발점이 될 것이다. '디자인 사고'의 특징은 상황을 전인적으로 바라보는 '확장적 사고'와 그 상황에서 가장 필요한 해답을 찾는 '수렴적 사고'의 결합이다. 이러한 디자인 사고는 비즈니스와의 결합뿐 아니라 '창조적 사고'를 키우는 교육과도 연관되고 있다. 이러한 디자인 사고를 키우는 교육의 단계에는 공감하기, 문제 정의하기, 아이디어화하기, 시제품 만들기와 테스트가 있다. 스탠포드 D 스쿨의 디자인 사고 수업을 국내에서 진행한 결과 46명의 학생들 중 66%는 수업에 매우만족, 32%는 만족이라고 응답하였다. 앞으로 정치학도들에게 요구되는 것은 자신의 이상향을 정립하는 것보다 사회와 대중들이 요구하는 수요를 잘 이해하고 공감하며 문제에 가장 적합한 비전을 제시하는 것에 있다고 볼 수 있다. 수업에서 활용할 수 있는 '디자인 사고' 교육은 사회의 수요에 공감하고 이에 융복합적이고 창조적으로 대응할 능력을 기를 수 있을 것이라고 기대된다.

장혜조

정치외교학과 졸업, 스튜디오 N—네이버웹툰 자회사—프로듀서

허수영

정치외교학과 졸업, 유니온투자파트너스—영화 제작과 투자

Q. 문화 영역에서 정치외교학은 무슨 역할을 할 수 있습니까?

(장혜조) 영화와 드라마를 만드는 곳에는 연극영화학과 사람들이 많이 있지만, 인문사회나 공학을 전공한 사람들도 많다. 순수 예술이 아니라 산업 예술의 경우에 상업성이 가장 중요하고 사람들의 수요를 파악하는 것이 중요하다. 지적재산권, 스토리, 콘텐츠에 접근할 때 경영에서 중시하는 전략, 산업뿐 아니라 사람과 사회에 대한 이해의 폭이 넓어야 한다. 사회나 사람 이야기 자체에 관심이 있으려면 인문사회계열이 일하는 데 유리하다. 또 창조(Creative), 즉 예술을 만드는 사람과 산업으로의 생산(Production)자들 사이에서 일할 때 예술가, 감독, 아티스트, 작가의 의도와 산업의 전략 사이에서 중재하는데 많은 역할을 할 수 있다. 문장이나 언어 자체보다 함의를 파악할 수 있는 사람, 전체를 이해할 수 있는 사람, 의미 전달을 상업적으로 잘 이끌어줄 수 있는 사람, 커뮤니케이션 능력이 좋은 사람은 문화 업계에서도 충분히 활약할 수 있다.

최근에는 정치적 올바름(Political Correctness)도 문화 콘텐츠 제작에 있어서 많이 이용되고 있다. 작품이나 시나리오에서의 표현이 현재 사회에서 허용될 수 있는 허용치인가, 어떤 사회적 약자나 소수자의 입장에서 공격적으로 느껴지는가를 파악할 수 있는 능력이 굉장히 중요하

다. 스토리 제작 단계나 크리에이티브 단계, 예를 들어 웹툰 내에서는 허용되는 설정들이 어느 정도까지는 재미로 허용될 수 있겠지만 역사 인식 문제, 젠더 문제가 영화화 될 때는 이야기가 달라질 수 있다. 어느 극단에 치우치지 않으면서 여기 저기서 오는 이야기를 다 들어야 하고 상징들, 사회와 인문학적인 시선들을 열어놓는 게 중요하다. 공부를 많이 하시고 도움을 주시면 참 좋겠다.

(허수영) 정치학을 했기 때문에 문화 관련된 커리어를 선택한 것 같다. 직업을 선택할 당시에 사회가 많이 변하던 시기였고, 사회를 거시적으로가 아니라 미시적으로 바라보자는 분석 이론이 많은 관심을 끌었었다. 그 대표적인 미시적 영역이 문화였다. 대학교의 고등교육이란 것은 사회 현상을 이해하고 문제를 파악하고 그걸 분석하기 위한 사고를 배우는 것이다. 사회과학을 배운 것이 일을 하는데 있어서 많은 도움이 되었다. 문화는 사회를 가장 잘 반영하고 있기 때문이다. 사회를 반영하지 않으면 어떤 문화 상품도 공감을 얻기가 어렵다. 판타지도 그런걸 좋아하는 관객의 취향 자체도 사회의 변화와 영향이 있다. 사회의 변화의 흐름과 현상을 이해할 수 있는 툴로써의 사회과학적인 사고는 많이 도움이 되었다. 어느 날 갑자기 영감이 떠올라서 불세출의 히트작을 만들 수 있지가 않다. 많은 구성원들이 소비자가 되는데 어떤 생각을 하고 트렌드를 보이는지 문화 콘텐츠의 다양한 영역들에서 캐치해내고 이해하고 트렌드를 예측하는 게 중요하다. 그런 면에 있어서는 사회과학적인 사고방식 트레이닝을 가지고 있으면 자기만의 시각이 생길 수 있다. 사회를 어떻게 바라보고, 가져가고, 분석할 것인가 고민의 방식들이 일하는 데 많은 도움이 되었다.

Q. 문화와 정치와의 관계를 어떻게 이해하면 좋을까요?

(장혜조) 본인에게 문화는 기본적으로 재밌고 즐거운 것이지 무언가 의

미를 두려고 하지 않는다. 메시지를 가지고 전달할 수 있으면 좋으나 힘들고 바쁠 때 여유와 즐거움과 색깔을 줄 수 있는 게 문화가 아닐까 생각한다. 사실 문화 업계는 이야기가 즐거우면 되고 콘텐츠가 정치적으로 해석되는 것을 꺼린다.

(허수영) 문화와 정치는 대척점에 있다고 생각한다. 정치색을 띠는 것은 수익을 낮출 수 있기 때문에 긴장관계이다. 정치가 문화를 이용하려는 흐름은 사회의 성숙도에 따라서 달라지는 것 같다. 왜냐하면 정치적으로 문화가 활용될 때 중요한 건 사회가 그것을 어떻게 받아들이고, 어떤 수준에서 용인 되는지 여부이다. 독일 베를린올림픽 당시 만들어진 1936년 영화 《올림피아》는 대표적인 프로파간다로 게르만 민족의 우수성을 알리기 위해서 만들어졌다. 1930년대 수준으로 매우 예술적이고 뛰어난 기술을 담고 있지만 그 목적이 명확하기 때문에 어떤 정권이든 문화를 통해서 자신들을 홍보하고 싶어 한다. 정치에서 문화를 이용하는 경우는 있을지 몰라도 문화가 정치를 이용하고자 하는 경우는 없는 듯하다.

참고문헌

경향신문. 2007. 1. 9., 빨갱이에 누가 '공포'를 칠했나 '정치디자인…' 展. http://news.khan.co.kr/kh_news/khan_art_view.html?art_id=200701091810131#csidxdf 0a2e18530d78cb7f850df85af6f3e(2019. 12. 23. 검색)

고용노동부. 『2019 한국직업전망』, 발간사.

권영국, 임성택. "디자인 사고 활용을 위한 융복합 교육에 관한 연구 - 스탠포드 디스쿨 교육과정 적용을 중심으로 - 커뮤니케이션 디자인학연구 60, no.0(2017): 8-18.

김현호, 이정혜. 정치 디자인, 디자인의 정치. https://www.neolook.com/archives/20070104b

디자인하우스, 2010. 8., 디자인적 사고가 기업을 혁신한다. http://mdesign.designhouse.co.kr/article/article_view/101/53114(2019. 12. 23. 검색)

롤랜드 버거. 『4차 산업혁명 이미 와 있는 미래』 김정희, 조원영 역. 파주: 다산 3.0, 2017, pp. 372- 373.월간 APP, 2017. 4. 5., WEF 이 제안하는 'AI/로봇 시대'의 생존 스킬 16 종. http://www.withpress.co.kr/archives/3318.(2019. 10. 23. 검색)

이재용, 2012. 10. 8., 디자인 사고(Design Thinking)란? . https://story.pxd.co.kr/(2019. 12. 23. 검색)

조지 앤더스. 『왜 인문학적 감각인가: 인공지능 시대, 세상은 오히려 단단한 인문학적 내공을 요구한다』김미선 역. 서울: 사이, 2018, pp. 245-247.

중앙일보, 2009. 8. 7., [중앙시평] 디자인 정치시대. https://news.joins.com/article/3716192(2019. 12. 23. 검색)

즐거운교실문화연구소. 『(읽으면서 알아가는) 미래산업 미래직업 10』 서울: 캠퍼스멘토, 2019, p. 304.

최낙훈. 『(10 대들을 위한) 4차 산업혁명시대 미래직업』. 서울: 바른북스, 2019, p. 25. 한국국제교류재단 FAQ. https://en.kf.or.kr/?menuno=3881.(2019. 10. 23. 검색)

Hyman, B., & Hyman, B.(2019). Political Candidates Are Using Influencers in

Campaigns. Retrieved 12 December 2019, from https://www.adweek.com/brand-marketing/influencer-marketing-is-becoming-a-priority-for-political-candidates/

Hovden, J. F., & Kristensen, N. N.(2018). The cultural journalist around the globe: A comparative study of characteristics, role perceptions, and perceived I nfluences. Journalism. https://doi.org/10.1177/1464884918791224

IT 뉴스, 2018. 9. 23., WEF, “AI·로봇이 오히려 일자리 만든다”. http://www.itnews.or.kr/?p=29200(2019. 10. 23. 검색)

5 장

창업 정치 미래 진로

● 유성훈, 이대영 ●

I. 정치학과 창업: 왜 정치학도가 창업에 대해 고민해야 하는가?

정치학을 전공하는 사람들에게 창업이란 생소한 분야일 수 있다. 이는 사람들이 정치학에서 다루는 주제가 창업과 전혀 다르다고 생각하기 때문이다. 정치학은 주로 선거나 정당, 국가와 사회와 같은 공적인 영역에서 나타나는 정치적 현상을 주로 다룬다. 이에 반해 창업은 이윤을 추구하기 위해 여러 수단과 방법을 동원하는 사적인 영역에 속하는 일이다. 심지어 창업을 하다가 제도나 정책에 의해 자신들의 이익에 방해가 되는 경우가 발생하면 이를 우회하려는 시도를 하기도 한다.

이렇게 보면 정치학도의 입장에서 창업은 낯선 주제임이 분명하다. 그러나 정치학과 창업 사이에는 공통점도 존재한다. 그것은 바로 두 분야 모두 자신들이 바람직하다고 여기며 추구하고자 하는 '가치(value)'를 창출하고 확산시키기 위해 노력한다는 점이다. 정치, 특히 정책 집행과 같은 정치과정에서는 사회를 위해 자신들이 중요하다고 생각하는 가치를 정책에 반영하고 사회에 확산시키고자 노력한다. 그리고 창업은 단순히 돈을 벌기 위한 행동이 아니라, 자신의 아이디어를 상품으로 만들고 이를 사회에 확산시키는 행위이다. 따라서 정치학과 창업 사이에는 접점이 존재하고 있다.

이러한 명분 외에도 정치학도가 창업에 관심을 가져야 할 이유가 또 있다. 왜냐하면 창업은 먹고 사는 문제와 연관되어 있기 때문이다. 모든 사람이 다 자신의 전공 분야에서만 직업을 갖고 살아가는 것은 아니다. 특히 전공인 정치학만을 바라보며 현실정치에 뛰어드는 경우에, 생계를 걱정하며 살아가야 하는 경우도 얼마든지 발생할 수 있다. 다행히 정치학도가 정치학과 연관된 분야에만 종사해야 할 의무가 있는 것이 아니듯이, 창업 또한 정치학도가 하지 말라는 법은 없다. 정치학도들은 세상에 대한 관심을 바탕으로 다양한 분야에 관심을 가지고 있다. 그리고 이를 통해 얻은 아이디어로 다른 전공자들과 마찬가지로 시장에 뛰어들어 자신의 업을 펼칠 수 있다.

위와 같은 이유로 인해 정치학을 전공하는 사람들도 창업 분야에 대해 인식하고 이해할 필요가 있다. 이를 위해 본 장에서는 먼저 창업의 정의 및 유형을 살펴보고, 창업의 과거와 현재, 그리고 미래에 대한 전망을 통해 창업에 대한 이해를 넓히고자 한다. 그리고 마지막으로, 정치학을 전공한 사람으로서 변화하는 환경에서 창업을 위해 무엇을 준비해야 할지 살펴보고자 한다.

Ⅱ. 창업의 어제와 오늘

1. 창업의 정의

창업이란 일반적으로 “새로운 아이디어를 가진 창업자가 영리를 목적으로 개인이나 법인회사를 만들어서 사업 활동을 시작하는 일”을 말한다. 이러한 창업은 법률적으로 “중소기업을 새로이 설립하여 사업을 개시하는 것으로서 새로운 업(業)을 시작”하는 것으로 정의되며, “타인으로부터 사업을 승계하여 동종의 사업을 계속 하거나, 조직 변경 후 동종사업을 계속하는 경우, 폐업 후 사업을 게시하여 동종사업을 하는 경우”에는 창업에 해당되지 않는다(중소기업 창업지원법). 즉, 창업이란 창업자가 사업 아이템을 가지고 자금을 투자하여 제품이나 서비스를 생산, 판매하기 위해 새로운 기업 조직을 설립하는 행위라고 할 수 있다.

창업은 목적과 형태에 따라 다양하게 구분할 수 있는데, 자세한 내용은 아래 표와 같다.

2. 창업의 발전 과정

창업도 다른 분야의 직업들과 마찬가지로 산업의 변화에 많은 영향을 받는다. 즉, 창업의 발달 과정을 살펴보는 것은 시대가 어떻게 변화하고 있는지를 살펴보는 것이다. 과거 1970~80년대 우리나라의 산

| 표 1 | 창업의 분류

목적에 따른 분류	
생계형 창업	취업난, 퇴직 등을 이유로 생계를 위해 시작한 창업을 말한다. 최소비용을 투자하여 안정적인 수익을 창출하는 것을 목적으로 한다.
기회형 창업	새로운 기회를 포착해 기술, 지식 등을 기반으로 시작한 창업을 말한다. 위험은 크나 성공하면 큰 수익을 기대할 수 있다. 벤처기업, 스타트업 등이 이에 속한다.
형태에 따른 분류	
자영업	직접 경영하는 사업을 말한다. 사업 이익을 독점하며 빚도 개인이 책임을 진다.
사회적 기업	비영리조직과 영리기업의 중간 형태로, 사회적 목적을 추구하면서 영업활동을 수행하는 기업을 말한다.
벤처기업	첨단의 신기술과 아이디어를 개발하여 사업에 도전하는 기술집약형 중소기업을 말한다.
SOHO	Small Office Home Office의 약자로, 개인이 자기 집 또는 작은 사무실에서 인터넷을 활용하여 사업을 하는 소규모 업체를 말한다.
주식회사, 합자회사 등의 법인	다른 자본가들로부터 자본을 동원하여 설립된 기업을 말한다.

출처: 저자 자체 구성

업구조가 제조업을 중심으로 이루어져 있을 때, 창업은 주로 대기업 혹은 무역회사에서 근무하다가 회사에서 독립하여 대기업에 부품을 납품하는 업체를 차리거나, 해외에서 판권을 획득하여 상사를 설립하는 방식으로 이루어졌다.

1990년대 말에 이르러 시작된 IT붐은 제조업이 가장 많은 부분을 차지하던 한국의 산업구조에 변화를 불러왔다. 이런 상황을 바탕으로 우리나라의 창업은 벤처기업을 중심으로 본격적으로 활성화되었다.

벤처기업의 수는 1999년 4,934개에서 2001년 11,392개로 급격한 양적 성장을 이루었다. 이 시기에 일어난 창업은 주로 기술창업으로 인터넷기업, 반도체, 디스플레이 장비, 첨단 소재 분야 등이 그 중심을 이루고 있었다. 대표적인 예로 안철수연구소, 다음, NHN, 엔씨소프트, 휴맥스, 레인콤 등이 있다.

이 시기에 발전한 IT기술 중심의 벤처기업들이 현재 새로 시작하는 창업에도 많은 부분을 차지하고 있다. 그리고 이러한 창업기업들은 2000년대 후반에 이르러 세계적으로 스마트폰이 보급되고 무선인터넷이 활성화되면서 어느 곳에서나 IT 기술을 활용할 수 있는 소위 '유비쿼터스' 환경이 이루어지면서 더욱 활성화되고 있다. 최근의 흐름을 살펴보면 1990년 기술 중심의 창업을 넘어서 과학기술과 산업, 문화와 산업 등이 서로 융합하여 기술과 서비스, 다양한 아이디어를 융합하는 형태의 창업이 나타나고 있다. 따라서 오늘날의 창업은 기술의 발전과 더불어 그 기술을 어떻게 활용할 것인가에 대한 아이디어가 더욱 중요해지고 있다.

3. 오늘날의 창업

미래에 창업이 변화하는 방향에 대해 알아보기에 위해서는 우선 현재의 창업이 어떠한 형태로 구성되어 있고, 진행되는지에 대한 이해가 필요하다.

1) 스타트업과 벤처기업

오늘날 한국에서 사람들이 '창업'이라고 부르며, 정부에서 지원하고자 하는 대상은 대부분 생계형 창업이 아니라 기술을 중심으로 하는 벤처기업과 스타트업을 말한다. 이러한 벤처기업과 스타트업은 1990년대에 일어난 IT붐 시기에 처음 등장하여, 지금까지 계속하여 증가하고 있고, 앞으로도 성장할 전망이다.

벤처기업이란 대게 "모험심이 강한 기업가가 신기술이나 첨단 과학기술을 활용하여 신규 사업부문에 도전하여 모험적인 경영을 하는 기업"을 일컫는다. 한국에서 벤처기업은 '중소기업창업투자회사, 중소기업창업투자조합, 신기술사업금융업자 및 신기술사업투자조합의 투자총액이 당해 기업 자본금의 100분의 20 이상이거나 주식인수총액이 당해 기업자본금의 100분의 10 이상인 기업, 총매출액에 대한 연구개발비의 비율이 100분의 5 이상인 기업, 특허권, 실용신안권 또는 의장권을 주된 부분으로 하여 사업화하거나 특허등록출원, 실용신안등록출원 또는 의장등록출원 중인 기술로서 특허청장이 인정하는 기술을 주된 부분으로 하여 사업화하는 기업'을 말한다(벤처기업 육성에 관한 특별조치법).

이에 반해 스타트업은 설립한 지 오래되지 않은 신생 벤처기업을 뜻하며, 대규모 자금을 조달받고, 정부의 인증을 받기 이전의 벤처기업을 말한다. 따라서 처음 창업을 도전하는 대부분의 사람들은 스타트업의 형태로 창업을 시작하게 된다.

2) 창업의 구성요소

창업을 준비하려면 수많은 요소가 준비되어 있어야 한다. 그러나 그 중에서도 가장 핵심을 이루고 시작하기 전에 반드시 갖춰야 할 요소는 '창업에 대한 아이디어, 적당한 양의 자금, 그리고 일을 함께 할 사람'이다. 창업에 대한 나머지 필요한 사항들은 이와 같은 기본 요소에서 파생되는 것들이다.

(1) 아이디어

아이디어란 어떠한 아이템을 가지고 사업을 시작할 것인지와 관련된 것이다. 아이디어는 자신이 일상생활에서 느끼는 불편한 점을 해결하기 위해서도 나올 수 있고, 시장에서 아직 활성화되지 않은 부분에서 나올 수도 있다.

좋은 아이디어는 시장에서 성공하기 위한 필수적인 조건이다. 시장에는 이미 먼저 사업을 시작한 강력한 경쟁자들이 존재하며, 그들의 영향력을 넘어서는 것은 쉬운 일이 아니다. 처음 시장에 진입하는 창업자의 입장에서, 시장에서 주목받을 만한 사업에 대한 아이디어가 없다면 실패할 가능성이 높다. 따라서 창업을 시작하기 앞서 좋은 아이디어에 대해 생각하는 것은 매우 핵심적인 요소다.

(2) 자금

그러나 아무리 좋은 아이디어나 기술이 기업이 설립되고 정상적인 궤도에 들어가기 위해서는 상당히 많은 자금이 필요하다. 하지만 창업의 초기 단계에는 이러한 자금을 자체적으로 조달하기 어려운 경우가 대부분이다. 따라서 자금을 마련하기 위해서는 외부의 투자가 필요하고, 이러한 투자를 받기 위해 스타트업들이 강조하는 것이 자신의 비즈니스 모델이다. 이는 해당 스타트업이 자신의 아이템을 가지고 얼마나 수익을 낼 수 있는지 보여주는 것이다. 그러나 스타트업의 경우 시장에서 성공할 가능성이 많지 않기 때문에 이에 대해 투자가 많이 이루어지지 않고 있다. 그럼에도 불구하고, 스타트업의 발전 가능성을 보고 투자해주는 업체로 다음과 같은 것들이 있다.

① 벤처 캐피탈(Venture Capital, VC)

벤처 캐피탈이란 위험성은 크나 높은 수익이 예상되는 사업에 투자되는 자금으로, 창업투자회사 혹은 모험자본이라고도 불린다. 즉, 장래 가능성은 충분히 있으나 현재 자본과 경영 기반이 취약하여 일반 금융기관의 융자를 받기가 어려운 기업에 대해 창업 초기단계에 자본을 투자하여 그 위험을 기업가와 함께 부담하고 자금, 경영관리 등 회사 운영 방법을 종합적으로 지원함으로써 추후 기업 성공 시 높은 이득을 추구하는 자본 또는 금융활동을 의미한다.

② 엔젤 투자자(Angel Investor)

엔젤 투자자란 초기 단계의 벤처기업과 스타트업에 투자하는 개인투자자를 말한다. 주로 혁신적인 기술 관련 분야에 투자하며 이들의 투자 형식을 엔젤 투자(Angel Investment), 엔젤투자자가 제공하는 투자자금은 '엔젤 캐피털(Angel Capital)'이라 한다. 성공 가능성이 낮아 투자 유치에 어려움을 겪는 스타트업 기업에 투자해 성공을 돕는다는 공익적 측면이 있어 '엔젤'이란 수식어가 붙었다.

창업한 지 얼마되지 않아 아이디어나 기술력은 있지만, 자금이 부족한 기업이 엔젤투자자의 투자 대상이다. 자신의 판단에 따라 투자하므로 벤처캐피털과는 투자 기준이나 방향에 차이가 있다. 초기 기업의 장래성을 예측해 투자하는 만큼 투자 성공률은 낮은 편이며, 실패하면 투자금을 회수하기 어렵다. 이런 이유로 엔젤투자자들은 투자에서 그치지 않고 경영지도 등 다양한 방식으로 기업의 성장을 돕는다.

(3) 사람

창업에 있어 아이디어와 자본은 모두 핵심적인 요소이다. 그러나 이보다 더 중요한 것이 있다. 바로 사람이다. 무엇보다 능력 있는 창업자와 그와 함께 앞으로 나아갈 의지가 있는 훌륭한 팀을 갖추는 것이 창업에 있어서 가장 핵심적인 요소라는 말이다.

창업 아이디어 역시 중요하지만, 창업을 함께하는 사람들보다 중요한 것은 아니다. 좋은 창업자와 팀이 있다면 시장의 기회를 읽고 그에 맞는 아이템을 발굴해내는 것은 얼마든지 가능하다. 그리고 언제나 초기 창업을 시작할 때 가지고 있던 아이디어로 사업을 성공하는 것이 아니다. 창업을 진행하면서 마주하는 다양한 위기와 시대적 변화 속에서 끊임없이 도전하며 아이디어를 개선해 나가야 하는데, 이를 위해서 가장 중요한 것은 좋은 창업자와 그를 뒷받침해주는 팀의 판단력이다.

지금 역시 마찬가지이다. 좋은 사람들이 있으면 투자 유치에도 어려움을 겪지 않는다. 실리콘 밸리 엔젤 투자의 대부인 론 콘웨이는 "투자에서 가장 중요한 요소는 시장의 크기와 창업자의 능력이지만, 결국 시장의 크기는 창업자가 극대화할 수 있다"고 말한 바 있고, 또 다른 유명한 투자자인 요시 바르다는 "비즈니스 모델과는 별개로 창업자와 그 팀의 이력을 보고 투자를 결정한다"고 밝힌 바 있다. 즉, 스타트업 투자유치를 결정하는 궁극적인 요소는 바로 창업에 참여하는 좋은 사람들이라는 것이다.

물론 이러한 창업자와 창업 팀을 만드는 것은 쉬운 일이 아니다. 따라서 사람들을 육성하기 위해 먼저 성공한 창업가들로 구성된 엑셀러레이터들이 실전 창업교육과 전문 멘토링 지원을 통해 많은 초기 창업자들을 발굴, 투자하기 위해 노력하고 있다.

▶ 스타트업 시작 방법

정치 플랫폼 스타트업 시작을 위한 방법은 '에어비엔비', '드롭박스', '트위치', '코인베이스'와 같은 유명 플랫폼 투자사인 Y Combinator 회장 폴 그레이엄이 2005년 3월 발표한 스타트업 시작 방법에 대한 에세이에 상세히 기재되어 있다. 폴 그레이엄이 발표한 내용 중 스타트업 시작을 위한 핵심 내용만을 아래의 표에 정리해 보았으며, 해당 내용들을 중점으로 정치 플랫폼 창업을 희망하는 독자들을 대상으로, 보다 상세히 설명해 보도록 하겠다.

| 표 2 | 스타트업 시작 방법

순서	단계	중요 포인트
1	아이디어	• 현재 발전된 기술제공을 위한 아이디어 고려
2	고객의 필요 파악	• 박람회 참가 및 시장조사를 통한 고객의 필요 관찰 • 시장에서 전략적 가치 높은 부분 파악
3	프로토 타입 개발	• 초기자본(seed capital)을 통한 프로토타입 개발 • 주로 수만 달러 필요 • 초기자본 확보는 어렵지 않음 – 가능한 경우 프로토 타입은 개인자금 확보 추천
4	프로토 타입 시행과 반복	• 100명의 사람에게 프로토 타입 소개
5	공동 창업자 구성(팀 구성)	• 필요한 자질과 기술을 보유한 공동 창업자/팀 구성 • 이상적: 2~4명의 창업자 • 주로 학부 또는 대학원을 통한 지인으로 구성
6	비즈니스 플랜 준비	• 비즈니스 플랜 중점: 1)앞으로의 계획, 2)수익 방법 소개, 3)창업자의 이력서
7	법인 설립 및 보험, 사업자 등록 및 국세청(IRS) 준비	• 자금 유치를 위한 법인화 • 창업자 및 지분 결정 • 이외 보험 및 지적재산권과 같은 일 처리
8	자금 유치	• 개인 자금보다 투자자를 통한 자금 확보 추천 • 옵션1. 주로 기술사업을 통한 부유한 개인 "엔젤"에게 확보됨(엔젤과 창업자 재무적 대등) • 옵션2. 실제 벤처캐피탈 회사와의 협상(입금기간과 부담 증가)
9	제품 출시	• 주의요인: 투자자로부터 확보한 자금을 최대한 절약
10	유저의 사용량과 지속성 파악	• 자신의 비즈니스와 사용자 이해
11	(성공): 1000명의 유저 확보 – 성장 지속 (실패): 1000명 유저 미만 – 개선 반복	•(성공): 매주 5% 성장 목표, 4년간 성장 지속 •(실패): 유저 확보까지 개선 반복
12	성공	

출처: 폴 그레이엄 참고 재구성

우선, 정치 플랫폼 뿐만 아니라 다양한 플랫폼 및 IT 기술을 활용한 스타트업을 시작하기 위해서는 현재 발전된 기술을 기반으로 이러한 기술을 사람들의 필요에 맞게 제공하는 방법을 고안한 아이디어에서부터 시작해야 하며, 이러한 아이디어는 주로 박람회 참가와 같은 시장조사에서의 창업 대상에 대한 관찰을 통한 필요 파악에 기반되어야 한다. 그 예로, 클라우드소싱 플랫폼인 '브로스앤컴퍼니'의 박기열 대표는 창업 이전 IT 기업에 근무하며 많은 해외 출장을 통해 해외 사업 트렌드를 접할 수 있었고 '퀄키'라는 미국의 대중 참여형 제품 개발 벤처기업을 통해 크라우드소싱에 기반된 사업모델에 대한 아이디어를 기반으로 시작하게 되었다고 한다. 이와 같이 정치외교 학문을 통해 정부와 사회 구조에 대한 폭넓은 이해를 바탕으로 정치 플랫폼 창업을 위한 기술이 존재하기에 정치분야에서 고객에게 이러한 기술을 활용한 서비스를 제공하고 필요를 충족하기 위한 아이디어가 있다면 정치 플랫폼 또한 창업이 가능하다. 폴 그레이엄의 스타트업에 대한 설명과 같이 스타트업은 개인이 독자적으로 이끌어 내기에는 부담이 크기에 이상적으로 2명에서 4명 사이의 동업자들과 함께 협력하여 창업하기를 추천한다. 이와 같이 정치분야의 필요를 기술 제공을 통해 충족시키고자 하는 획기적인 아이디어가 있는 정치학도의 경우 사업 구현을 위한 기술자가 필요할 경우 IT 기술에 뛰어난 동업자를 찾고 디자인 부분 미술적 감각이 뛰어난 인재가 필요하다면 관련 전문가와 함께 공동 창업을 하면 된다. 스타트업의 경우 성공을 위한 가장 큰 요인으로 사업과 고객에 대한 이해를 요구하기에 정치 플랫폼 창업의 경우 플랫폼 존재와 목적 그리고 고객 대상인 정치가 또는 시민에 대한 이해도가 높은 수준으로 요구될 것이다. 이에 따라 스타트업을 위한 부가적인 기술과 같은 부분 공동 창업을 통해 해소하고, 다만 사업의 전체적인 부분에 대한 큰 이해도를 파악하고 있다면 성공적인 정치 플랫폼 창업이 가능할 것이다.

▶ 스타트업 관련 유용한 지원금 및 웹사이트 자료

창업자의 커리어패스는 총 4단계로 잠재창업자, 예비창업자, 초기창업자, 성공기업가로 구분되어 질 수 있다. 창업에 대한 아이디어를 가진 모든 사람들은 잠재창업자이며 비즈니스 플랜 및 자금 유치를 하여 IT 기술의 중심 사업을 구현해 내고자 하는 예비창업자들은 스타트업 시작을 위한 자금을 투자해야 한다. 초기창업자가 성공적으로 4년 이상 유저들을 확보해 낼 경우 '네이버'와 '카카오톡'과 같은 성공기업가로 거듭나게 된다. 이와 같이 예비창업자로 발전하고자 하는 잠재창업자들이 활용할 수 있는 각종 정부지원금과 프로그램들, 그리고 유용한 웹사이트들을 소개하고자 한다.

▶ 정부지원금

2019년도 기준 대한민국 정부는 실업률에 따라 창업이라는 대안적 수단을 제공하기위해 총 1조 1,180억원의 창업지원 사업을 투자하였으며, 지원유형은 창업사업화(45.9%), 연구개발(33.9%), 시설·공간(13.4%) 순으로 전년대비 43.4%로 지원규모가 크게 증가하였다. 정부는 창업자 양성을 위해 사업화, R&D, 창업교육, 시설·공간·보육, 멘토링·컨설팅, 그리고 행사·네트워크와 같이 총 6가지 부문으로 구분하여 지원하고 있으며 지원조건과 내용과 같은 세부사항과 관련 공고는 창업정보 포탈시스템에 공지되기에 잠재창업자들의 확인을 요구한다. 사업화를 위한 자금지원 신청 뿐만 아니라 창업에 관심있는 사람들을 위한 교육, 컨설팅 및 네트워크와 같은 지원에 더불어 다양한 창업 공모전 또한 개최하고 있기에 창업을 하고싶으나 어떻게 시작해 할지 막막하거나 프로토콜 시행을 위한 초기자본을 마련하고자 하는 사람들에게 유용할 것이다. 참고로, 하기 리스트에 기재되어 있는 지원사업에 더불어 정부에서 주관하는 '사내벤처 육성 프로그램', '스타트업 특허바우처'와 같이 사업화를 위한 더 많은 다양한 프로그램들이 있다.

▶ 유용한 웹사이트

스타트업 시작을 위해 유용한 정부지원금 및 공모전과 같은 정보 확인 가능 웹사이트와 프로토콜 디자인과 더불어 사업 구현에 있어 활용할 수 있는 유용한 웹사이트들을 아래와 같이 정리해보았으며, 이 외에도 활용 가능한 수많은 온라인 기반 도구들이 있다.

| 표 3 | 창업 분야 활용 가능 유용 웹사이트

이름	웹사이트	목적
창업넷(K-Startup)	https://www.k-startup.go.kr	일원화된 정부의 창업 지원 창구로 활용 가능한 정부지원 프로그램들 확인 가능
비즈인포	www.bizinfo.go.kr	정부 지원 정보 확인 가능
엔젤투자지원센터	http://www.kban.or.kr/	정부가 인정한 전문 엔젤과의 투자 장려 제도(참고: 등록되지 않은 이외 활발한 엔젤들 또한 있음)
기업마당	http://www.bizinfo.go.kr	중소기업 창업 관련 정책뉴스 및 교육 정보 확인 가능
중소벤처기업부	https://www.mss.go.kr	중소기업 범위기준 및 지역별 통계 확인 가능
한국사회적기업진흥원	http://www.socialenterprise.or.kr	사회적 가치 보유 사업의 경우 관련 사업 지원공고 확인 가능
한국콘텐츠진흥원	http://www/kocca.kr	콘텐츠 및 영상 관련 사업 아이템 경우 관련 공고사업 확인 가능
Startuptash	Startupstash.com	창업 단계별로 필요한 프로그램 추천 사이트
Startupclass	http://startupclass.samaltman.com	와이콤비네이터의 스탠퍼드대학교 강연 청취 가능
비석세스	www.besuccess.com	스타트업 전문 미디어
플래텀	www.platum.kr	스타트업 전문 미디어
벤처스퀘어	www.venturesquare.net	스타트업 전문 미디어
오픈트레이드	Opentrade.com	신규 사업정보 확인 가능
로켓펀치	www.rocketpun.ch	신규 사업정보 확인 가능
Notify	https://notify.ly	경쟁기업 혹은 자신의 스타트업이 SNS 및 온라인 언급 경우 알림
Pexels 2.0	https://www.pexels.com	스타트업 웹사이트 등에 활용 가능한 무료 사진 사이트
Webflow CMS	https://webflow.com/cms	코딩 없이 시각 컨텐츠 관리 가능 도구

출처: 청년창업연구소,[1] KOCCA포커스 참고 재구성

1 청년창업연구소. 2015. 정부지원금, 어디서 받냐구? 여기서!." https://brunch.co.kr/@jmh5531/23

Ⅳ. 창업과 정치 전공자 미래 진로

창업의 발전과정을 살펴보면 알 수 있듯이 창업은 산업의 변화에 많은 영향을 받는다. 그렇다면 앞으로 다가올 미래에 창업에 변화를 가져올 산업의 변화로는 어떤 것이 있을까? 이에 대한 답은 자동화 로봇, 인공지능(Artificial Intelligence, AI), 가상현실(Virtual Reality, VR), 빅데이터(Big Data) 등으로 인해 발생하고 있는 4차 산업 혁명이다. 이러한 디지털 기술들을 바탕으로 하는 일련의 기술 변화는 사회, 경제, 지리, 정치 등의 일상 생활 전반에 대대적인 변화를 불러올 것으로 기대되고 있다. 새로운 기술이 많이 나타나고 있다는 것은 새로운 기술을 바탕으로 하는 창업 기회도 증가하고 있다는 말이다. 따라서 4차 산업 혁명으로 대표되는 산업의 변화는 미래 창업에 대한 전망을 밝게 만들고 있다.

그러나 4차 산업 혁명의 긍정적인 요소만 창업에 영향을 미치고 있는 것은 아니다. 로봇과 인공지능의 발전은 많은 부분에서 인간의 역할을 축소시키고 있다. 이에 따라 경제는 성장하는데도 불구하고 산업의 자동화로 인해 인간의 일자리는 늘어나지 않는 '고용 없는 성장'이 발생하고 있다. 그리고 더 나아가 각종 연구에 따라 차이가 있지만 미래에는 현재 직업의 상당수가 사라질 것이라는 전망이 나오고 있다. 2016년 다보스포럼의 발표자료에 따르면 5년 안에 500만 개의 일자리가 줄어들 전망이고, 2016년 세계경제포럼이 발표한 보고서에는 4차 산업 혁명으로 인해 2020년까지 210만 개의 일자리가 사라질 것이라고 예측하고 있다. 즉, 과거와 달리 안정적인 일자리를 통해 삶을 유지하는 것이 점점 더 힘들어지고 있다. 따라서 사라지는 일자리에 대한 불안감으로 창업을 시작하는 사람들이 늘어나 창업 시장이 점차 확대되고 있다.

또한, 기술의 변화 외에도 인구구조의 변화도 창업 시장에 영향을 미치고 있다. 수명이 점차 증가함에 따라 인간이 일해야 할 기간은 늘어나고 있다. 100세 시대가 도래하면 65세에 은퇴하고도 35년을 쉬어야 하는 상황이 발생하게 된다. 30세에 일을 처음 시작한다고 가정하더라도 일한 기간보다 더 많은 기간을 쉬어야 하는 상황이 발생하게 되는 것이다. 그러나 이러한 상황을 원하는 사람은 많지 않을 것이다. 이에 따라, 많은 사람들이 자신의 앞날을 스스로 개척하기 위해 그 어느 때보다 창업에 많은 관심을 가지고 뛰어 들고 있다.

정부 역시 사라지는 일자리와 고령화로 발생하는 실업자들을 지원하기 위해서 창업에 많은 관심을 가지고 있다. 창업을 통한 새로운 일자리를 만드는 것이 기존 기업들을 지원하는 것과 같은 다른 방법들보다 더욱 효과적으로 많은 일자리를 만들어 내기 때문이다. 이에 따라, 창업 시장은 앞으로 더욱 활성화될 것으로 보인다.

정치학도들도 변화하는 흐름에 따라 사회에서 일정한 역할을 담당할 수 있을 것이다. 그렇다면, 정치학을 공부하는 입장에서 이렇게 변화하는 세상에서 어떠한 형태의 창업을 할 수 있을까? 본 장에서는 먼저, 오늘날 4차 산업 혁명에서 중요한 역할을 하며 발전하기 시작하여, 앞으로 향후 10~20년간 창업에서 지배적인 역할을 할 것으로 예측되는 비즈니스 플랫폼에 대해 살펴보고, 다음으로 정치학도들이 이러한 흐름에 참여할 수 있는 창업의 형태로 정치 플랫폼과 사회적 기업을 제시하고, 이에 대해서 살펴보고자 한다.

1. 비즈니스 플랫폼

4차 산업 혁명으로 인해 산업 분야에서 서비스업과 3차 산업의 비율이 증가하는 경제의 소프트화 현상이 점차 심화되고 있다. 이러한 상황에서 가장 주목할 만한 특징은 플랫폼(Platform)을 통한 경제의 활성화이다. 플랫폼이란 원래 역에서 승객이 열차를 타고 내리기 쉽도록 철로 옆으로 지면보다 높여서 설치해 놓은 평평한 장소를 가리키는 용어로, 승객과 열차가 만나는 지점이다. 이러한 표현에 빗대어 4차 산업 혁명에서 플랫폼은 소비자가 각종 서비스를 접할 수 있는 개방된 시스템을 말한다.

플랫폼은 양면효과(Two-sided Effect)를 통한 중간의 수수료로 이익을 창출한다. 양면효과란 승객이 따로 노력하지 않고 플랫폼에 도착하면 원하는 열차를 탈 수 있고, 열차도 승객을 위해 플랫폼에 진입만 하면 되듯이, 생산자와 소비자 양쪽을 서로 연결해주는 것을 말한다. 플랫폼으로 얻을 수 있는 이익은 수수료만 있는 것이 아니다. 플랫폼 상에서 이루어지는 수많은 거래는 그 자체로 훌륭한 데이터가 된다. 이러한 데이터는 기업이 소비자의 니즈, 생활 패턴 등을 분석하여 시장을 선도할 수 있는 우위에 설 수 있게 만들어준다. 따라서 많은 사람들이 이러한 이익을 얻기 위해서 특정 서비스 분야에서 독점적인 플랫폼을 창업하기 위해 노력하고 있다.

플랫폼은 ICT의 발달과 함께 더욱 활성화되고 있다. 과거에도 재화나 서비스의 공급 사슬에서 고객과 대면하는 시스템이 존재하였다. 하지만 이는 생산한 제품을 판매하는 공급사슬의 마지막 부분에 불과했다. 인터넷 기술의 발달은 플랫폼이 이러한 기존의 한계를 넘어서 생산자와 소비자가 더욱 쉽게 서로를 연결해주고 있다. 아마존과 이베이와 같은 온라인 플랫폼이 이러한 상황의 대표적인 예다. 이러한 기술의 발달은 오늘날의 창업자들은 연구, 개발, 생산, 품질, 유통, 서비스, 관리 등 모든 분야에 관심을 가져야 했던 과거의 창업자들과 달리 자신의 핵심 역량에만 집중하여 상품을 만들고 판매와 같은 나머지 부분은 외부에서 처리 가능하게 만들고 있다. 이에 따라 창업에 대한 부담이 과거에 비해 줄어들어 창업 시장이 더욱 활발해질 것으로 예측된다.

1) 공유경제(Sharing Economy)

공유경제는 플랫폼의 발달과 함께 등장하였다. 공유경제란 재화와 서비스를 한 개인이 소유하여 사용하는 것이 아니라, 여러 명이 필요에 따라 함께 공유하여 사용하는 경제활동을 말한다. 즉, 한정적인 자원을 서로가 나누어 쓰는 것이 공유 경제의 핵심적인 개념이다. 최근에 공유경제는 자본주의가 야기하는 경쟁으로 인한 자원의 중첩, 낭비를 극복하는 대안으로 떠오르고 있다.

공유경제는 플랫폼 속에서 이루어지는 '개인 대 개인 간 거래(Peer to Peer, P2P)' 방식을 핵심으로 한다. 따라서 플랫폼을 통한 공유경제 창업을 시작하는 경우 기존과 달리 초기에 설비, 노동력 등에 대한 투자가 적게 들어간다. 실제로 공유경제로 유명한 기업인 에어비앤비(airbnb)는 호텔을 소유하고 있지 않고, 우버(Uber) 또한 자체 택시를 소유하지 않으며 둘 다 공급자들이 기존에 가지고 있었던 주택과, 자동차 등의 자원을 활용한다. 그렇기 때문에 공유경제는 좋은 아이디어를 가지고 있지만 초기 비용 부담으로 인해 망설이는 창업자들에게 보다 많은 기회를 제공할 것으로 기대되고 있다.

하지만 공유경제를 통한 창업에도 어려운 점이 있다. 무엇보다 기존 사업자들이 시장에서 도태될 것이라는 두려움으로 인해 강력한 저항을 하고 있는 상황이 가장 큰 문제이다. 한국에서도 타다와 같은 새로운 기업들도 기존 택시업계의 반발로 인해 많은 어려움을 겪고 있다. 또한 공유경제는 자체적으로 공급 수단을 가지고 있지 않기 때문에 재화나 서비스 공급에 있어 불안정하며 관리가 어렵고 비용이 많이 든다는 단점도 존재하고 있다.

2) 크라우드 펀딩(Crowd Funding)

크라우드 펀딩은 대중(crowd)과 펀딩의 합성어로, 온라인 플랫폼에서 소액투자자로부터 창업이나 제품의 자금을 투자 받는 P2P 펀딩 방식이다. 온라인 플랫폼을 통해 아이디어나 제품의 특징을 홍보하고 이를 구체화하거나 제작할 수 있을 자금이 모이면 실행하는 방식이다.

이를 통해 재무적으로 취약한 창업가들은 다른 방식에 비해 자본금을 쉽게 모을 수 있고, 투자자들은 혁신적이고 흥미로운 아이템에 대해 소규모 금액으로 투자하여 이를 얻을 수 있는 장점이 있다.

크라우드 펀딩은 방식에 따라 후원형, 지분투자형, 금융형 등으로 나누어진다. 후원형은 창작활동, 문화예술활동, 사회공익활동 등 다양한 아이디어를 실현할 수 있도록 후원하면서 기여자 명단에 이름을 올리거나, 보상품 혹은 사용권리를 받는 방식, 지분형은 사업 지분의 일부를 투자에 대한 보상으로 제공하는 방식이다. 금융형은 플랫폼을 통해 공개된 정보를 바탕으로 자금을 빌려주고 나중에 이익을 붙여 돌려받는 방식이다. 이 경우 투자에 대한 위험은 전적으로 투자자들에게 돌아간다.

2. 소셜 임팩트(Social impact)

플랫폼으로 대표되는 산업의 변화와 함께 미래에는 사회적인 부가가치를 확대하는 방향으로 창업이 확대될 것으로 보인다. 과거 사업의 경우 수익에만 초점을 맞추어 수단과 방법을 가리지 않는 경우가 많았다. 그로 인하여 많은 사회적 문제를 야기하였고 이에 대해 많은 비판을 받았다. 최근에는 이러한 과거에 대해 반성하고 보다 사회적 문제에 관심을 갖기 시작했다. 특히 위협을 이용하기 어려운 비즈니스의 특성상 주로 회유를 이용하여 비즈니스 모델을 구상하였고, 이러한 방법을 비즈니스 뿐만 아니라 사회에도 적용한다면 보다 획기적인 방법으로 사회 문제를 해결하고 변화를 유도할 수 있게 된다.

그리고 사회적인 부가가치에서 더 나아가 심지어 정치적인 변화와 사회 문제에 대한 해결까지 추구하는 방식이 늘어나고 있다. 아래에서 살펴볼 정치플랫폼과 사회적 기업에 대한 창업이 이러한 것들의 예이다. 그리고 이런 분야는 정치학도들이 활약할 수 있는 분야이기도 한다.

1) 정치 플랫폼

플랫폼은 시장뿐만 아니라 공공분야에서도 혁신을 가져오고 있다. 새롭게 나타나고 있는 정치 플랫폼들은 기존의 정당과 시민단체와 달리 일반 시민들이 적극적으로 정치에 참여할 수 있도록 통로를 제공하는 서비스를 제공하려고 노력하고 있다. 이는 대의민주주의의 한계로 인하여 정치에 직접 참여하여 목소리를 내고 싶어 하는 사람들의 욕구를 충촉시키려는 시도이다.

현재 나타나고 있는 정치 플랫폼들을 통해 미래에 어떤 정치 플랫폼들이 나타날 것인가 살펴보면 시민들의 이러한 욕구를 충족시키기 위해 정치인들에 대한 정보를 제공하고, 그들이 어떤 행동을 하고, 어떤 법안을 발의하는지 감시하여 시민들의 의사결정을 도와주는 측면과 이보다 더 나아가 시민들이 직접 입법 과정에서 목소리를 정치권과 연결하려는 시도로 나누어 발전할 것으로 예상할 수 있다.

먼저, 한국에서 시민에게 정치인들의 정보를 제공하는 정치 플랫폼으로는 ‘우리 동네 후보’, ‘핑코리아’, ‘박근핵 닷컴’ 등이 있다. 이와 같은 플랫폼들은 의회와 정부, 그리고 정당과 시민들이 제공하는 각 정치인들의 정보를 모아 분석하여 시민들에게 제공하는 역할을 하고 있다. 특히, 2016년 박근혜 탄핵 정국과 같이 민감한 정치적 이슈가 발생할 때 등장한 '박근핵 닷컴'은 지역구 의원들에게 탄핵을 요청하고 답변을 받을 수 있는 기능을 제공하였는데, 일주일만에 87만여 명이 참가할 정도로 폭발적인 반응을 불러모았다.

또한 미국의 GIVEMINI는 단순히 정치인들에 대한 감시를 넘어서 정치 후원금을 통해 시민과 정치권을 연결하는 플랫폼을 구축하고자 노력하고 있다. 이 플랫폼은 시민들이 여분의 잔돈을 정치 후원금으로 기부하여 정치의 변화가 일어날 것을 기대하고 있다. 온라인/오프라인에서 신용카드로 거래하는 금액을 달러 단위로 반올림(예를 들어, 5.8달러 상품이라면 6달러를 결제, 0.2달러는 적립)한 후, 잔액을 모아서 희망하는 정치 프로젝트에 기부하도록 도움을 준다. 사람들이 지속적으로 정치에 자연스럽게 참여할 수 있는 습관을 만드는데 도움을 준다.

정치 플랫폼은 정보 제공 및 감시하는 역할에서 더 나아가 시민들이 직접 입법 과정에 참여를 유도하는 방향으로 진화하고 있다. 한국에서는 입법 크라우드펀딩 플랫폼을 표방하며 활동하는 투정(to. 정치)과 폴리시브릿지, 빠티, 국회 톡톡과 같은 신생 정치 스타트업들이 존재한다. 이들이 활동하는 방식은 주로 사회현안에 대한 시민들의 자유로운 목소리를 수집하고, 이 중 추천을 1000건 이상 얻은 제안을 국회 소관 상임위원회로 전달하여, 상임위 소속 국회의원 중 입법 추진 의사가 있는 이들을 플랫폼에 초청하는 식으로 이루어지고 있다. 이러한 정치 스타트업은 매우 초기 단계에 놓여있어 아직 뚜렷한 성과를 내지는 못하고 있지만, 앞으로의 발전이 기대되는 중이다. 이는 해외에서 이미 자리를 잡은 플랫폼들의 사례를 통해 알 수 있다. 뉴질랜드, 브라질, 헝가리, 스페인 등에서 사용되는 '루미오'가 대표적인 예다. 특히 스페인의 신흥정당 포데모스는 루미오를 활용하여 시민들이 의사결정 과정에 직접 참여하도록 유도하고 있다.

그러나 오늘날 정치 플랫폼들은 아직 발전 초기 단계로 플랫폼을 통한 입법 과정에서 시민과 정치인들의 만남은 매우 부족한 실정이다. 따라서 미래에는 이러한 문제점을 보완하는 방향으로 더욱 많은 사업들이 활성화될 것으로 예측되고 있다.

과학기술적 변화동인의 인공지능이 가져올 미래이다. 2014년 미국 CNN은 "피스컬노트"라는 기업을 '세계를 바꿀 10대 스타트업'으로 꼽았다(CNN 2014). 뿐만 아니라 2016년 포브스는 팀 황 대표를 '30세 이하 유망주 30인', 세계경제포럼(다보스포럼)은 '기술 선구자'로 선정했다(포브스 2016). 그가 창업한 피스컬노트는 미 연방과 50개 주(州) 정부·의회·법원이 공개한 빅데이터를 실시간으로 끌어와서 인공지능으로 분석한 정보를 제공하고, 이를 통해 현재 의회에 올라온 법안의 세부 내용과 후원자, 상·하원 의원의 과거 투표 성향을 분석해 이들이 찬성 혹은 반대할 것인지, 실제 법안이 통과될 가능성은 얼마인지까지 분석하는 플랫폼이다(조선일보 2019a). 황 대표에 따르면 "법안 통과 예측도는 90% 이상"이라고 한다.

팀 황 대표는 고등학교 시절 민주당의 버락 오바마(Barack Hussein

Obama II) 대통령 후보 선거캠프에서 활동했고, 그 이듬해엔 투표를 통해 메릴랜드주 몽고메리카운티의 학생 교육위원에 선출되는 등 학창 시절엔 '정치 유망주'로 불리었다. 이후 그는 프린스턴대에 진학해 정치학과 컴퓨터공학을 복수전공하였고, 동창생 2명과 함께 21세 때 "피스컬노트"라는 인공지능을 활용한 정치학 플랫폼을 구축했다. 정치외교학과 전공자들도 팀 황 대표처럼 정치와 기술의 교차점에서 창업을 시도할 수 있을 것으로 보인다. 정치학적 소양을 기본 베이스로 삼아 테크니컬한 분야에 창업을 하는 것 역시 미래 정치학도 직업 선택의 하나의 대안이다.

2) 사회적 기업

앞서 소개한 정치 플랫폼보다 기업 활동에 있어 더 넓은 개념으로 사회적 공익을 추구하는 사회적 기업이 있다. 사회적 기업이란 '사회적 목적을 추구하면서 재화 및 서비스의 생산 및 판매 등의 영업활동을 수행하는 기업'을 말한다(사회적 기업 육성법). 따라서 사회적 기업은 이윤 추구를 가장 큰 목적으로 하는 일반적인 영리 기업과는 다르게 취약 계층에 대한 일자리 제공, 지역경제 활성화 등 사회적 가치를 우선시하고 비즈니스를 통해 벌어들인 수익을 사회적 목적을 실현하는 수단으로 사용한다. 또한, 사회적기업은 사회적 가치를 추구하는 동시에 재무적 가치도 함께 추구한다는 점에서 이윤을 추구하지 않고 오로지 사회적 가치를 창출하는 것 만을 목적으로 하는 비영리단체(Non-Profit Organization, NPO)와 구별되고 있다.

사회적 기업의 종류로는 장기 실업자나 생활보호대상자 등 취약 계층에게 직업 훈련 기회를 주거나 일자리를 제공하는 일자리제공형, 국가나 지방 정부의 손길이 미처 닿지 않아서 혹은 수익성이 낮다는 이유로 일반 기업으로부터 외면당하는 서비스의 사각지대에 놓인 취약계층들에게 질 높은 서비스를 저렴하게 제공하는 사회서비스제공형, 직접적인 서비스 제공 외에도 각 지역에 존재하는 자원봉사자와 취약계층을 연결해주거나 기부금과 같은 사회적 지원을 서비스 수혜자들에게 전달해주는 역할을 하는 지역사회공헌형과 앞의 것이 혼합된 혼합형, 그리고 사회적 목적 실현을 계량화하는 판단이 어려운 창의·혁신형이 있다.

정부는 공익과 경제성을 동시에 추구하는 사회적 기업 모델에 대하여 2007년부터 사회적기업육성법을 제정하고 한국사회적기업진흥원을 설치하여 적극적으로 지원하고 있다. 이러한 지원에 힘입어 2019년 현재 정식적으로 사회적 기업으로 등록된 기업은 2,372개에 이른다. 이렇게 사회적 기업은 많은 양적 성장을 이루었지만 그에 따른 질적 개선에 대해서는 의문부호가 따르고 있다. 실제로 많은 사회적 기업들이 정부의 지원 없이는 독자적인 수익 창출과 유지가 어려운 상황이다.

그러나 앞으로 다가올 미래에 이러한 상황은 변화할 것으로 보인다. 이는 정부와 민간기업과 같은 다양한 행위자들이 사회적 기업들이 관심을 가지고 해결하고자 했던 '경제적 불평등, 소득 및 주거 불안, 노동 불안정, 교육 불평등, 삶의 질 저하, 환경오염, 자원고갈'과 같은 사회문제들에 집중하고 있기 때문이다. 이와 같은 상황은 시장을 크게 만들어 사회적 기업들이 그동안 겪었던 자본 문제를 해결하고 활동할 범위를 더욱 확장시킬 것으로 보인다. 따라서 앞으로 이 영역에서 창업 활동이 활발하게 진행될 것이다.

VI. 결론

창업은 기존과 다른 방식으로 시장을 만들어 나가는 것으로 매우 어려운 일이다. 다시 말해 창업은 그 자체로 새로운 미래를 개척해 나가며, 현재와 미래 사이에 다리를 놓는 작업이다. 이를 위해서 창업을 준비하는 사람들은 현재 존재하는 수많은 이해관계를 풀어나가며, 아직 새로운 방식이 익숙하지 않은 소비자도 설득해 나가야한다. 이러한 모든 어려움을 극복해야 성공한 창업가가 될 수 있다.

그렇다면 정치학을 공부하는 입장에서 앞으로 다가올 미래의 창업을 위해 어떠한 것들을 공부하고 준비해 나가야 할까? 미래는 불확실하여 정확히 예측하고 이에 대응하는 것은 매우 힘들다. 그러나 오늘날의 상황을 바탕으로 변화의 방향을 어느정도 예측할 수도 있다. 대의민주주의에 한계로 인해 직접민주주의를 비롯한 다양한 시민들의 정치 참여 욕구 증가, 자본주의의 발전 과정에서 심화되는 불평등과 이를 해결하기 위한 공공선에 대한 고민, 인구 구조의 변화 과정에서 나타나는 새로운 갈등과 이에 대한 조정의 필요성 증가 등이 앞으로 고민하고 해결해 나가야 할 과제들이다. 앞 장에서 제시한 정치 플랫폼이나 사회적 기업은 모두 이러한 문제들을 해결하기 위한 시도들이다. 정치 플랫폼이나 사회적 기업 모두 엄청난 최첨단 기술과 아이디어를 바탕으로 완전히 새로운 방향을 제시한 것들이 아니라 현재 나와 내 이웃이 겪고 있는 불편함과 어려움을 해결하기 위해 고민 끝에 등장한 것들이다. 이러한 국가와 사회에 대한 관심은 정치학에서 배우는 비교정치, 국제정치, 정치사상 분야에 대한 이론적 고찰 및 실천 방안에 대한 탐구에서 통찰력을 얻을 수 있다. 정치외교학과 전공에 대한 배움 또한 게을리 해선 안될 것이다. 다가오는 시대를 이해하는데 있어 오직 공학적 소양만이 필요한 것은 결코 아니다. 앞서 신철호 대표님께서 언급하셨듯, 시대가 급변할수록, 인간과 인간들로 이루어진 사회에 대해 비판적으로 분석·해석하는 사회과학적 자질은 더욱 중요해질 것이다. 아무리 기술이 발전하게 된다 할지라도 여전히 그 핵심에는 인간과 사회가 존재하기 때문이다. 그리고 이러한 능력은 사회과학, 그 가운데서도 정치외교학을 통해 배양할 수 있다.

또한, 공학적 소양을 쌓는 것이 아주 큰 강점이 될 수 있다. 특히, 수학·통계학과 정보기술(IT) 관련 지식을 습득하는 것이 도움이 된다. 전자의 경우 미적분학과 선형대수학, 확률통계, 수리통계학 등이 이에 해당하며, 후자의 경우 프로그래밍 언어를 비롯한 인공지능, 빅데이터 분석, 플랫폼, 블록체인, 사물인터넷 등을 들 수 있다. 하지만, 이러한 과목들 전부를 이수할 필요는 없으며, 실제 공학도들과 동일한 수준으로 공학적 지식을 습득할 필요는 없다. 정보기술을 중심으로 새롭게 재편되는 시대를 이해하고, 공학도들과 소통할 수 있을 정도의 소양이라면 충분하다. 물론 더 배운다면 금상첨화일 것이다.

시대가 급변하고 있다. 이러한 흐름이 비단 정치 영역에만 국한되는 것은 아닐 것이다. 이제까지 서로 무관하다 여겨졌던 다양한 학문분야 및 사회부문들이 융복합하는 현상이 지속되고 있고, 변화와 혁신이 계속되고 있다. 이러한 시대에서 가장 중요한 자질은, 다양한 것을 배우고자 하는 유연한 자세와 부단한 노력일 것이다.

물론 창업에는 이외에도 수많은 분야들이 존재한다. 이러한 분야에 직접적으로 필요한 IT나 회계, 경영 방식 등과 같은 기술들은 정치학도에게 부족할 수도 있다. 그러나 정치학에서 얻을 수 있는 통찰력들은 다른 분야에서도 매우 중요하게 작용할 것이다. 예를 들어, 사실이나 현상에 대한 분석을 통해 문제 해결 방법에 접근하는 방식과 같은 정치학적 사고는 다른 분야에서도 충분히 유용하다. 또한, 앞으로 다가올 시대에는 문제 해결을 위해 한 사람의 역량만이 아니라 다양한 사람들의 협력이 강조되고 있다. 이는 곧 창업을 하는 데 있어서 한 개인이 사업에 필요한 모든 능력을 갖추고 있지 않아도 된다는 것을 의미한다. 다시 말해 앞으로는 내가 풀고자 하는 문제가 무엇인지 정확하게 정의하면 그에 적합한 해결 방법은 다른 사람들을 통해 얼마든지 구할 수 있을 것이다. 따라서 정치학도들은 창업을 위해 '내가 가진 기술을 어떤 산업에 적용할 것인가?'를 고민하는 것이 아니라 '내 문제를 해결하기 위해 어떤 기술이 필요한가?'에 대해 더욱 많은 고민을 해야 한다. 이와 같은 문제의식을 가지고 이를 다른 사람들과 공유하며 해결하기 위해 그들과 협력해 나가는 능력을 기르는 것이 정치학도가 10년, 20년 후 변화하는 세상에 적응하는 방식일 것이다.

김규두

정치학과 석사 졸업, Q2 IBN 대표

한국은 산업화와 정보화를 통해 급격한 경제성장을 이루었고 기업가들은 격동적인 변화 속에서 상당한 역할을 하였다. 그 기업들 중에는 정치학과 출신이 창업한 기업들도 있었다. 이들이 창업의 세계에서 어떻게 살아남았고 성공했는지 연세대학교에서 정치학 석사 학위를 받고 본격적으로 창업을 시작하여 활약하고 있는 Q2 IBN의 김규두 대표님과 이야기를 나누어 보았다.

Q. 어떻게 정치학도가 창업의 세계로 들어가게 되었는가?

대부분의 대학원생이 비슷하겠지만 저 또한 대학원생일 때에는 후에 제가 창업을 하게 되리라 생각해본 적이 없었습니다. 학문 외에는 다른 길을 갈 것이라 생각해보지 않았어요. 대학원 생활 당시 동서문제연구소에서 2년간 조교 생활을 했었습니다. 그러고는 결혼 이후에 아이가 태어나면서 가족의 생계에 대해 책임져야 한다는 인식이 생기면서 보다 깊은 고민을 하게 되었습니다. 학계에는 자리가 한정되어 있었지만 학자가 되려는 사람은 많아서 제가 있을 자리가 없을 가능성이 크다고 생각했습니다. 세종연구소에서 연구원으로 1년, 통일연구원의 창립멤버로 2년 있다가 박사 학위를 취득하러 미국으로 갔는데 그 과정에 너무 많은 시간이 들어가는데 비해 미래의 자리는 장담할 수가 없죠. 무엇보다도 가족들에게 미안하다는 생각이 들었습니다. 그리하여 박사 과정을 밟지 않기로 결정했습니다. 그 시간에 여행을 좀 하다가 한국으로 들어왔습니다.

한국으로 돌아왔는데 나이는 나이대로 먹었는데 대학원 외에 다른 길을 생각한 적이 없다보니 취업을 준비하던 친구들보다 경쟁력이 없었어요. 받아주는 곳이 하나도 없었습니다. 연구원 자리도 구하기가 어렵던 와중 어쩌다가 유럽에서 패션직물을 수입하는 회사에 취직하게 되었습니다. 그리고 그곳에서 배운 것을 바탕으로 창업을 하게 되었습니다.

Q. 창업에 있어서 가장 중요한 것이 무엇인가?

저는 업종을 가리지 않고 사람 사이의 관계가 사업에서 제일 중요하다고 생각합니다. 이는 사업 파트너와의 관계 뿐만 아니라 함께 일하는 직원과의 관계에서도 중요합니다. 비즈니스 파트너와 오로지 계약에만 의존하여 관계를 유지한다면 이해타산에 의해 그 관계가 깨지기 쉽습니다. 신뢰와 책임감도 약할 수밖에 없어요. 신뢰로 맺어지는 관계는 오랫동안 걱정없이 함께 사업을 할 수 있습니다.

직원들과의 관계 또한 매우 중요합니다. 저는 대기업에 취직하는 것보다 중소기업이나 소규모 조직에서 일하는 것을 추천합니다. 대기업은 조직이 워낙 커서 초년생은 자신이 맡은 일을 소화하기에도 급급할 겁니다. 작은 조직의 경우 전체 업무에 대한 파악이 빠를 수밖에 없어요. 보다 많은 일을 맡게 될 것이고 그에 따라 성장 속도도 빠릅니다. 본인이 사장이면 어떻게 할 것인가 생각하며 일해 볼 기회가 소규모 기업 이외에는 거의 없을겁니다.

그런 소규모 조직에서 사장의 역할이 매우 중요합니다. 조직원에게 어떻게 동기를 부여할 것인지, 어떻게 좋은 조직원을 모으고 유지하며 대접할 것인지. 무엇보다도 직원을 도구가 아닌 목적으로 생각하고 모셔야 직원 스스로도 능동적으로 일할 수 있는 환경이 마련된다고 생각합니다. 또한 함께 일하는 구성원인만큼 정보를 공유하고 투명하게 운영해 주인의식을 심어줄 필요가 있습니다. 이러한 것들은 분야에 상관없이, 그리고 시대가 변하고 아무리 최첨단 산업일지라도 결코 바뀌지 않는 본질입니다.

Q. 창업을 하면서 가장 힘들었을 때는 언제인가?

저는 1998년에 일하던 곳에서 나와 창업을 했는데 모두가 아시다시피 IMF 외환 위기로 굉장히 어려운 시기였습니다. 하지만 저는 일하던 곳을 나와 무엇인가를 하고 싶었고, 그보다 더 어려운 상황은 없을 것이라 생각했기 때문에 창업을 해도 더 어려워질 상황은 없다고 생각했어요. 다행이 당시 김대중 정부는 경기부양책으로 내수 진작을 추구하면서 돈을 많이 벌게 되었습니다. 하지만 사업이 계속해서 잘될 것이라는 생각에 만일에 대비하지 않고 안일했었습니다. 공격적으로 사업을 확장해서 직원도 많이 뽑고 원자재도 많이 사왔습니다. 하지만 2008년 세계적인 금융위기가 왔고 환율이 급등하여 손해를 많이 봤습니다. 직원들도 많이 떠났고요. 항상 잘되는 것이 아니니 만반의 태세를 갖춰야 한다는 것을 깨달았습니다.

Q. 창업을 하는데 있어서 다른 전공보다 정치학 전공이 유리한 점이 무엇인가?

창업에 있어서 유리한 전공이라고 하는게 따로 있을까요? 저는 정치학을 전공한 사람도 경영학을 전공한 사람보다 얼마든지 창업을 더 잘 할 수 있다고 생각합니다. 제가 학교 다닐 때 후에 교육부장관이 되시는 교수님께서 군자불기(君子不器) 라는 말씀을 하셨어요. 군자의 그릇은 정해져 있지 않다. 사회의 다양한 분야에 대해 널리 공부하는 정치학도는 얼마든지 제너럴리스트로서 다양한 분야에서 유연함을 발휘할 수 있는 것 같아요. 초조하게 생각하고 걱정하는 것 보다 의연한 태도로 다양한 경험을 해보는 것이 중요하다고 생각합니다.
게다가 저는 정치학도로서 학교에서 여러 언어를 배운 것이 무역 관련 업무를 하는 것에 있어 매우 도움이 되었습니다. 영어는 물론이고 프랑스어, 스페인어, 독일어 등, 언어 능력 덕분에 유럽에서 활동하는데 거칠 것이 없었습니다.

Q. 미래에 창업은 어떻게 변화할 것인가?

제가 창업을 할 당시에는 현재의 모습이 이렇게 많이 바뀔 것이라 상상하지 못했습니다. 마찬가지로 앞으로 10년, 20년 뒤 어떻게 사회가 바뀔지 상상하기 쉽지 않을 거 같습니다. 많은 것이 바뀌겠죠. 하지만 모든 것이 전부 다 바뀌는 것만은 아닙니다. 많은 변화 속에서도 바뀌지 않는 본질도 있을 겁니다. 저는 변화에만 초점을 맞추다가 본질을 놓치는 것도 경계해야 한다고 생각합니다. 제가 속한 패션, 의류 사업이 분류로 따지면 제조업에 속하죠. 하지만 인간에게 있어 의식주 중 하나인 의복은 디자인, 유행, 기술은 변할지라도 업종 자체가 사라지지는 않을 것입니다.

Q. 정치학 전공자로서 무엇을 준비하면 좋은가?

저는 본인이 좋아하고 창업하고 싶은 분야에 대해 경험할 것을 강력하게 추천합니다. 오직 돈을 위해서 관심 없는 분야에 기웃거리는 것은 망할 수밖에 없어요. 창업은 매우 힘든 과정인데 그나마 본인이 좋아하는 것을 해야 오래 버틸 수 있어요. 그리고 밖에서 보는 것이랑 내부에서 부딪혀 보는 것이 매우 다릅니다. 그 분야에서 경험하고 준비해야 살아남을 수 있어요. IT 분야가 아닌 일반적인 분야의 창업을 이야기할 때, 상당수가 1년 내지 3년 내에 망합니다. 대부분 준비 없이 무작정 뛰어들었기 때문이에요. 그나마 자신이 잘 아는 분야에서 잘 준비하고 시작해야 실패할 확률이 줄어듭니다. 그만큼 저는 경험이 중요하다고 얘기하고 싶어요.

아이러니하게도 저는 학교에 다닐 때 패션에 대해 관심이 없었습니다. 얼떨결에 패션에 종사하게 되었고 그러면서 고생도 많이 했습니다. 다만 저는 원래 패션만 해오던 분들과는 조금 달랐습니다. 저는 어학도 좋아했었고 정치학을 하면서 예술, 철학, 문화, 시사 등 여러 분야에 다양한 관심사를 가졌던 것이 사업하면서 어마어마한 자산이 되었습니다. 비즈니스 관계에서도 늘 업무 이야기만 할 수는 없거든요. 비즈니스 파트너와 식사자리에서도 일 얘기만 하면 재미도 없고 이야기가 확장되지 않습니다. 보다 폭넓은 분야에서 다양한 이야기를 펼칠 수 있는 것이 정치학도의 장점이라고 생각합니다.

참고문헌

이서한·노승훈. 2014. 『ICT융합 유형별 스타트업 기업의 성공요인에 관한 연구』. 디지털융복합연구

김재일·박상철·홍수지. 2019. 『크라우드소싱 플랫폼 창업 사례 연구』. 한국경영학회

채진원. 2016. 『시민정치의 흐름과 네트워크정당모델의 과제』. 민주주의와 인권

허태욱. 2017. 『4차산업혁명시대 블록체인 거버넌스 시스템으로의 전환과 시민사회의 역할에 관한 서설적 연구』. NGO연구

이태동·백우열·최선. 2019. 『정치외교학과 진로개발』. 연세대학교 대학출판문화원

서인석. 2015. 『국회 보좌관에 도전해라』. 심인

이진순. 2016. 『듣도 보도 못한 정치: 더 나은 민주주의를 위한 시민의 유쾌한 실험』. 문학동네

엘리사 레위스·로맹 슬리틴. 임상훈 역. 『시민 쿠데타: 우리가 뽑은 대표는 왜 늘 우리를 배신하는가?』. arte

폴 그레이엄. 2005. "스타트업 시작 방법." http://paulgraham.com/start.html(검색일: 2019.12.03)

KOCCA포커스. 2015. "스타트업을 꿈꾸는 사람들을 위한 창업 가이드." https://www.kocca.kr>k_content>vol15>vol15_12(검색일: 2019.12.03)

창업진흥원. 2019. "2019년도정부 창업지원사업 통합공고." https://www.kised.or.kr/board.es?mid=a10301000000&bid=0004&list_no=1171&act=view(검색일: 2019.12.04)

청년창업연구소. 2015. "정부지원금, 어디서 받냐구? 여기서!." https://brunch.co.kr/@jmh5531/23

국회. 2019. "[김병욱의원실] 인턴비서 채용공고" http://www.assembly.go.kr/assm/memact/memjob/recr/recrView.do?bbs_seq_n=40586&no=6570&bbs_cd_n=6&currentPage=1&search_key_n=&search_val_v=&cate_n=&dept_v=(검색일: 2019.12.18)

국회. 2019. “[안내] 보좌진을 위한 SNS 선거전략 교육안내” http://www.assembly.go.kr/assm/memact/memjob/recr/recrView.do?bbs_cd_n=6&bbs_seq_n=40557&no=6551(검색일: 2019.12.01)

노컷뉴스. 2013. “국회의원은 SNS를 좋아해.” https://www.nocutnews.co.kr/news/1139240

뉴스1. 2012. “한나라당 의원 보좌진은 SNS 열공 중.” http://news1.kr/articles/?540492&view=pc

중앙일보. 2017. “[리셋 코리아] 글로벌 청원 플랫폼 ‘체인지’ 196개국서 1억8000만 명 참여.” https://news.joins.com/article/21692951

블로터. 2015. “온라인 청원은 어떻게 작동하는가…Change.org 들여다보니.” http://www.bloter.net/archives/228458

김동진. 2018.『플랫폼 스타트업』. 한국전자도서출판.

김현정. 2018.『루키들이 온다: 아이티어 x 기술로 새롭게 판을 짜다』. 라곰.

배기홍. 2010.『스타트업 바이블: 대한민국 제2의 벤처 붐을 위하여』. 파이카.

이소래. 2017.『스탠퍼드 스타트업 바이블』. 살림.

장용석 외4명. 2018.『사회적 가치의 재구성: 사회문제 지도로 사회적 기업의 미래를 그리다』. 문우사.

정선희. 2007.『성공하는 사회적 기업의 모든 것』. 노동부.

권보람·김주성. 2014. “창업생태계 활성화를 위한 혁신플랫폼의 활용전략”.『한국전자통신연구원』 제29권, 제4호. 137-146.

이민화. 2013. “기술창업과 창조경제”.『과학기술정책』 제23권 제2호. 4-8

한경 경제용어사전. 2019. “스타트업”.
https://terms.naver.com/entry.nhn?docId=2067389&cid=42107&categoryId=42107(검색일 2019-11-8)

한국민족문화대백과. 2019. “벤처기업”.
https://terms.naver.com/entry.nhn?docId=576131&cid=46631&categoryId=46631(검색일 2019-11-8).

해외투자용어사전. “벤처캐피탈”.

https://100.daum.net/encyclopedia/view/188XX75600890(검색일 2019-11-13).

한국사회적경제진흥원. 2019. “사회적기업의 개념”.

http://www.socialenterprise.or.kr/kosea/info.do.(검색일 2019-11-12).

비즈니스워치. 2018. “실패해도 남는다…스타트업!”.

http://news.bizwatch.co.kr/article/mobile/2018/02/09/0012(검색일 2019-11-12)

조선일보. 2019. “벤처의 산증인… “경제위기가 창업 기회”.

https://m.chosun.com/svc/article.html?sname=biz&contid=2019081501837#Redyho(검색일 2019-11-12).

한국일보. 2019. “기획 스타트업! 젊은 정치”. https://www.hankookilbo.com/Special/Plan/List/1226(검색일 2019-11-12)

개인 인터뷰(Q2 IBN 김규두 대표님)

2부

정치외교학 확장과 미래 진로

6 장

국제개발협력의 미래 진로

김수경, 팟차린

I. 왜 국제개발협력인가

국제사회는 '21세기 개발협력전략'에 발 맞추어 공동의 비전, 파트너십 강화, 질적인 기반 및 정책일관성, 개발원조에서 수원국 개발전략의 중요성, 그리고 원조의 성과 중심적 관리 등을 공동으로 추구하고 있다. 또한 이러한 사업은 정부 혹은 국제기국에서만 추진하는 것이 아니라 많은 민간기업들과 파트너십을 맺어 원조사업도 다양하게 진행하고 있다. 따라서 더 이상 '국제개발협력'이라는 것은 상호의존성이 증대되고 있는 국제사회에서 살아가고 있는 우리에게 생소한 과제가 아니다. 이처럼 현재를 살아가고 있는 우리 사회에서 국제개발협력 중요성이 크게 부각되고 있는데, 그렇다면 이 분야의 미래는 어떠한가? 이 분야에서도 제4차 산업혁명을 대비하는 전략이 있고 그에 따른 준비가 되고 있는가? 제4차 산업혁명의 시대가 도래하면서도 이 분야는 살아남을 수 있는 직업군으로써 우리에게 다가올 수 있는가?

국제개발협력은 정치학도라면 한번쯤은 생각해볼 만한 직업분야이다. 그렇다면 정치학과 국제개발은 어떤 관계인가? 또한 정치학을 전공한다고 해서 다른 전공보다 특별한 메리트를 가지고 있다고 할 수 있을까? 국제개발은 개발도상국을 대상으로 한 자원배분이라는 측면에 주목하며, 공여국이든 수여국이든 각 국가의 이익(national interest)이 가장 중요한 사업이다. 이처럼 각 국가들의 이익과 수요를 파악하며 적절히 배분하고 기획하는 능력이 이 분야에서 종사할 때 가장 필요한 역량이라고 할 수 있다. 각 섹터별 국제개발분야에서는 섹터에 특화된 전문성을 요구하겠지만, 대체로 큰 틀에서 접근하였을 때, 정치학도가 발휘할 수 있는 충분한 역량을 갖추고 있다는 점에서 장점을 가질 수 있으며 이러한 이유에서 정치학도들이 꾸준히 관심을 가지고 있는 듯 하다.

정치학과 국제개발이 관련있다고 한다면, 현재 정치학에서 배우는 과정과 국제개발은 융합된 학문으로서 적절하게 소화해내고 있는가? 즉, 정치학도가 국제개발분야에 필요한 인재로서 경쟁력을 잘 갖출 수 있게 교육이 이루어지고 있는가? 또한 정치학과를 졸업하고 이 분야로 진출해야 할 필요가 있는가? 진로 고민이 많은 정치학도로서 이러한 고민을 하지 않을 수 없다. 따라서 변화하고 있는 이 분야에 발 맞춰 앞으로의 정치학 교육은 어떻게 발전되어야 할 것이며, 이 분야의 미래진로 및 전망은 어떻게 될 것인가? 이에 대한 해답의 열쇠는 차근차근 알아보도록 하자.

1. 국제개발협력(IDC: International Development Cooperation)이란?

넓은 의미에서의 국제개발협력은 국제시장관리와 같이 국가끼리의 특수성을 상호 교환함으로써 인류사회의 보편성을 실현하기 위한 일체의 거래를 말한다. 그러나 현실적으로는 경제 및 사회발전 수준이 선진국에 비해 저조한 상태에 있는 국가 즉, 개발도상국이나 저개발국가를 상대로 추진되어 온 것이 사실이다. 따라서 협의의 국제개발협력은 우리가 일반적으로 사용하고 있는 '개발원조'로 보는데, 이를 경제개발협력기구(OECD)의 개발원조위원회(DAC: Development Assistance Committee) 에서 '공적개발원조(ODA: Official Development Assistance)'로 통할하여 사용한다.

OECD DAC 회원국들이 대표적 원조공여국으로서 세계의 개발 과

| **표 1** | OECD DAC 가입연도.

연도	가입국	국가 수
1961년(창립연도)	벨기에, 캐나다, 프랑스, 독일, 이탈리아, 일본, 네덜란드, 포르투갈, 영국, 미국, EU	11개국
1960년대	노르웨이(1962), 덴마크(1963), 스웨덴(1965), 오스트리아(1965), 호주(1966), 스위스(1968)	6개국
1970년대	뉴질랜드(1973), 핀란드(1975)	2개국
1989년대	아일랜드(1985)	1개국
1990년대	포르투갈(!991), 스페인(1991), 룩셈부르크(1992), 그리스(1999)	4개국
2000년대 이후	한국(2010)	1개국

출처: KOICA 홈페이지

제에 대응하여 무·유상원조 기술협력 등을 수행하고 있다. 2030년까지 국제사회가 달성할 사회, 경제, 환경 분야에 대한 17개 목표와 169개 세부목표로 구성된 보편적 합의로서의 지속가능발전목표(Sustainable Development Goals: SDGs)을 이행하기 위해 개도국과의 협력에 적극참여하고 있다.

국제개발협력에 사용되는 개발재원은 〈표 2〉와 같이 ODA, 기타공적자금, 민간자금의 흐름, 그리고 민간증여로 구분할 수 있다. 이처럼 다양한 협력 방식을 통해 국제사회가 공동으로 개도국의 경제 사회발전을 촉진하는 활동을 추진하고 있다.

| **표 2** | 개발 재원. 출처: KOICA 홈페이지

구분	지원방법	지원형태	내용
공적개발원조 ODA	양자간	무상	증여, 기술협력, 프로젝트원조, 식량원조, 긴급재난구호, NGO에 대한 지원 등
유상	양허성 공공차관		
다자간	국제기구 분담금 및 출자금		
기타공적자금 OOF	양자간	유상	공적수출신용, 투자금융 등
다자간	유상	국제기관 융자	
민간자금 PF		유상	해외직접투자, 1년 이상의 수출신용, 국제기관융자, 증권투자 등
NGO 증여		무상	NGO에 의한 증여

1) 국제개발협력의 역사

일반적인 의미의 국가 간 대외원조는 18~19세기에도 존재했다고 볼 수 있지만, 제2차 세계대전이 발발하기 이전에는 오늘날과 같이 구체화된 형태로서의 공적개발원조는 아니었다. 제2차세계 대전 이후 전쟁으로 인한 피해 또는 재난을 복구하기 위하여 다자간 협력을 목적으로 한 국제기구들이 생겨나기 시작했다. 1944년 브레튼우즈회의에서 국제개발부흥은행(IBRD)과 국제통화기금(IMF) 등이 설립되며, UN 및 각종 UN 산하기구들을 통해 국제협력을 도모하게 되었다.

(1) 1940년대: 개발 원조의 시작

제2차 세계대전 직후, 미국, 구소련을 중심으로 한 연합국들은 전후 경제 복구를 위하여 남유럽, 아시아 등 해방국 및 점령지역인 일본과 독일에 대한 경제지원를 실시하였는데, 이것이 국제개발원조의 시작이라 할 수 있다. 연합국은 1945년 설립된 연합국구제부흥기관(UNRRA)을 통하여 국민소득 1% 상당의 원조를 행하였는데, 이 원조 분담기준이 이후 국제개발전략에서 선진국의 부담 기준으로 정착되었다. 또한 전후 부흥기 미국의 대외원조 구상인 '유럽부흥계획'과 이후 개발도상국의 경제개발을 위한 원조를 구체화시킨 '포인트·포계획'은 오늘에 이르기까지 국제개발원조정책의 틀을 형성하는 기초가 되었다.

(2) 1950년대: 동·서 원조경쟁

1950년대 초 동서냉전이 깊어가는 과정에서 군사원조 비중의 증가와 함께 동서 원조경쟁이 전개되었다. 한편, 1950년대 후반부터는 정치·경제적 영향력을 확대하기 위한 목적으로 동유럽, 중국 및 독일도 소련과 보조를 맞추어 신흥 독립국 원조에 나섰다. 뿐만 아니라 당시까지 원조수혜국 지위에 머물렀던 유럽도 원조 공여국으로 전환을 시도하여, 영국(1950년, 콜롬보 플랜)과 프랑스가 구 식민지국가에 대한 경제개발원조를 시작하였고 일본도 이러한 흐름에 참여하여 아시아에 대한 원조를 시작하였다.

당시 신흥 독립국들은 정치적 독립과 자립경제 달성을 통한 빈곤의 극복이라는 기치 아래 비동맹중립주의 외교정책을 펼쳤다. 이는 1955년 반둥회의로 가시화되었고 동·서원조 경쟁을 더욱 가속화시킨 하나의 요인을 제공하였다고 볼 수 있다.

(3) 1960년대: 개발원조 체제의 구축 및 개도국의 무역확대 요구와 원조의 질적 전환

반둥회의 이래 고양되어 온 개도국 의견이 1960년대 이후 UN 등의 국제회의 장에서 점차 각광을 받고 남북 격차 시정이 세계사적 과제로 폭넓게 인식됨에 따라 개발원조는 국제협력 분야의 새로운 체제로 자리잡게 되었다. 미국은 외교원조법을 제정하였고, UN은 1960년대를 'UN 개발의 10년'으로 지정할 것으로 제창하였다. 또한 1960년대는 여러 원조 기관들이 설립된 시기이기도 하다.

개발도상국의 누적채무 증가 및 외화부족이 심화되면서 제1차 'UN 개발 10년'계획에 대한 실망이 커지고 새로운 개발전략을 입안해야 한다는 목소리가 커졌다. 이러한 인식을 기반으로 개발원조 관련 각종 보고서가 등장하였고, 이를 바탕으로 제 25회 UN총회(1970년)에서 제2차 'UN 개발 10년'이 채택되면서 개발원조의 질적 전환이 이루어지는 계기가 되었다.

(4) 1970년대: 자원 내셔널리즘 및 기초생활분야(BHN)원조 확대

1973년 석유수출국기구(OPEC)가 석유가격 인상 전략을 실시하자, 1974년 UN 자원특별총회에서는 1차 상품 수출의 안정, 개발원조의 확대, 자원 주권의 회복 등에 의한 신 국제경제질서(New International Economic Order) 선언이 선포되었다. 또한, 같은 해 말 UN 총회에서는 국가간 경제권리의무헌장(Charter of Economic Rights and Duties of States)이 채택되었다. 이와 같은 일련의 조치들은 겉으로는 불합리한 국제경제질서 개혁이라는 개도국들의 요구를 수용하는 듯 보였으나 사실상 선진국의 원조가 자원의 안정적 확보 쪽으로 치우치게 하는 결과를 가져왔다. 또한, 비산유 개도국, 특히 사하라 이남 아프리카 및 남아시아 등은 심각한 에너지 문제에 직면, 개도국간 경제 격차가 급격히 확대되었다.

석유파동을 거치면서 심화된 '남남문제'를 타개하기 위해 세계은행은 빈곤 감축을 목표로 개도국에 대한 대출을 대폭 증대함과 동시에 인구, 보건, 식량, 교육 등 기초생활분야(Basic Human Needs: BHN) 지원에 힘을 기울이기 시작하였다. 국제노동기구(ILO)도 실업문제 완화 차원에서 BHN 전략의 중요성을 강조하였고, DAC는 '경제성장과 BHN 대응을 위한 개발협력에 관한 선언'을 채택하여 이후 서방 선진국 원조정책의 가이드라인을 제시하였다. 한편, 베트남 전쟁 패배 충격으로 미국도 대외원조 정책의 목표를 기존의 정치·전략적 성격에서 주요 지원대상을 빈곤층으로 하는 빈곤감축 쪽으로 전환하였다.

(4) 1980년대: 브란트 위원회 보고서와 채무 및 식량위기에 대한 대응

1980년대에는 제3차 'UN개발 10년'을 앞두고 국제개발전략의 기본 노선 문제에 대한 여러 수정 논의가 대두되었다.그 중 하나가 1980년 2월에 발표된 브란트 위원회 보고서로, 본 보고서는 개발원조가 세계의 평화와 번영을 위한 불가결한 비용임을 강조하며 선진국의 협력을 요구하였다.

석유 파동으로 인한 선진국 경기 후퇴 및 개도국의 자력 개발 지연으로 인해 개발도상국의 채무 부담은 증가되어, 1982년 여름 멕시코 정부의 채무상환불능 선언을 시작으로 개발도상국 부채의 심각성이 전 세계적으로 표면화되었다.

이에 대응하기 위해 선진국들은 파리클럽을 통한 공적 채무 해소를 도모하였으며, 민간 채무에 대해서도 브레디 계획(Brady plan) 등 각종 대책을 통한 긴급 자금 지원을 실시하였다. 또한, 개발도상국 내 개발정책 수립 및 경제개혁 노력이 미흡하다는 비판 아래 세계은행과 원조공여국들은 기존의 프로젝트 중심의 원조보다는 프로그램 원조를 더욱 적극적으로 사용하기 시작하였다. 이와 같은 배경에서 등장하게 된 것이 세계은행의 구조조정 융자(Structural Adjustment Lending)이다. 한편, 1984년 사하라 이남 아프리카에서 발생한 식량위기에 대한 국제기구와 원조 공여국의 실제 노력이 미비하자, 이에 대한 비판 여론이 많았다. 이 시기, 민간기구(NGO)의 활동이 두드러지면서 각국 정부는 NGO를 ODA의 새로운 파트너로 인식하기 시작하였다.

(5) 1990년대: 사회주의 체제의 붕괴 및 원조 수요의 증대, 지구적 과제와 새로운 개발원조

사회주의 체제가 붕괴하자 구 사회주의국들은 시장경제에 기초한 경제개혁을 추진하기 위해 많은 원조자금을 필요로 하게 되었다. 이에 따라 OECD는 중·동부 유럽 및 구소련 국가에 대한 광범위한 지원 활동, 자문제공 및 이들 국가와의 경제정책 대화 체계화를 위해 '90년 유럽 시장경제이행 협력센터(Centre for Cooperation with European Economies in Transition: CCEET)를 설치하였다.

지구적 과제로서 환경 문제가 등장하자 개발과 환경의 중요성이 동시에 강조되었고, DAC는 원조정책의 3가지 축 중 하나로 환경을 채택하였다. 한편, 빈곤 완화가 다시 개발의 최대 목표가 되어 참여적 개발(Participatory Development)이 새로운 전략으로 등장 하였다. 참여적 개발은 개발과정 중 정치·경제적으로 광범위한 주민 참여를 강조하고 있다. 이 밖에도 NGO 활동, 개발에 있어 여성 참가(Women in development), 성평등(Gender equality), 선량한 공공관리(Good governance) 등이 개발원조 공여 활동과 연계되어 중요한 이슈로서 논의되고 있다.

(6) 2000년대: 빈곤퇴치를 위한 공적개발원조 논의 본격화 및 원조 효과 제고를 위한 노력

2000년대 들어서 국제사회는 세계화 현상 심화의 부작용에 대해 더욱 우려하기 시작하였다. 특히 9·11테러사건 이후 선진국과 후진국간 빈부격차 해소와 개발문제가 UN을 비롯한 국제사회의 주요 이슈로 등장하면서 공적개발원조 논의가 다시 본격화되었다.

먼저, 2000년 9월에 191개 UN 회원국이 참가한 'UN 새천년정상회의'에서는 밀레니엄선언(Millennium Declaration)을 통해 빈곤퇴치가 최우선 과제임을 확인하고 2015년까지 빈곤퇴치를 위한 8가지 목표를 담은 새천년개발목표(MDGs: Millennium Development Goals)를 채택하였다.

2003년 3월에는 멕시코 몬테레이에서 UN 회원국 정상들이 모여 궁극적으로 선진국이 GNP의 0.7% 수준까지 공적개발원조 지원액을 늘리고, GNP의 0.15~0.20%는 최빈국에 지원한다는 내용을 포함한 공적개발원조재원의 확충 등에 합의(Monterrey Consensus)하였다.

2003년 2월 이탈리아 로마에서는 2000년 UN의 새천년개발목표 및 2002년 몬테레이 합의의 효과적 실천을 위해 원조의 조화(aid harmonization)를 강조한 로마선언(Rome Declaration)을 발표하였다.

로마선언은 '원조 효과 제고'에 대해 처음으로 언급하였으며 원조

공여국들간의 공동원조실행, 원조정책의 조율 등 원조의 조화를 강조하였다. 한편, 다자간 개발원조기구들은 두 차례(The 1st and 2nd Results Roundtable)에 걸쳐 원조효과 극대화를 위해서는 성과중심의 관리(Results-Based Management)가 필요하다는 데 의견을 모았고, 나아가 2005년 2월에 파리 고위급포럼(High Level Forum)에서는 기존 국제원조사회의 합의사항들을 모두 포괄하여 원조 효과 제고를 목표로 하는 '파리선언(Paris Declaration)'을 채택하였다. 그 후 2007년 2월에 다자간 개발원조기구들은 제 3차 성과회의(The 3rd Results Roundtable)를 개최하고 성과관리를 위한 감시 및 평가기법, 성과관리를 위한 예산배분 방법 등 개발성과관리 기법들을 실질적으로 논의하였다.

하지만 원조효과성에 대한 개선이 두드러지지 않음에 따라, 새로운 이행약속 보다는 실천을 강조하는 움직임이 일면서, 2008년 9월 가나 아크라에서 열린 제3차 원조효과 고위급회의에서는 파리선언에서 합의된 이행 사항들을 점검하고, 공여국과 수원국 모두 원조효과성 합의를 실천하는 데 초점을 맞추어야 함을 강조하는 아크라행동계획(Accra Agenda for Action)을 채택하였다.

2011년 서울에서 개최된 제4차 원조효과 고위급포럼은 파리선언과 아크라행동계획 이행사항을 점검하고, 급변하는 개발환경을 반영하여 원조효과성에서 개발효과성으로 전환이 이루어졌으며, 신흥공여국과 민간, 시민사회 등 비전통적 원조 주체의 역할이 강조되었다. 2012년에는 UN 고위급패널을 통해 Post-2015 Development Agenda 초안이 발표되어 MDGs 달성목표 시기 이후의 지속가능한 개발을 위한 논의의 장이 마련되었다. 2015년 9월 UN 개발정상회의에서는 MDGs 달성목표 시한이 종료되면서 MDGs를 대체하는 지속가능개발목표(SDGs: Sustainable Development Goals)가 채택되었다. 17개의 목표와 169개의 세부목표로 구성된 지속가능개발목표(SDGs)는 환경, 평화·안보, 사회 및 경제 분야 개발을 아우르는 포괄적인 개발목표로서 국제사회 개발재원 흐름과 개발환경 변화의 신규 이정표로 기능하게 되었다.

2. 2050년 이후 미래는?

어느 분야든 2050년의 미래를 예상하는 것은 어려우며 정확하지도 않다. 그러나 현재 까지 진행된 개발협력의 역사를 살펴보고 앞으로의 추구하는 방향을 살펴보면 완벽하지는 않더라도 예측할 수 있을 것이다. 과거에는 군사안보 측면이 매우 중요했는데, 오늘 날은 전통안보에서 벗어나 다양한 안보들을 추구하게 되었고, 특히 SDGs가 더욱 중요하게 되었다.

1) 국제개발협력 분야의 필요 자질

원조패러다임이 변하고 있듯이 이처럼 변화하는 시대에 발 맞춰 국제개발협력 분야에서는 어떠한 인재를 원하는가? 현재 대한민국에서 진행하고 있는'국제개발협력 전문가 양성 관련 주요 프로그램'을 보면 〈표 3〉과 같다. 정부에서 각종 지원 및 투자를 하고 있는 상황에서 정치학도는 현재 또는 미래에 어떠한 준비를 해야 할지 이 프로그램의 예시를 보고 계획을 수립하는데 도움이 될 수 있을 것이다.

| 표 3 | 국제개발협력 전문가 양성 관련 주요 프로그램. 출처: 황혜신(2015)

프로그램명	주요 내용
국제개발협력 전문가 경력경로 개발 지원	1.국제개발협력 전문가 경력경로 개발 2.중장기적 측면의 전문인력 양성전략 수립
중점 지역 및 국가 전문가 양성프로그램 지원	3.중점 지역 및 국가의 전문인력 수요 파악 4.대학(원), 전문기관 양성프로그램 지원
국제개발협력 전문가 자격검정제도 지원	5.국제개발협력 전문가 자격 마련 6.자격검정제도의 설계 및 운영
국제기구 파견 지원	7.국제개발협력 전문인력 지망자 대상자 8.UN, WB, IDB, IMF 등 파견
대학(원) 현지연구지원	9.대학(원) 현지연구 과목의 안정적 지원 10.중점 지역 및 대상국 우선 지원
해외봉사단 파견지원	11.국제개발협력 전문인력 관심자 대상 12.수요조사를 통해 매년 000명 파견

2) 국제개발협력 전문가 양성 및 활용의 SWOT 분석

미래에 이 분야에서 전문가로서 활동을 하게 될 때, 이 분야의 약점과 강점을 모두 파악할 수 있어야 한다. 다음 〈표 4〉 SWOT(Strengths, Weakness, Opportunities, Threats) 분석을 통해 앞으로의 '국제개발협력 전문가'라는 미래 목표를 세울 때, 준비해야 할 점과 경계해야 할 점 모두를 파악할 수 있을 것이다. 대내외적으로 국제개발협력이 필요성과 중요성은 증대되고 있지만, 전문가를 양성하기 위한 적절한 조치는 많이 미흡한 점이 사실이다. 그럼에도 불구하고 계속해서 개선해나가는 모습으로 보아 이 분야에서의 전문가는 앞으로 계속 유망할 것으로 보인다.

| 표 4 | 국제개발협력 전문가 활용 SWOT 분석.

S(강점)	W(약점)
■ 개도국이 요구하는 발전경험 ■ 신흥국 대비 국제규범 준수 ■ 공공 및 민간부문 은퇴인력 ■ 대학(원) 등 교육기관 ■ 개도국이 선호하는 인프라 투자	■ 전문가 양성/활용 기본계획 미수립 ■ 법제도적 뒷받침 부족 ■ 부처간 협업 미흡 ■ 컨트롤 타워 부재 ■ 전문가의 양적, 질적 미스매치 ■ 전문가 경력경로 미확립 ■ 전문가 DB 구축/활용 미흡 ■ 은퇴인력 활용 미흡
O(기회)	**T(위협)**
■ 국제개발협력 관심/사업 확대 ■ 한국적 발전모델 수요 증대 ■ 문화, 정책 공공외교 수요 증대 ■ 기후변화 등 전지구적 문제 확대	■ 세계경제 침체와 국제관심 축소 ■ 중국 등 신흥공여국과의 경쟁 ■ 국민적 관심의 정체/저하 ■ 정부 및 공무원의 관심 부족

출처: 황혜신(2015)

3. 코이카 및 국제(비정부)기구 진출

그렇다면, 정치학도들은 구체적으로 어느 기관에서 근무를 할 수 있을지 그 진출 및 경로를 살피기 위해 개발협력을 수행하는 주체들을 먼저 파악하도록 해보자.

1) 대한민국 개발협력 플랫폼으로서의 KOICA

‘국제개발협력’에서 종사한다고 하면, 우리나라 기관에서는 한국국제협력단(KOICA)를 가장 먼저 떠올릴 것이다.

KOICA는 국제개발협력에 참여하는 정부, 공공기관, NGO, 기업, 학계 등 다양한 주체들과의 파트너십을 통해 KOICA의 원조전문성과 각 기관이 가지고 있는 전문성을 연계함으로써 개발 협력사업의 효과성을 높이기 위해 노력하고 있다. 이러한 노력은 2011년 부산에서 개최된 부산세계개발원조총회의 주요 결과 중 하나인 포용적 파트너십(Inclusive Partnership)과도 맥락을 같이 하고 있다. KOICA는 국제개발협력에 참여를 희망하는 국내외 이해관계자들에게 다양한 사업참여 경로를 제공함으로써 명실상부한 ODA 플랫폼으로서 거듭나고자 한다. 이러한 개발협력 플랫폼은 각 주체 간 네트워크를 통해 공급자-수요자의 필요를 스스로 충족시킴으로써 자가혁신이 가능한 개발협력 생태계를 조성하고, 개발협력의 가치 향상을 도모한다.

(1) 해외봉사단

코이카는 우리나라와 개도국의 우호 협력관계 및 상호교류를 증진하고 개도국의 경제 및 사회 발전을 지원하기 위해(직업)교육, 농수산업, 보건, 위생, 농촌개발 등 각 분야의 봉사단원을 파견하고 있다.

(2) 자문단

봉사정신을 갖춘 퇴직자 혹은 퇴직예정자 등 국내 우수 퇴직인력들이 수원국의 개발능력 강화 및 제도구축 지원을 목적으로 우리의 개발경험 및 전문지식을 전수하는데 기여하고 있다.

(3) 영프로페셔널(YP)

코이카는 ODA 사업에 참여하는 기관 및 기업, NGO 단체 등이 우수 청년인재들을 대상으로 하는 ODA 사업참여 기회를 제공한다. KPICA 해외사무소 YP(KOICA 사업지원)와 ODA 사업수행기관 YP(기관별 국제개발협력 사업 실무지원)로 구분 가능하다. 전자는 체험형으로 최대 10개월이며, 후자는 채용형으로 7개월간 활동을 하게 된다. 두 영프로페셔널 모두 연 2회 선발한다.

(4) 다자협력전문가(KMCO)

국제개발협력에 열의를 가진 다양한 분야의 전문인력이 다자협력전문가 신분으로 국제기구 국가사무소에 파견됨으로써 KOICA-국제기구 간 협력의 효과성을 제고 및 네트워크를 강화하는 사업이며, 국제기구 진출을 희망하는 국내 인재들에게 국제기구 근무기회를 제공한다. 주요 업무로는 보건, 교육, 공공행정, 문화 등 분야에서 프로젝트 관리, 사업발굴, 모니터링 및 평가, 홍보 등의 업무를 수행하는 것이다.

(5) 코디네이터

봉사단 코디네이터와 개발협력 코디네이터가 있다. 봉사단 코디네이터는 코이카 월드프렌즈 코디네이터라고도 불리며, 봉사단원의 원활한 복무활동 지원을 위하여 파견된다. 주요 업무로는 월드프렌즈 파견 인력 활동 지원 및 복무관리, 파견 인력 신규 수요 발굴 및 모니터링, 현장사업 지원 및 성과관리 지원업무, 기타 KOICA 국제협력사업 관련 업무를 최대 1년 11개월간 수행하며, 최대 근무는 근무 평가를 통해 연장 계약 시 가능하다. 개발협력코디네이터는 국제개발협력 전문 인력 양성과 질적 내실화를 위하여 KOICA 해외사무소에서 근무하여 KOICA 프로젝트 현장 관리 등 관련 현지 실무를 담당한다. 이 같은 해외사업현장 실무 경험은 경력개발과 전문성 축적을 가능하게 하고 향후 국제기구, 국내 ODA 수행기관, NGO 등 취업할 때 도움이 된다.

(6) PAO(Project Action Officer)

PAO로 선발이 되면 파트너사 소속으로서 KOICA 국별협력사업(프로젝트/개발컨설팅)에 전문가 5급 자격으로 투입되며, 국내외 현장에서 사업관리 지원과 전문분야 기반의 성과 모니터링에 참가하는 등 현장 코디네이터로서 실무를 경험한다.

정치학도가 코이카에 진출하기 위해서는 다음 3가지 경로로 준비할 수 있을 것이다. 첫 번째로 공채를 통한 진출방법이다. 주로 코이카 공채는 보통 1년 기준으로 2번 채용한다. 근무를 하면 일반직(1~5급), 기능직으로 직급체계로 나뉜다. 순환보직으로 본인의 희망과 적성을 반영으로 해당부서에서 2~3년 근무하게 된다. 본부(경기도성남) 및 46개국 해외사무소에서 다양하게 근무 가능하다.

두 번째로 해외봉사단 파견 및 글로벌인재양성사업을 이용하는 것이다. WEK 봉사단이나 ODA청년인턴(ODA 영프로페셔널)을 통해 개도국 활동경력(최소 5개월~최대 3년)을 획득할 수 있다. 그 후 봉사단 코디네이터, 개발협력 코디네이터, 주요사업 단계별 투입전문가, 다자협력전문가(KMCO)등 활동을 통해 경력 개발이 가능하다. 이러한 3-5년간의 개도국 파견 경력을 토대로 양질의 일자리 취업도 가능할 것이다.

마지막으로 개도국의 수요를 바탕으로 교육, 보건, 공공행정, 기술 환경에너지, 농림수산 등 주요 분야에서 10년 이상 근무를 한 후, 퇴직을 하거나 퇴직예정자가 되었을 때 봉사정신을 가지고 월드프렌즈 KOICA 자문단에 지원하는 것이다. 실질적인 분야에서 정책 자문 및 기술전수 역할을 하는 직무이므로 해당 분야에 대한 전문성을 10년 이상 기르는 것을 추천한다.

따라서 수시로 모집공고를 살펴 관심 있는 직무 중심으로 갖춰야 할 역량들을 꾸준히 체크할 필요가 있다. 직무관련 경력이나 경험사항이 있을 시, 서류전형에 도움이 되므로, 국제개발관련 업무나 해외봉사단 활동을 하게 될 기회가 있을 시 적극 활용하길 바란다.

2) 국제개발협력 수행 주체

코이카 이외에도 국제개발협력을 수행하는 주체는 다양하다. 공여국 정부뿐만 아니라 국제기구, 또는 민간분야에서도 많은 협력을 하고 있다. 따라서 정치학도들은 정부 및 공공기관, 국제기구, 연구기관, 그리고 민간기업 등 다양하게 진출할 수 있다.

(1) 공여국 정부

대표적 원조공여국으로서의 OECD DAC 회원국과 더불어 신흥공여국의 대외 원조 또한 원조를 많이 하며 원조 효과성에 대해서도 관심이 많다.

(2) 국제기구

① UN 기구: 제2차 세계대전이 그 끝을 보이고 있을 때 연합국가 간에는 전후 국제평화와 안전을 유지하기 위한 국제기구 설립 필요성이 검토 되었다. UN은 국제평화, 안전유지, 국가 간 우호관계 발전, 경제·사회·문화·인도적 문제해결 및 인권과 기본적 자유의 존중을 증진하기 위한 국제적 협력을 도모하고 국가 활동을 조화시키는 중심 역할을 한다.

UN의 주요기능: 국제평화와 안전의 유지, 경제적·사회적 개발 증진, 인권보호, 인도주의 실현

② 국제개발금융기관(IFI): 개도국 금융지원 및 경제발전을 증진하기 위한 그 역할이 확대됨에 따라 자연스럽게 국제개발협력 및 ODA에서 중요한 위상을 차지하게 되었다. 대표적인 국제 금융기관으로는 국제통화기금(IMF), 세계은행(World Bank), 유럽부흥은행(EBRD), 아시아개발은행(ADB), 아프리카개발은행(AFDB), 미주개발은행(IDB) 등이 있다. 이외에도 국제개발금융기관으로는 안데스개발공사(Andean Development Corporation), 카리브개발은행(Caribbean Development Bank), 중미경제통합은행(Central American Bank for Economic

Integration)등이 있다.

⑤ 여타 국제기구: 동남아시아국가연합(ASEAN), 아프리카연합(AU) 등과 같이 지역협력을 위해 설립된 기구와 지구환경기금(GEF), 세계백신면역연합(GAVI Aliance)처럼 환경이나 보건분야에 대한 개발 문제를 다루기 위한 기구 등이 있다.

(3) 민간분야

① NGO: NGO란, 지역, 국가 국제적 수준에서 조직된 비영리의 자발적 시민그룹을 지칭하며, 일반적으로 비정부 시민사회단체를 의미한다. 이중 개발과 빈곤문제에 관여하는 NGO를 '개발 NGO'라 하며 개발도상국의 개발과 빈곤 문제에 관여하는 비정부 비영리기관을 의미한다.

② 민간기업: 민간기업은 성장하고 발전할수록 사회의 주요 일원으로서 사회성, 공공성, 공익성 등에 있어서 책임 있는 행동을 취할 것을 요구받는데 이를 기업의 사회적 책임(CSR)이라고 한다. 최근에는 기업의 경영활동이 국제화되면서 기업이 진출하였거나 진출을 모색하는 개도국의 교육, 빈곤, 보건, 환경에 대한 기여활동이 증가하고 있는 추세이다. 민간기업이 개도국에서 시행하는 CSR 활동은 기업이 독자적으로 추진하는 경우도 있고, 공공부문과 협력을 통한 민관협력 파트너십(Public-Private Parnership, PPP)를 통해 추진되기도 한다.

특별한 목적을 위해 설립되는 민간재단 역시 국제개발협력에 참여하는데, 이러한 활동에 대표적인 민간재단으로는 록펠러 재단

(Rockefeller Foundation), 빌&멜린다 게이츠 재단(Bill & Melinda Gates Foundation), 포드재단(Ford Foundation), 쉘 재단(shell Foundation)등이 있다.

(4) 한국의 국제개발협력 유관기관

① 국내기관(연구기관)

한국철도기술연구원, 산업연구원, 대외경제정책연구원, 한국경제연구원(KERI), 한국개발연구원(KDI), 한국과학기술연구원(KIST), 빈곤문제국제개발 연구원(연세대 소속)

② 국내기관(정부/공공기관)

국제개발협력위원회, 기획재정부, Knowledge Sharing Program, 한국국제협력단(KOICA), 외교부

③ 국내기관(연계사업협력기관)

한국환경공단, 조폐공사, 산업기술시험원, 교육학술정보원, 관세청, 플랜트산업협회, 조달청, 전자통신연구원, 해외건설협회, 수자원공사, 수도권매립지관리공사, 정보통신산업진흥원, 보건산업진흥원, 도로공사, 농어촌공사, 국제보건의료재단, KOTRA, 교통연구원

④ 국외기관(국제개발기구)

아프리카수출입은행(Afreximbank), 미주개발은행 투자운용기구(IDB Invest), 중남미개발은행(CAF), 유럽부흥개발은행, 아프리카개발은행(AfDB), 아시아개발은행(Asian Development Bank), 미주개발은행(inter-American Development Bank), 세계은행(The World Bank Group), 경제협

력개발기구(OECD)

⑤ 국외기관(해외원조기관)

일본국제협력기구(JICA), 영국국제개발국(DFID), 프랑스개발기구(AFD), 미국국제개발청(USAID), 독일부흥금융금고(KfW), 호주국제개발정(DFAT), 캐나다국제개발단(CIDA), 호주국제개발청(DFAT)

⑥ NGO 단체

월드비전, 그린피스, 굿네이버스 등

국제기구 진출을 원할 때, 직무체계가 상당히 다양하므로 먼저 살펴볼 필요가 있다. 전문직/고위직, 현장직원, 일반직 직원 등 다양하다. 자신이 어느 분야에서 일을 하고 싶은 지 정한 후, 공석 공고를 꾸준히 관심을 가지고 확인해볼 필요가 있다. 또한 이외에도 국제기구 초급전문가나 유엔 사무국 YPP, 유엔 사무국 이외 인턴십 등 다양한 경로로 진출이 가능할 것이다.

국제 비정부기구 경우도 마찬가지로, 어떠한 자격 및 경력을 요구하는지 수시로 체크하는 것이 좋다.

연구기관에 종사하고자 하는 정치학도들은 전문성을 기르기 위해 정치학 혹은 국제개발학 석박사 과정을 밟는 것이 필요할 것이다. 구체적이고 세부적인 목표를 가지고 어떤 분야의 연구를 진행할 것인지 파악하는 것이 필요할 것이다. 그 후 각종 연구원 혹은 대학기관 내 연구원에서 근무를 통해 경력을 쌓는 것을 추천한다.

이처럼 수 많은 기관이 국제협력분야에 활동하고 있다. 따라서 구체적으로 자신이 원하는 기관들을 택하여 주기적으로 공고를 살피는 것이 필요할 것이다. 무엇보다 자질을 갖추기 위해 관련 자격증 취득 및 학업에 집중하는 것이 선행되어야 할 것이다.

4. 제4차 산업혁명 시대의 국제개발협력 분야

정치학도로서 국제개발협력 분야에 종사하기 위해 앞으로 어떻게 준비할 것인가? 제4차 산업혁명 시대를 대비하기 위하여 정치학도는 어떤 경쟁력을 갖추고 전문성을 발휘할 수 있을까?

먼저 국가 및 기관의 국제개발협력 동향을 살펴보는것이 필요하다. 현재 주요 국가/기관의 국제개발협력 전략을 살펴보면 제4차 산업혁명을 대비하는 별도의 전략은 수립하지 않은 것으로 나타난다. 대신 제4차 산업혁명과 관련된 기술의 지원 및 프로그램 운영은 일찍이 2000년대부터 이루어지고 있는 것으로 나타났다. 특히, 제4차 산업혁명으로의 연결고리로 볼 수도 있는 ICT 관련 사업은 다양하게 지원하고 있는 것으로 조사된다. 이는 제4차 산업혁명을 실현시키는데 필요한 선행기술로 개도국의 빈부격차 해소와 국제사회에서 자립할 수 있는 경쟁력 증진에 보다 현실적인 지원이 이루어지고 있다고 판단 가능하다.

1) 개발도상국과 제4차 산업혁명

국제개발분야에서는 개도국의 수요가 중요하며, 이 수요를 바탕으로 사업을 진행한다. 그렇다면 미래 4차 산업혁명 시대에서는 개도국의 수요 변화를 예측하는 것이 정치학도가 국제개발분야를 미래 진로로 택하거나 준비할 때 도움이 될 것이다.

제4차 산업혁명의 시대가 도래하면서 AI 등의 신기술 등장으로 기술 후발주자인 개도국은 경쟁력 상실이 우려되며 상대적으로 수혜를 받는 선진국과의 격차가 더욱 벌어질 수 있을 것으로 전망된다. 새로운 일자리가 생기고 이에 따른 노동력의 이동이 발생할 수 있지만, 사라지는 직업을 완전히 대체하는 새로운 일자리가 아닌 일부 소규모의 고숙련 노동에 한할 것으로 예상된다. 개도국은 저숙련 노동력 등이 자동화 기술에 대체되면서 기술력 및 기술 적응력의 한계가 있다. 또한 세계은행에 따르면 개도국의 일자리는 2/3가 자동화되어 감소될 것으로 전망하고 있다. 결국 저숙련 노동자가 상대적으로 많이 분포하고 있는 개도국에는 대량실업을 야기할 가능성이 높으며, 이는 빈부격차를 오히려 부추길 수 있는 요인이 될 수 있다. 이러한 이유로 공여국의 ODA 지원 및 발전 전략 방향성에 대한 논의가 재고되고 있는 실정이다.

다른 한편에서는 제4차 산업혁명이 개도국에게 긍정적인 영향을 가져다 줄 것이라고 보기도 한다. 비즈니스 모델의 변화에 따라 시장 진출의 진입장벽이 낮아져 개도국에도 기업가 창출 및 혁신의 새로운 기회가 주어질 수 있기 때문이다. 기존의 국제시장에서 경쟁은 막대한 자본과 노동력을 바탕으로 높은 진입장벽이 있어 개도국의 참여는 결코 쉽지 않았으나 제4차 산업혁명을 통해 창의적이고 혁신적인 아이디어만으로도 오픈 플랫폼을 활용한 참여가 가능해진다면, 시장 진출이 불가능한 일은 아닐 것이다.

그러나 상대적으로 기술력이 낮은 개도국에서 오픈 플랫폼을 활용한 창의적인 아이디어 기반의 사업으로 성공을 이루는 것은 현실과는 다소 거리가 있다. 윤유리(2017)는 기술력이 곧 세계 시장에서의 경쟁력이 되는 시기가 도래하는 만큼 개도국 역시 이러한 변화에 대한 인지가 필요하고 대응전략을 마련해야 하며 또한 이를 수용할 수 있는 ODA 전략이 수반될 것을 주장한다. 이처럼 개도국의 변화에 맞춰 ODA 전략이 수정이 될 것으로 예측할 수 있는데, 미래 국제개발분야 꿈나무들은 향후 4차 산업혁명 시대에 맞춰 ODA 전략이 어떻게 변화하는지 관심을 가지고 살펴 볼 필요가 있다. 그 속에서 해답을 찾을 수 있을지도 모르기 때문이다.

개도국 기술 수준에 적합한 적정기술의 맥락에서 접근을 할 것인지, 미래 사회를 지향하는 인프라 구축 측면에서 접근할 것인지에 대한 논의도 중요할 것이다(윤유리 2017). SDGs 이행과 관련하여 산업화, 교육, 물과 위생, 보건 등의 개별 섹터별 접근에 있어 새로운 기술을 통해 보다 효과적인 운영 및 지원이 가능해진다면 긍정적인 영향력이 있을 것으로 내다볼 수 있다. 따라서 각 섹터별 전문가가 되고자 하는 정치학도라면 각 섹터에서 어떠한 새로운 기술을 도입하고 활용하는지 또한 관심을 가지고 준비하는 자세가 필요하다.

2) 우리나라 국제개발협력 분야 중장기 미래

"우리나라, 경제협력개발기구(OECD) 개발원조위원회 부의장국으로 최초 선출"

[출처: 외교부 보도자료]

주오이시디대표부에 근무 중인 고재명 참사관이 2019.06.18. 경제협력개발기구(OECD) 개발원조위원회(DAC: Development Assistance Committee)[1] 부의장으로 선출되었다. 개발원조위 부의장은 임기가 2년이며, 의장단에 소속되어 전반적인 위원회 업무를 기획하고, 의장을 보좌해 위원회 활동을 주도하는 역할을 수행하게 된다. 이번 부의장 수임은 원조를 받는 나라에서 원조를 주는 나라로 전환한 우리나라의 발전 사례에 대한 국제사회의 평가, 그리고 향후 우리 나라의 역할에 대한 국제사회의 기대를 보여주는 것으로 판단된다. 따라서 향후 적어도 2년간은 성공적인 유엔지속가능발전목표 이행을 위해서는 개별국가뿐만 아니라, 국제기구, 시민사회, 민간부문 등과 폭넓게 교류하고, 협력하는 것이 긴요한 만큼 소통의 조력자로서 부의장직을 적극적으로 수행할 계획이다.

또한 우리나라는 국제사회의 상호 의존성 증대에 따라 국제개발협력의 중요성 및 필요성이 크게 부각되고 있어 국제협력 분야에 종사하는 전문인력 수요가 증가하고 있다. 세계화 시대에 국제협력에 대한

1 주요 역할은 개발원조 관련 규범 수립과 평가, 통계 생산, 유엔 지속가능발전목표(SDGs) 이행 지원 등

국민의 참여를 확대하고 다양한 파트너십을 구축하기 위해서는 기술협력 전문가, 개발컨설턴트, 대학교수, 연구자 등 각 개발협력에 관한 분야별 전문인력 양성을 필요로 하고 있다.

3) 정치학 교육 현황 및 방향

세계적으로 학부나 대학원에서 '정치학', '국제관계', '개발학' 등 관련 학과에서 개발협력과 관련된 과목들이 많이 신설되고 있다. 뿐만 아니라 '개발학'을 석사 및 박사 학위를 취득하는 사람들도 늘어나고 있는 추세이다. 특히, 국제개발협력학은 단일 계열보다는 복합적인 학문을 아우른다는 점에서 대학원 과정에 개설되는 경우가 많다. 〈표 5〉를 보면 우리학교 정치학과에서도 국제개발협력과 관련한 이론적 및 전반적 문제를 다룬 과목들이 개설되고 있다.

이처럼 정치학, 국제관계를 전공하면 각 섹터 분야에서 어떻게 분배(distribution)을 해야 할지 혹은 국제정세를 잘 파악하는데 도움이 된다. 뿐만 아니라 survey를 분석할 수 있는 역량 또한 잘 갖춰져 있다고 할 수 있다. 그러나 국제정치는 주요 선진국들을 대상으로 연구가 진행되어왔다. 따라서 중남미, 아프리카, 개도국 등 개발이 필요한 지역에 대한 관심 제고가 필요하다. 지역연구 위주의 과목들도 많이 신설되는 방향으로 모색되어야 할 것이다.

| 표 5 | 연세대학교 정치외교학 국제개발협력 관련 커리큘럼

연세대 정치외교학과	34. 국제법과 국제기구 영어원강(Eng Lec on Int'1 Law&Institutions) 국제사회의 평화유지 및 국제협력을 위해 국제정치가 제도화되는 과정을 국제법을 중심으로 강의함. 현대국제사회에 통용되고 있는 조약법·국제사회에서의 개인, UN을 중심으로 한 국제기구와 분쟁의 평화적 해결책 및 전시에서의 국가의 권리, 의무 등을 강의함. 35. 국제협력과 발전 영어원강(Eng Lec on Int'1 Coop S Development) 정치경제적 발전의 국제적 측면을 이론적으로 검토함. 국제협력에 관한 일반이론을 필두로 하여 지역화 및 세계화 통상과 발전 그리고 통상과 관련된 국제기구에 관한 전반적인 문제를 다룸.
연세대 일반대학원 정치학과	36. 대외원조의 정치 양자, 다자간 국제 원조에 관한 고전부터 최근까지의 연구 동향을 파악하여 전문성을 키울 수 있을 것임.

5. 국제개발협력의 현실과 이상 그리고 준비 자세

다음 〈표 6〉은 개발협력분야에서 글로벌 인재가 갖춰야 할 8대 역량을 말한다. 우선, 이 분야는 국가를 상대로 하는 것이기 때문에 세계시민으로서 혹은 글로벌 리더로서 가져야 할 기초역량이 필요하다. 국제적 추세를 이해하고 협력할 수 있으며, 필요한 자원을 활용하여 계획 프로젝트를 개발해내는 능력이 가장 기본적으로 갖춰야 할 역량이다. 이는 정치학도가 가장 잘할 수 있는 부문일 것이다. 하지만, 이러한 기초역량으로는 추후 미래 진로를 점검 할 때 부족하다고 느낄 수 있을 것이다. 그렇다면, 직무 핵심역량을 갖춰 해당 분야의 전문가로서 활동이 가능하도록 융합된 자질을 키우는 것이 중요하다. 예를 들어, 조사·분석역량을 정치학과 융합하여 키워가거나 혹은 현지어 및 영어 능력을 키워 전문성을 획득해 나간다면 좀 더 강점을 지닌 인재로 거듭날 수 있을 것이다.

그렇지만, 국제개발협력분야에서 꿈을 꾸는 정치학도라면 필요한 역량을 갖추는 준비자세도 중요하지만, 현실 및 처우 또한 생각해보지 않을 수 없다. 이 분야에 종사하는 인력의 대부분이 개도국 현장을 경험하게 된다. 그러나 처우 및 대우가 좋은 편이라고 해도 개도국 거주의 실상을 알게 되면 꺼려질 수 있는 것이 사실이다. 수인성 질병이나 기타 월경 질병에 노출되기 쉬운 환경에서 근무를 하기 때문이다. 그렇다고 해서 적절한 보상이 주어지는 것도 아닌 듯하다. 또 다른 애로점으로는 비정규직 근무가 많다는 점이다. 따라서 건강 상의 이유나 근무에 있어서 연속성이 떨어질 수 있다는 불안정성의 이유로 많은 인내심이 필요하다.

따라서 이 분야로 진로를 잡을 정치학도라면 다음과 같은 사항들을 유념해야 할 필요가 있다. 먼저, 열정과 봉사정신이다. 앞서 말했듯이, 위험 및 질병이 도사리고 있는 환경에서 보상이 주어진다고 하더라도 힘든 직업인 것은 현실이다. 따라서 스스로가 만족감을 얻으며 봉사 정신으로 업무에 임하도록 하는 것이 가장 필요하겠다. 자신이 이 분야에 적합한지 아닌지 정확한 판단이 어렵다면 이 진로를 택하기 전 개도국에 직접 방문하거나 해외봉사단을 지원해보는 것도 좋은 방법이 될 수 있다. 다음으로는 섹터 전문성(Specialist)이다. Generalist로 활동을 해도 되지만, 식량, 보건, 환경, ICT, 회계, 인권, 정무, 선거관리 등 각 섹터 별 전문성을 요구하는 곳이 늘어나고 있는 추세이다. 정치학도들은 선거관리, 인권, 정무, 그 밖에 회계 등 섹터에서 강점을 드러낼 수 있다는 장점이 있다. 따라서 자신이 어떤 세부 분야에서 전문성을 갖추기 위해서는 미리 준비가 필요하며, 영어 이외의 외국어(프랑스어, 스페인어, 기타 지역 언어) 또한 필수 역량으로 갖추길 바란다.

| 표 6 | 개발협력분야 글로벌 인재가 갖춰야 할 8대 역량

글로벌 인재 역량	개발협력분야 글로벌 인재가 갖춰야 할 8대 역량		
	직무 핵심역량		기초 역량
	해외경험을 통해 배양할 수 있는 해외기반 공통직무역량	개발협력전문성 확보를 위한 개발협력시장 특화 전문역량	세계시민으로서 갖추어야 할 기초 역량
	문제해결역량 (파견국에서 생활하고 업무를 수행하면서 문제를 발굴, 분석, 재구조화 등 통합적 사고를 통해 합리적인 해결책을 도출해 내는 역량)	개발협력전문역량 (개발협력분야에서 업무를 수행하기 위해 이론, 정책, 섹터, 지역 등에 대해 이해하고 업무에 활용하는 능력)	세계시민역량 (국제적 추세를 이해하고, 서로 다른 문화적·인종적 배경을 가지고 있거나 몇 개의 문화가 공존하는 현장에서 서로 협력하며 글로벌 리더로서 원만하게 생활할 수 있는 능력
	조사·분석 역량 (업무를 수행함에 있어 정보를 수집하고 이를 분석하여 의미 있는 정보를 찾아내는 능력)	프로젝트관리역량 (프로젝트를 수행함에 있어 자원을 효율적으로 관리하고, 적절하게 운영 및 평가를 통해 개선방향을 도출해내는 능력)	커리어개발역량 (자신의 경력개발을 위해 사회, 경제적 규범 등 주변 환경을 고려하고, 필요한 자원을 활용하여 자신의 인생 계획 프로젝트를 개발해내는 능력)
	외국어(영어/현지어)역량 (파견 지역의 언어 또는 영어로 자신의 의사를 말과 글 등으로 표현하는 능력	업무수행전문역량 (업무를 수행함에 있어서 업무의 타당성 검토 및 기획하고, 문서를 작성·보고하는 능력)	

출처: KOICA 홈페이지

서미영

정치외교학과 졸업, KOICA 베트남 사무소 부소장

Q. KOICA에서 국제개발과 관련해서 어떤일을 하시는가요?

KOICA(Korea International Cooperation Agency)로 많은 분들에게 더 친숙한 기관명이지만, 정식 명칭은 한국국제협력단입니다. KOICA는 외교부 산하 공공기관으로, 전 세계 개발도상국(협력대상국)들의 빈곤감소 및 경제사회발전을 지원하는 일을 하고 하는데요. 전문용어로는 공적개발원조(Official Development Assistance)를 제공한다고 말할 수 있습니다. 우리 협력 대상국들이 발전정도 및 필요한 분야를 고려하여, 인적자원 양성(교육), 의료환경 개선 및 감염병 대응, 공공서비스 개선, 기후환경 오염 저감 및 적응을 위한 사업 등 다양한 분야에서 사업들을 해 나가고 있습니다.

저는 KOICA에 2005년 입사하여, 현재까지 그간 봉사사업 사업계획 수립을 포함하여 조직 경영전략 기획, 프로젝트 기획 등의 업무를 주로 담당해 왔고, 2020년부터 2023년 현재 KOICA 베트남사무소에서 근무하고 있습니다. 베트남은 한국과 가깝고 관광지로도 유명하여 친숙한 나라입니다. 중국에 이은 제조업의 생산기지로 우리 기업들의 투자 진출이 활발하고 빠른 산업화를 통해 경제성장을 해 가고 있는 국가입니다. 하지만 이러한 경제성장 이면에는 여전히 도시내 환경오염 이슈가 많고, 도시와 농촌(특히 소수민족 거주지) 개발격차, 공공행정분야 내 투명성과 효율성이 낮은 문제 등 개발 이슈가 여전히 남아있습니다.

저는 KOICA 베트남 사무소에서 이런 문제들이 해결되도록 베트남 정부와 협의를 통해 우리 사무소의 대 베트남 지원전략을 수립하고, 신규 사업(프로젝트)의 기획을 총괄하며, 특히, 교육과 환경분야의 사업들을 기획하여 추진하고 일을 담당하고 있습니다. 가장 대표적으로는 한국의 KIST(한국과학기술연구원)과 같은 모델 연구소를 베트남에서 설립해 달라는 베트남 정부의 요청에 따라 VKIST(한베과학기술연구원) 설립지원 사업(2014년~2023년, 3,500만 불 규모)을 담당하여 진행하고 있습니다.

Q. 국제개발협력 업무를 하는데 정치학 교육이 어떻게 기여한다고 생각하시나요?

국제개발협력 업무는 다차원적인 접근이 필요합니다. 국제개발협력은 누구도 소외되지 않고 사람 중심의 세상을 만들어가는 것이 가장 근본적인 비전이기에, 인권, 평등, 국가정의, 사회 정의 등 철학적 고민이 필요하다고 할 수 있겠습니다. 정치학에서는 국가, 사회, 세계가 어떻게 변화하고, 어떤 관계들을 맺고, 어떤한 방향으로 발전해 가야 하는지 등 정치경제학적 고민과 연구들을 진행하기에 이러한 감수성과 철학을 성숙시키기에 좋은 학문이라고 생각합니다. 저는 개인적으로 4학년 때 수강하였던 국가정의론 수업을 들으면서 국제협력/국제관계를 넘어 내가 보다 나은 세상을 위해 할 수 있는 역할을 고민해 보게 되었고, 지금의 KOICA 입사로까지 자연스럽게 이어지게 되었습니다.

또 하나, 국제개발협력 업무는 국제협력과 유사하지만 조금은 다른 점이 있습니다. 개발협력은 협력 대상국(개발도상국) 정부가 국가 발전, 국민들의 복지를 위해 해야 할 역할들을 함께 고민하고 그것을 지원하는 일이라고 하겠습니다. 따라서 국가 정치, 경제, 사회 시스템이 어떻게 작동하는지, 어떻게 변화해 가야 하는지, 그 과정에서 어떠한 제도와 정책, 리더십, 프로젝트들이 필요한지를 함께 협의하고 기획하고,

판단하는 것이 필요하다고 생각합니다. 그리고 국제업무이기도 하기에 국제관계, 공공외교에 대한 이해 및 국가별 다양한 정치체계/사회/문화에 대한 이해도도 중요한데, 정치외교학에서 다루는 다양한 스펙트럼의 학과들이 모두 해당된다고 할 수 있을 것 같습니다. 그리고 무엇보다 다른 인문학과 전공들이 그러하겠습니다만, 특정 기술을 가르쳐 주는 실용학문은 아니겠습니다만, 정치학은 다양한 관계론, 인간, 사회, 제도들에 대한 탐구를 깊이있게 학문이기 때문에 어떤 영역/분야에서도 사고를 확장하여 응용하는데 유용하지 않을까 하는 생각도 해 봅니다.

Q. 국제개발협력 관련 진로를 추구한다면 정치학 전공자로서 어떤 준비가 필요할까요?

어떤 일을 함에 중요한 것은 철학이라고 생각합니다. 내가 일반 기업 회사원이 되어 일을 해도 회사가 추구하는 비전이 있을 것이고, 그 비전과 내가 인생을 살면서 추구하는 철학과 맞을지도 고민하는 것이 필요하다고 생각합니다. 국제개발협력은 더더욱 국가간 정의 관점에서 출발하는 부분이기 때문에 그렇다고 생각합니다. 정치학을 전공하면서 어떤 세계관을 갖고 진로를 탐색할지를 고민해 보는게 필요하겠습니다. 내 가슴을 뛰게 할 수 있을지 계속 고민해 보시면 좋겠습니다.

그렇다고 국제개발협력을 마음만 준비되어 있다고 잘 할 수 있는 건 아닐 것입니다. 국제개발협력 분야의 업무성격을 이해한 후 Techinical한 부분도 준비할 수 있으면 좋겠습니다. 국제개발협력 종사자들 사이에서 흔히 당신은 generalist이냐(가 될 것이냐), speicalist이냐(가 될 것이냐)는 질문들이 오고 갈 때가 있습니다. 이 얘기는 국제개발협력은 다양한 영역의 집합체라고 볼 수 있는데, generalist라고 하면, 전체를 조망하며 통찰력과 기획력의 역량을 갖고 있는 사람들로서, 개발(발전)

전략을 수립, 기획하고, 다양한 분야에서의 프로젝트별 진도, 성과, 예산 관리들을 담당할 수 있을 것이고, Specialist라고 하면 교육, 공공행정, 보건, 환경, 에너지, 농촌개발 등 다양한 분야에 석·박사 인력들 중심으로 특정 프로젝트 관리 또는 컨설팅이 가능할 수 있습니다.

정치학 전공자, 특히 학부 전공자라고 하면 generalist로서 국제개발협력에서 기획가로서 일을 해 볼 수 있는 여지가 충분하다고 생각하고, 정치학 학부에 이어 특정 분야 전문가로의 진로를 구축한다면, 석·박사를 취득하는 것을 권장하고 싶고, KOICA, NGOs를 넘어 UNDP, UNICEF 등 국제기구에서 컨설턴트로도 참여하실 수 있을 것으로 생각됩니다.

마지막으로 국제개발은 개발도상국 현장에서 이루어지고, 프로젝트 관리(기획-실행-평가-성과관리 등)의 일이기도 하기에, 개발협력 주관 기관을 포함한 다양한 조직체에서의 현장경험, 사업관리 지원 업무 등을 해 보는 것도 도움이 되실 것 같습니다.

참고문헌

권율 외. ODA에 대한 국민인식 조사 결과 및 국제 비교. 대외경제정책연구원 ODA 정책연구, 11(2), pp.1-149.

김성인. 국제개발협력 인력 양성 및 활용의 개선 방안에 관한 연구. 입법과 정책. 10(3), pp.155-178.

김영우, 2006, 지방자치단체의 공적개발원조 활성화 방안연구, 제2회 국제개발협력 논문공모 수상 논문집, 한국국제협력단, pp.19-45.

김지관. 국제개발협력 관련 전문성 향상을 위한 인력 양성 방안. 월드앤시티즈.

김진하, 2016. 제4차 산업혁명 시대, 미래사회 변화에 대한 전략적 대응방안 모색, 서울: KISTEP.

김철희 외, 2010, 국제개발협력 전문인력 양성 및 활용방안, 한국직업능력개발원

손욱 외. 2015. 주요 국제개발협력기관 지식공유사업 현황 연구. KDI, pp.1-165.

이창호 외, 2011, WFK 국내훈련 교육과정 개편 연구, 한국국국제협력단.

이해균 외, 2006, 국민참여형 봉사사업의 추진방안, 해외봉사단 파견사업에 대한 평가포럼 결과보고, 한국국제협력단.

정지선. 2014. 국제사회의 ODA 평가 활용 현황과 과제. 대외경제정책연구원. 48(8)

최민경, 2008, 국제개발협력 전문인력 육성 및 활용방안에 관한 연구, 한국국제협력단.

최민경 외, 2009, 선진공여국의 개발전문가 육성현황, KOICA직원들이 들려주는 국제협력이야기, 한국국제협력단.

황혜신. 2015. 국제개발협력 관련 전문가 양성 및 활용 제고방안. KIPA 연구보고서, 2015(31), pp.1-389.

대외경제정책연구원 홈페이지(http://www.kiep.go.kr/index.do)

대외경제협력기금 홈페이지(http://www.ovice.or.kr)

한국국제협력단(KOICA) 홈페이지(www.koica.go.kr)

한국수출입은행 홈페이지(https://www.koreaexim.go.kr)

UBS, 2016. Extreme automation and connectivity: The global, regional, and investment implications of the Fourth Industrial Revolution – UBS White Paper for the World Economic Forum Annual Meeting 2016, Davos: UBS

Valerio De Stefano, 2016. "The rise of the 《just-in-time workforce》 On-demand work, crowdwork and labour protection in the 《gig-economy》", Conditions of Work and Employment Series No. 71, Geneva: ILO

Wolfgang Wahlster, 2016. Industrie 4.0: Cyber-Physical Production System for Mass Customization, Berlin: DFKI

World Bank Group, 2016. Digital Dividends, Washington: World Bank.

World Economic Forum(WEF), 2016. The Future of Jobs, Geneva: World Economic Forum.

7장

북한 정치 미래 진로

● 구아미, 정기원 ●

1. 서론

평양에서 열린 공연과 몇 차례에 걸친 남북정상회담까지 최근 종전 선언, 북학 비핵화와 같은 희망적인 단어들을 들으면서 우리는 정말 몇 년 안에 통일이 이루어질 것인가를 기대하면서도 한편으로는 북한의 어제와 오늘의 예측 불가능한 행보들을 보며 통일은 다시 먼 이야기가 아닌가 하고 느끼게 된다. 이러한 시점에서 북한 관련 진로연구의 필요성은 분단국가라는 한국의 특수한 상황 아래 현재 우리 사회가 직면하고 있는 현안이자 '통일'이라는 보다 큰 과제 하에서 앞으로 중장기적인 비전을 가지고 접근해야 할 과제이며, 정치외교학을 전공한 우리의 미래 직업전망과 연관하여 접근해볼 필요가 있다. 특히, 남북한 교류의 급속한 증가, 남북 교류 정책의 패러다임 변화와 같은 환경적 변화, 북한에 대한 인식에 대한 사회적 변화 요구가 점차 증가하고 있음에 북한 관련 진로연구의 필요성은 필수불가결하며, 더 나아가 변화하는 현 시대상황에 맞는 정치학의 진로고민이 요구된다. 하지만 북한 관련 분야의 직업군에는 어떠한 것들이 있는지, 또 이러한 직업군들의 전망은 어떤지에 관한 자료는 사실상 많지 않은 실정이다. 이에 본고에서는 1차적으로 북한 관련 직업군을 정리해보고, 나아가 북한 관련 미래 직업 전망은 어떠할 것인가에 대해 다루어 본 뒤, 마지막으로 북한과 정치 파트 수업의 멘토와의 강의 후 가진 질문 세션을 통해 정치학도들의 진로탐색에 대해 조언하고자 한다.

2. 북한 관련 직업

1) 분야별 북한 관련 직업

(1) 교육분야

① 북한이탈주민 정착지원과 통일교육

통일부는 매년 통일백서를 발간하는데 2019년 통일백서의 제5장과 제6장은 각각 북한이탈주민 정착지원과 통일교육을 다루고 있다. 북한이탈주민은 북한이탈주민정착지원사무소인 하나원에서 기본적인 '사회적응 교육'을 제공받는다. 또한 직무 관련 기술 및 사회생활 팁 등을 알려주는 '진로교육' 및 시장경제와 자유민주주의체제에 대한 이해를 돕는 '우리사회 이해교육'도 제공된다. 또한 24세 미만 아동 및 청소년은 하나원 내 하나둘학교에서 수준별 맞춤형 교육을 받고 있으며, 초기 '건강관리 교육'과 함께 심리상담, 정서안정 교육 프로그램 등을 하나원에서 제공하고 있다. 한편, 대한민국 정부는 국민들의 평화통일 의지를 높이고 정책추진 기반을 넓히기 위해 통일교육을 실시해왔다. 이는 통일교육을 전달하는 전문인력양성을 위한 교육과정뿐만 아니라, 학교현장에서 실시되는 통일교육을 지원하기 위한 다양한 영상 및 도서 자료 개발, 청소년을 대상으로 하는 참여, 체험형 프로그램 운영 등을 포함한다.

이처럼 여러 통일문제 중 사회통합을 목적으로 교육을 통해 사회에 기여할 수 있는데, 『통일문제 이해』, 『북한이해』 등 통일교육 자료개발, 행사운영, 통일교육전문강사 등 통일교육 관련 직업과 북한이탈주민 정착지원을 위한 북한이탈청소년 지도교사, 정착지원 전문 관리사, 북한이탈주민 보호담당관 등의 직무가 있다.

② 남북공동 역사연구

남북간의 학술 교류는 6.15 남북 공동선언을 계기로 본격화되었다. 남북 공동연구가 가능한 분야로는 고구려와 발해 역사서 발행, 시대구분 및 학술용어 등에 대한 논의, 남북 상호간의 이해와 화해를 위한 역사교육방안 및 공동역사교재 편찬, 고구려사 및 발해사 자료 데이터베이스 구축과 문화유산의 실태조사 및 유적 발굴 등이 있다. 나아가 통일이 된다면, 고조선, 고구려 등 고대사 연구, 일제시대 독립운동사와 만주와 연해주에 대한 동북아시아지역 연구가 활성화 될 수 있다.

③ 겨레말큰사전 남북공동 편찬사업회

수십 년 분단으로 인한 민족적, 문화적 이질성을 극복하기 위한 기초 작업 중 하나로 '겨레말큰사전 남북공동 편찬사업'이 진행되고 있다. 태생적인 지역 방언 차이 뿐만 아니라, 서로 다른 언어정책으로 인한 남북한 언어의 이질화를 극복하기 위해서는 국가 차원, 교육기관 차원, 개인 차원에서의 노력이 필요하다. 이에 따라 남북한 언어학자, 언어체계교육자, 학회, 강연 또는 체험학습 등의 행사 기획자 수요가 증가할 것으로 전망된다.

(2) 문화분야

① 미디어콘텐츠

미디어는 소비자들의 공감대를 강화하고 확산시키는 영향력을 갖고 있어 ICT를 활용하여 평화통일 인식을 제고하려는 노력들이 점차 늘어나고 있다. 채널A의 〈이제 만나러 갑니다〉와 TV조선의 〈모란봉 클럽〉은 탈북인들이 출연하는 예능 프로그램으로 북한사회의 일면을 들여다 볼 수 있는 통로이고, 최근 인터넷 동영상 공유 사이트인 유튜브(YOUTUBE)에서는 탈북과정, 북한사회의 실상, 남북한 차이 등을 소개하는 탈북자 개인 방송인들이 활약하고 있다. 한편, 지난 2018년 3월 31일에는 가수와 태권도 시범단으로 구성된 120명의 평양공연예술단이 '남북평화협력 기원 남측 예술단 평화공연: 봄이 온다'를 위해 방북하였다. 통일이 된다면 이와 같이 문화예술공연 분야에서의 교류가 활성화되고, 남한사회의 모습을 북한 시청자들에게 소개하는 다양한 미디어콘텐츠, 개인 방송, 교류 플랫폼 등이 증가할 것으로 예상된다.

② 남북스포츠교류협력

매력, 설득, 공감 등을 원천으로 하는 스포츠의 '소프트 파워' 요인은 민감한 정치적 이슈나 복잡한 이해관계로부터 비교적 자유로울 수 있게 하며, 순수함과 진정성을 담보로 하는 교육과 선린, 협력을 실천할 수 있게 하여 이타적 집단 간의 화해를 조성하는 힘을 갖고 있다. 스포츠는 구성원들에게 공동의 가치와 목표를 설정하는데 기여하고, 타 집단과의 경쟁 속에서 같은 팀을 응원하고 소속 집단과 일체감을 갖게 함으로써 사회통합의 기능을 한다. 남북스포츠교류협력은 1990년부터 이루어져 세계선수권대회에 남북이 단일팀으로 참가하거나 올림픽과 아시안게임 등의 개막식에서 남북선수단이 함께 동반 입장하는 등 남북화해의 물꼬를 트는 마중물의 역할을 수행해왔다. 스포츠 분야는 다른 어떤 분야보다 상징적인 효과가 크고, 참여범위가 매우 넓으며, 남북이 공동으로 참여할 수 있는 다양한 국제대회가 교류협력의 가능성을 더 높여준다. 따라서 북한 관련 미래진로로써 남북스포츠교류의 확산 및 다양화, 교류의정서 제정, 스포츠인프라 구축, 청소년 스포츠교류 프로그램 보급 등을 고려할 수 있다.

(3) 경제 및 사회분야

현재 사회기여 차원에서 남북한 경제협력이 주를 이루고 있다. 미래에는 별개의 두 사회가 하나로 통합되는 과정에서 일상에서 당연하다고 여기는 개념, 가치, 제도, 사회 기반에 변화가 발생할 것이다. 이는 세금, 복지 및 연금제도, 주민등록번호, 댐 건설 등 북한 수해대책, 기존 화력발전 위주 북한사회의 에너지 전환 문제, 노동집약적 산업전반에서 다품종기술기반 산업으로의 전환, 심지어 4차 산업기술로의 도약 등을 의미한다. 나아가 북한 지역의 산림 및 환경 복원, 인터넷 망 등의 인프라 구축 등 정부 차원의 그리고 동시에 기업의 투자가 필요한 분야에 인력이 필요할 것이다.

(4) 인권분야

인권분야의 북한관련 업무로는 대표적으로 대한적십자사가 관리하고 있는 이산가족상봉행사가 있다. 뿐만 아니라 중국 내 탈북자 구출을 시도하는 개인이나 종교단체가 있고, UN 북한인권조사위원회(COI)나 Amnesty International과 같이 국제기구 및 국내외 NGO를 통한 북한인권실태조사, 캠페인, 로비, 학술연구, 북한 내 취약계층 지원, 청원서 제출, 각국 의원 면담, 대사관 앞 항의시위, 북한 반인도범죄 증거 수집과 인권 탄압 책임자의 국제형사재판소(ICC) 기소 등도 인권 관련 진로로 볼 수 있다.

2) 직업군 별 북한 관련 직업

(1) 공무원

① 외교부, 통일부, 국방부

정용수 중앙일보 국제외교안보팀 차장은 북한문제가 국제화되면서 정부의 북한문제 대처 패턴이 변화했다고 말했다. 과거에는 통일부가 북한문제를 전적으로 다뤘던 반면, 2009년 이후로 6자회담의 전략을 통일부와 국정원이 담당하고 대표로는 외교부가 나가는 형세를 갖추었다. 또한 북한의 도발에 대한 대응은 국방부가 담당하고 정상회담 및 비핵화는 외교부가 담당하고 있다.

외교부는 산하에 한반도평화교섭본부와 북핵외교기획단, 평화외교기획단, 국립외교원을 두고 있다. 북핵외교기획단에는 북핵협상과와 북핵정책과가 있고, 평화외교기획단에는 평화체제과와 대북정책협력과, 민족공동체 해외협력팀이 있다. 국립외교원에는 지난 10년 연속 우리나라 외교안보 분야 제1위의 싱크탱크인 외교안보연구소가 있다. 외교안보연구소는 외교정책 연구개발 및 정책자문, 국내외 학술교류, 공공외교의 다양한 활동을 하고 있으며, 안보통일연구부, 아시아태평양연구부, 미주연구부, 유럽아프리카연구부, 경제통상연구부 5개의 연구부가 있고 중국연구센터, 외교사연구센터, 국제법센터, 일본연구센터, 아세안·인도연구센터 5개의 센터가 있다. 이 중에서 안보통일연구부는 통일문제, 북한정세, 남북관계, 북핵 문제, 국가안보, 군축·비확산, 동북아안보협력 등에 대해 연구한다.

통일부는 통일 및 남북대화·교류·협력·인도지원에 관한 정책의 수립, 북한정세 분석, 통일교육·홍보, 그 밖에 통일에 관한 사무를 관장하는 대한민국의 중앙행정기관이다. 통일부는 홈페이지를 통해 남북협력기금 현황, 북한이탈주민정책, 남북관계 주요일지, 월간 북한동향, 통일책자 등의 자료를 대중에 공개, 제공하고 있다.

국방부의 조직도를 살펴보면 국방정책실 산하에 대북정책관을 두고 있다. 여기에는 북한정책과, 북핵대응정책과, 미사일우주정책과, 군비통제과가 있는데 북한정책과의 경우 정부의 대북 및 통일정책 관련 군사분야 업무, 정전협정 및 북방한계선(NLL) 관련 업무, 한반도 평화체제 관련 군사분야 업무 및 남북 군사회담 관련 업무를 담당하고 있다. 북핵대응정책과의 경우 북핵 관련 국방정책 수립·조정·협조, 북핵 관련 억제 및 대응방안 수립·발전, 확장억제 정책 및 맞춤형억제전략 관련 업무, 핵무기 관련 군축·비확산 업무, 정부 비핵화 정책(6자회담) 지원 업무를 지원한다.

② 국가정보원

국정원은 정부조직법 제17조에 의거 대통령 직속기관으로서 국가안전보장에 관련되는 정보, 보안 및 범죄수사에 대한 사무 담당한다. 주요업무로는 대공수사, 방첩, 사이버 안보 등이 있으며 북한이탈주민을 약 90일 동안 안전이 확보된 「북한이탈주민보호센터」에 임시보호하면서, 탈북과정에서 고통받은 심신을 안정시키거나 가벼운 질병을 치료하는데 도움을 주고 있으며, 대한민국에 조기 정착할 수 있도록 기본적인 소양교육을 실시하고 있다.

국가정보원은 1977년 중앙정보부 시절 국제문제조사연구소를 설립하였고 이것이 오늘날의 국가안보전략연구원이다. 국가안보전략연구원은 주요임무로 주요국 대·내외 정책, 국제정세 및 대한관계 연구, 북한체제 및 북한의 대남전략 연구, 한반도 통일전략 연구, 동북아 안보 및 전략연구, 테러리즘, 사이버 안보 등 신안보 전략, 국·내외 연구기관과 교류 및 협력 사업 추진을 명시하고 있다. 또한, 국제정세, 안보환경, 남북문제, 주요국의 외교정책과 국가전략 등에 관한 논문을 싣는 '국가안보와 전략', 통일문제, 사이버 등 신안보를 포함하는 포괄적 안보와 국가이익에 관한 정책 지향적 논문을 싣는 '신안보연구', 국제정세, 안보환경, 남북문제, 주요국가의 외교정책과 국가전략 등 외교안보에 관한 영문 논문을 싣는 'The Journal of East Asian Affairs', 3개 학술지를 발간하고 있다.

③ 국회

대한민국 국회의 역할과 권한은 입법, 재정, 일반국정, 외교로 특징지어진다. 먼저 입법의 경우 국회는 헌법개정안 제안·의결권, 법률제정·개정권, 조약체결·비준동의권을 갖고 있다. 재정의 경우 국회는 예산안 심의, 결산심사의 권한을 갖고 있고 기금심사권, 재정입법권, 기타(계속비 의결권, 예비비지출 승인권, 국채동의권, 국가의 부담이 될 계약체결에 의한 동의권) 권한을 갖는다. 일반국정 영역에서 국회는 국정감사·조사권, 헌법기관구성권, 탄핵소추권 및 기타(긴급명령, 긴급재정경

제처분·명령승인권, 계엄해제 요구권, 일반사면에 대한 동의권, 선전포고 및 국군의 해외파견 외국군대주류에 대한 동의권, 국무총리 국무위원 해임건의권, 국무총리·국무위원 정부위원 출석요구권 및 질문권) 권한을 행사할 수 있다. 마지막으로 외교영역에서 국회는 초청외교활동, 방문외교활동, 국제회의 참석의 역할을 한다.

국회에는 현재 17개의 상임위원회가 있는데 그 중 북한과 관련된 업무를 관장하는 위원회로 외교통일위원회, 국방위원회, 정보위원회를 꼽을 수 있다. 외교통일위원회의 경우 외교부와 통일부 소관에 속하는 사항 및 민주평화통일자문회의 사무에 관한 사항을 처리하고 국방위원회는 국방부 소관에 속하는 의안과 청원 등의 심사, 기타 법률에서 정하는 직무를 수행한다.

④ 국가안보실, 민주평화통일자문회의

국가안보실에 관련한 대통령령 제28084호에 따르면 국가안보실은 국가안보에 관한 대통령의 직무를 보좌한다. 국가안보실에는 국가안보실장이 있고 제1차장은 안보전략비서관·국방개혁비서관·평화군비통제비서관의 소관 업무에 관하여 국가안보실장을 보좌하고, 제2차장은 외교정책비서관·통일정책비서관·정보융합비서관·사이버안보비서관의 소관 업무에 관하여 국가안보실장을 보좌한다. 또한, 국가위기관련 상황 관리 및 초기 대응을 위하여 국가안보실장 밑에 국가위기관리센터장이 존재한다.

소위 민주평통이라 불리는 민주평화통일자문회의는 1980년대 초반 설립된 범국민적 통일기구로 평화통일정책의 수립에 관한 대통령의 자문에 응하는 대통령 직속 헌법기관이다. 따라서 민주평통은 대통령의 통일정책 전반에 대한 자문·건의 기능을 적극 수행하고, 온라인과 오프라인을 통해 전 국민의 참여를 유도하고 통일의지를 확산해 나가는 범국민적 통일인식 확산 운동을 주도하고 있다. 특히, 국내외에 대표성을 지닌 2만여 명의 지도급 인사들을 자문위원으로 참여토록 함으로써 지역과 계층, 정파와 세대를 초월한 다양한 계층을 통일실현에 참여토록 하는 기반과 역량을 갖추고 있다.

(2) 학계

① 학교

북한문제에 대해 관심을 갖고 향후 정치학을 전공하고자 한다면 동국대학교 북한학과, 고려대학교 세종캠퍼스 통일외교안보전공, 사이버국방학과에서 북한 관련 커리큘럼을 제공하고 있다. 또한 학부 졸업 후 학계로 진출하고자 하는 경우 연세대학교 통일연구원, 서울대학교 통일평화연구원, 고려대학교 일민국제관계연구원, 경남대학교 극동문제연구소, 북한대학원대학교, 국방대학교 안보문제연구소, 이화여대 북한학협동과정에서 석·박사 과정·박사후과정을 밟을 수 있다. 박사학위 취득 후 선택할 수 있는 북한관련 진로로는 국내 대학 북한관련 학과 교수, 국내 대학 북한관련 과목 강사, 통일연구소 등 북한관련 연구소 연구원, 신문·방송 언론매체의 북한 전문가, 북한에 투자한 기업의 북한 전문가, 통일업무에 필요한 국가 기관 참여, 해외 북한관련 기관의 전문적 자문 역할 등이 있다.

② 연구원

북한문제를 연구할 수 있는 국내 연구원으로는 통일연구원, 북한연구소, KDI, KDB 미래전략연구소, 세종연구소, 국가안보전략연구소, 한국국방연구원, 아산정책연구원, 한반도평화연구원, 제주평화연구원, 동아시아연구원 등이 있다. 해외연구소로는 RAND Corporation, Brookings Institution, CSIS, The Heritage Foundation, Woodrow Wilson Center, 스톡홀름 국제평화연구소, 스탠포드 대학교 후버연구소, 존스홉킨스 대학교 국제대학교(SAIS) 한미연구소(USKI) 등이 있다. 이들 연구소는 대부분 북한문제만을 다루기보다는 전반적인 국제관계와 안보연구를 수행하면서 북한연구부서를 산하에 두고 있다.

(3) 언론

국내 언론기관으로는 중앙일보가 통일문화연구소를 운영하고 있고, 연합뉴스의 경우 북한포털에서 북한문제를 중점적으로 보도하고 있다. 한겨레는 이종석 전직 통일부 장관의 칼럼을 게재하고 있다. 이 밖에도 VOA(Voice of America), 통일뉴스, 데일리 NK, 38North, NK News(NK PRO/KCNA WATCH/NK CAST) 등 해외언론에서도 북한 이슈를 다루고 있다.

(4) NGO

고려대학교 일민국제관계연구원의 'SSK 국제관계와 한반도 미래연구팀'이 발표한 '국내·외 북한 관련 NGO/IO 현황' 보고서에 따르면 북한과 관련한 활동을 펼치는 국내 비정부기구(NGO)는 모두 341개이며, 해외NGO나 국제기구는 292개이고 NGO들은 '경제개발·협력'(56개), '민주주의·인권'(26개), '사회·문화'(26개), '안보·평화'(25개), '학술연구·통일교육'(45개) 등 5개 분야에서 활동하고 있다.

3. 미래 진로 전망

그러면 향후 미래에는 북한과 관련하여 분야별로 어떠한 전망을 가지고 있는지 살펴보겠다. 우선 크게 인프라, 관광, 도시계획 및 부동산 분야, 법률 분야, 정치행정시스템 분야, 인적 교류 분야, 교육 분야로 크게 나누어 살펴보았다.

1) 인프라, 관광, 도시계획 및 부동산 분야

앞으로 남북 경제 교류 활성화에 대비해 본격적인 인프라 연계를 준비할 필요가 대두되지만, 남북 인프라 연계를 위한 기술적, 물리적, 인적 제약이 만만치 않다. 이 과정에서 남북한의 도로, 철도 등 인프라 설계 및 시공 기준을 일치시키는 작업 분야에서의 기술적 전문가들을 비롯하여, 북한의 관광산업을 기획 운영하는 관광플래너, 도시환경과 공간을 기획하고 리모델링하는 도시재생 공간 기획자의 수요가 급증할 것으로 예상된다. 또한 통일 이후 경제가 선순환하며 부동산 시장 부양효과를 불러일으키며 부동산 투자자의 수요의 급증이 예상된다.

2) 법률 분야

지식산업의 중요성이 날로 증대되고 있는 시점에 제도와 체제를 달리하고 있는 남북한 산업재산권에 대한 현행 법제 연구 및 향후 통일에 대비한 법제의 통합방향과 법안 등을 제시하고, 분단국으로서 남북한 간의 산업재산권에 대한 상호보호 및 교류협력분야를 위해 향후 원활한 교류협력과 통합이 이루어져 민족의 공동자산을 보호하고 보존하기 위한 기틀 마련이 필요할 것이다. 남북한은 오랜 분단으로 인하여 법질서와 법체계 면에서 상당한 괴리가 존재하여 왔다. 따라서 향후 통일에 대비한 각 분야의 개별법을 통합하고 남북한 산업재산권 법제도 통합을 위한 방향을 설정해야 한다. 법치국가의 법질서를 근간으로 하는 남한의 법 가치를 기본으로 하여 통일 한국의 법통합 방향을 정할 필요가 있는 것이다. 이를 위해 우선적으로 북한법의 특성과 체계에 대한 이해가 필요하며 동 분야에 대한 전문가의 수요가 늘어날 것으로 예상된다.

3) 정치행정 시스템 분야

우선 북한에서 사회주의 정치체제를 민주주의 정치체제로 변화시키기 위한 전제는 민주 헌법을 제정하고 법치국가, 법적 안정성, 권력분립, 국가권력의 법구속성 등 기본적인 헌법 원칙을 명시하는 작업이 진행되어야 할 것이다. 민주주의 정치 규칙과 절차는 헌법을 통해서 보장되며, 국가구성에 대한 규정, 국가기관의 권한, 입법절차, 선거체계 등도 확정해야 하는데, 이러한 내용은 한국의 헌법을 기반으로 북한에까지 확대 적용하는 방식으로 추진해야 할 것이다. 이 과정에서 북한의 행정이행은 민주적인 절차와 규칙을 준수하는 행정행위가 이루어지고 직업 공무원제가 정착되어야 할 것으로, 이 분야에서의 직업공무원의 숫자가 늘어날 것으로 예측된다. 또한 남북한 통일과정에서 변화된 상황에 부합하는 정당통합, 공공업무의 재설계, 행정조직의 재조직화, 정책결정과정의 근본적인 개선을 위한 분야에서의 직업들이 급증할 것으로 예상된다. 동서독 행정통합은 남북한 행정통합에 많은 시사점을 제공하는데, 북한은 과다한 행정인력을 보유하고 있으나 전문성이 매우 부족하기 때문에 부적합한 행정인력 해고와 남한으로부터의 행정 인력이전이 이루어질 것으로 예측된다. 구동독의 국가기구 종사자들은 수적인 면에서 상당히 많았으나, 경제, 보건, 환경, 기술 등의 정책분야에 능력을 구비한 인력은 드물었다. 또한 이들 분야에 종사하는 국가기능 담당자의 대다수는 '정치화된 무능'으로 인하여 담당업무를 제대로 처리할 수 없었다. 이러한 문제를 우선적으로 해결하기 위해서 구서독에서 구동독 지역으로 행정지원이 이루어졌는데, 행정이행에 필요한 인력부족을 해소하기 위해서 우선적으로 위임 받은 인력을 파견하였으며, 그 이후에 연방과 주의 공무원을 구동독으로 이전하는 방식을 취하였다. 따라서 인력이전은 시기적으로 구서독정부의 위임을 받은 행정가들이 영향을 미치는 시기와 구서독의 공무원을 구동독지역으로 이전하는 시기로 구분할 수 있다. 이처럼 행정이행에 필요한 인력부족을 해소하기 위해 이 분야에서의 인력증가가 예상된다.

4) 인적 교류 분야

사회문화분야의 교류협력은 특히 남북 주민들간의 상호 이해를 증진시켜 민족 동질성을 회복해 나가는데 기여한다는 측면에서 인적 교류 분야의 증대가 여타 분야보다 활성화가 큰 분야이다. 대북 인도지원 등 민간교류 활성화, 이산가족 상봉 등에 따른 남북간 인적 교류 증가로 동 분야 활성화 가능성이 기대되며, 앞서 이야기하였던 남북한 인프라 개선 분야에서 북한에 대한 건설 분야별 최신 기술에 대한 교육과 동 분야 인력 양성에 필요한 인적 수요가 급증할 될 것으로 예상된다. 최근에는 4차 산업혁명 분야인 인공지능(AI)이나 빅테이터를 접목한 건설, 교통 신기술이 발달됨에 따라, 남북 전문가들이 학술 교류를 통해 건설, 교통 분야 신기술 정보를 공유하고 북한의 인력양성에 도움을 주는 분야에서의 인력의 증가가 예상된다. 앞서 언급한 기술적, 물리적 측면의 제약 역시 이러한 인력 증가를 바탕으로 해결할 수 있다.

5) 교육분야

통일이 되면 남-북한 간 취업대책은 미래 사회 중요한 현안에 될 것이라고 예측된다. 정부에서는 여러 가지 정책들을 마련하여 정착 및 취업을 지원하는 교육이 필요하게 될 것이다. 취업지원을 위해서는 남-북한 특성에 맞게 개인형 맞춤 지원의 필요성이 강조되며, 개인상담을 지원할 수 있는 개인 상담 도구에 대한 수요도 증가할 것이다. 더불어, 남북한 교육시스템 자체의 통합과 관련하여, 남북한 통합교육에 대한 방안과 북한의 교육문화를 지속적으로 연구하고 현장교육의 주체인 교사 연수를 바탕으로 이루어져야 할 것이며, 동 분야에 필요한 교사 수요가 증가할 것으로 예측된다.

4. 정치학과 북한

1) 이 분야의 진로를 고민하고 연구해야 하는 이유

미래진로개발 수업이 대학원에서 열리게 된 것은 미래의 불확실성 때문이다. 심지어 북한은 그 특성상 접근제한성으로 인해 미래는커녕 현재로도 불확실한, 예측이 어려운 초불확실성의 영역이다. 생각해보면 경우에 따라 정말 많은 직업이 사라질 수 있다. 그러나 또 한편으로는, 통일이 되더라도 마치 하나의 국민국가처럼 기능하기까지 얼마나 많은 시간이 걸릴 지 불확실하다는 점이다. 비근한 예로 독일통일 후 약 30년이 지난 현재까지도 구동독 지역 주민들의 제2국민이라는 피해의식 및 경제낙후상황 등 후유증은 완전히 해소되지 않았다. 따라서 언제, 어떻게 통일이 일어날 지 모르고, 안 일어날 수도 있기 때문에 현재의 진로와 미래에 대한 고민과 연구는 지속되어야 한다.

다음으로 정치의 정의를 생각해 볼 수 있다. 데이비드 이스턴은 정치를 “자원과 가치의 권위적 배분”이라 정의했다. 북한과의 현재, 그리고 미래는 모두 가치와 자원의 변화를 수반하고, 심지어 배분을 담당하는 권위의 주체도 어떤 정치체제로 변화하느냐에 따라 달라질 수 있다. 막스 베버의 정의에 따르면 정치는 "국가의 운영 또는 이 운영에 영향을 미치는 활동"이다. 북한과의 미래는 국가의 구성요소인 국민, 영토, 주권에서 영토와 주권이 변하는 상황으로 다가올 수 있다. 환경, 역사, 인프라, 산업구조, 제도, 토지 면에서 다른 수준의 영토와 인당 소득수준, 기술과 교육, 문화 등에서 발견되는 국민 간 격차, 그리고 운영에 영향을 미치는 입법, 사법, 군사, 치안, 경제, 행정 활동의 변화를 예측하고 대비하기 위해서는 북한과 관련된 진로를 고민하고 연구할 수밖에 없다.

2) 무엇을 어떻게 준비할 것인가?

분단상황이 지속되고 있다. 현재로서는 앞서 언급된 기존 직업군이 요구하는 자격을 준비하는 것이 최선일 것이다. 다만 4차 산업혁명 Big Data와 AI의 시대에 정치학, 사회과학도의 역할 중 하나는 북한과 관련한 미래의 예측가능성과 설명력을 높이는 것이다. 북한 관련 자료 축적 및 통합을 통한 "Northkorealogy"의 집대성으로 북한의 행동에 대한 예측가능성, 설명력을 높이는 것이 하나의 아이디어일 수 있다. 정치학도로서 다양한 분야에서 활약할 수 있겠지만 특히 북한의 대남위협을 낮추고, 화해를 위해 협력하는 방안 모색하는 전문가, 또는 북한에 대한 이해를 돕기 위해 제한적이지만 문헌 연구 및 권위주의 정부체제 비교연구, 비핵화 연구 등 북한 사회의 변화를 지속적으로 관찰, 국내 통일 교육의 향상으로 국민의 대북정서를 관리하는 방향으로 미래를 준비할 수 있다.

통일 연구의 모델이 되는 독일의 사례를 통해서도 통일과 통합이 같지 않다는 점을 우리는 인식하고 있다. 독일과 다른 역사적 경험을 가진 한반도의 경우 통일과 통합의 길이 외교안보적으로나 경제적으로나 더 쉽지 않을 것이다. 앞서 확인한 바와 같이 사회기여 차원의 분야별 직무를 보면 외교안보적으로나 경제적으로나 정부의 역할을 빼놓을 수 없다. 이처럼 국가 차원의 자원과 오랜 시간이 필요한 일은 적어도 이 정부를 지지하는, 세금을 내는 국민 여론의 수렴이 필수적이다. 따라서 통합의 방향으로 나아가기 위해 교육, 문화, 인권 분야에서의 준비, 공무원, 학계, 언론, NGO 직군의 인재 양성이 요구된다.

정용수

중앙일보 국제외교안보팀 차장 기자(정치외교학과 졸업)와의 Q&A

Q. 외교안보 분야 기자라는 직업의 장점은?

본인은 외교안보분야만 전문으로 하는 기자이기 때문에 동 분야(북한)에 관련해서는 전문가라고 말할 수 있을 만큼 큰 자산을 쌓을 수 있었다. 기자라는 직업을 통해 일반인이라면 상상할 수 없을 정도의 다양한 경험을 할 수 있었고, 무엇보다 현장에서 보고 느끼는 것들은 국민들이 보고 느끼는 실제의 상황과 이념화되어 있는 부분에 대해 생각해 볼 수 있는 계기가 되었기 때문에 정치학을 전공한 후배들이 한 번쯤은 해보았으면 하는 직업이다.

Q. 북한 관련 전문 기자가 되기 위해 준비해야 할 것들은 어떠한 것들이 있나요?

현재 북한관련 기자들 중에서는 영어에 능통한 사람들이 많지 않은 실정이다. 북한에 대해 알려면 북한뿐만 아니라 미국에 대해서도 잘 알아야 한다. 또한 Fact를 분석할 수 있는 능력을 갖추어야 한다. 본인이 생각하기에 북한 공부에서 가장 중요한 몇 가지는 원전(북한 신문, 북한 책)을 많이 읽고, 탈북자를 만나 북한 현실에 대해 이야기 듣고, 현 상황에 대한 정보에 늘 귀 기울이라고 조언하고 싶다. 나아가 고도의 전문성을 요구하는 현 시대의 흐름에 맞게 특정분야에서 높은 전문성을 가진 전문 기자를 많이 뽑는데 그 전문 분야 중 하나가 정치외교학이다. 물론 전공만으로 되는 것은 아니고 본인이 얼마나 그 분야에 대한 분석력과 통찰력, 그리고 국제적 시야를 가지고 있는지가 관건이다.

Q. 북한전문기자로서 이 분야의 진로를 고민해야 하는 이유는 무엇이라고 생각하는지?

현재 남북관계의 초불안정성, 북한의 롤러코스터와 같은 행보들을 감안할 때, 북한은 우리가 무조건 연구해야 할 대상이라고 생각한다. 무엇보다 현재 북한 내부에 대한 연구가 턱없이 부족하기 때문에 북한을 바로 알기 위해서는 동 분야에 대한 연구나 진로에 대해 연구해야 할 필요가 있다고 생각한다.

8 장

정치 외교 미래 진로

이지연, ClaudiaValez, 임가희

정치·외교 분야의 미래 진로를 탐색함에 있어 우리가 정의하는 '미래'는 비교적 중장기적인 기간으로, 대략적인 수치로는 10~20년으로 나타낼 수 있다. 정치·외교 분야에서 공통된 가장 큰 미래의 특징은 바로 4차 산업혁명과 AI의 도입인데 현재 대부분의 개발자들이 말하는 기술 완성 시기가 2025~2030년인 것에 착안하여 시간적 기준을 마련하였다.

I. 정치

1. 미래 변화 요인

제4차 산업혁명과 인공지능의 발전은 정치 영역에서의 혁명적인 변화를 가져오고 있다. 2017년 뉴질랜드에서는 AI정치인 '샘'이 개발되어 SNS를 통해 유권자들과 정치적 이슈와 선거에 대한 질의응답을 주고 받았다(권중혁 2017). 벤 괴르첼은 2025년 완성을 목표로 '로바마'라는 로봇대통령을 개발하고 있다. '로바마'는 로봇과 오바마 미국 전 대통령의 이름을 합성한 인공일반지능이며 기존 정책, 뉴스, SNS등 모든 데이터를 종합해 정치적 의사결정을 하는 로봇대통령이다(김회권 2017). 개발자는 이러한 인공지능이 정치에 활용된다면 정치에 있어서 인간의 사리사욕을 배제할 수 있어서 부정부패가 사라지고 합리적인 정치적 결정이 이뤄질 수 있다고 기대한다.

또한, 4차 산업혁명으로 개발된 빅데이터, 인공지능, 블록체인 등의 다양한 신기술이 정치과정에서 적극적으로 활용된다면 전 국민을 대상으로 한 여론수렴이 가능해진다. 이에 전자투표 외에도 상시적이고 저비용의 여론수렴 방식이 도입되어 국민들의 의견이 직접 정치에 반영될 수 있게 되고, 국민이 정치에 직접 참여하는 것에 있어서 기존의 비효율적 문제와 비용적인 문제를 해결하며 신 직접민주주의의 도래를 가능하게 할 것이다. 디지털 정치혁명으로 선진민주주의 국가에서 시행하고 있는 주민참여예산제도, 주민참여입법제도와 같은 제도가 도입된다면, 대의민주주의에서 정당과 국회의원이 수행하고 있는 일부 역할을 점차 국민들이 직접 수행하게 될 것이다. 즉, 디지털 신기술의 도입으로 상시적인 투표와 국민의 의견수렴이 가능해지면 국회의원과 광역의원들의 역할의 일부가 국민에 의해 대체될 것이다. 예를 들어, 스위스에서는 주민 15만 명이 모이면 입법이 가능한 주민참여입법제도를 시행 중에 있고 브라질을 비롯한 다른 국가에서는 주민참여예산제도를 시행하고 있다. 따라서 인공지능의 발전과 정치 분야에서의 디지털 신기술 활용은 이러한 직접민주주의 제도를 한국에 도입해서 효율적으로 실행할 수 있는 기회를 제공한다. 이는 궁극적으로 미래 정치 환경을 보다 투명하게 만들고 정책결정과정에서 국민들의 의사가 적극 반영될 가능성을 높일 것이다.

2. 미래 변화 결과

1) 긍정적 측면

먼저 디지털 정치혁명으로 인해 국민의 정치 참여 기회가 확대되고 직접민주주의의 발전을 촉진시키면서 기존의 대의민주주의가 갖고 있던 한계를 극복할 수 있다. 특히, 정보접근성의 확대로 정치적 의사결정 과정이 투명하게 공개되고 국회의원과 국민간의 정보 비대칭성을 제거할 수 있으며 온라인 정치 참여수단의 확대와 신기술로 신속한 여론수렴이 가능해지면서 국민이 정책결정과정에 직접 참여할 수 있게 된다. 온라인 정치 참여와 같은 직접민주주의 수단의 확대는 대의민주주의가 갖는 근본적인 한계인 정치인들이 국민의 의견을 반영하지 못하는 주인-대리인 문제를 해결하는데 기여할 수 있을 것이다(김송은 외 2018). 또한, 정치 분야에서 인공지능과 다양한 디지털 신기술의 활용은 방대한 데이터를 실시간으로 분석하여 정치의 부정부패와 오류를 확인해주고 선거과정에서의 기존의 고비용 정치 문제를 해결해주며 정치 공정성을 제고시킨다.

2) 부정적 측면

그러나 정치 분야에 디지털 신기술을 도입함으로 예상되는 부정적 결과는 다음과 같다. 먼저, 개인 간의 디지털 활용능력의 격차로 인해 정치참여 기회가 상이하게 주어지고 이에 정치적 소외현상이 발생할 수 있다. 또한, 사람들이 인공지능이 욕심이 없고 선택에 감정이 개입되지 않으므로 인간보다 객관적일 것이라고 믿고 인공지능의 객관성과 가치중립성을 과도하게 신뢰하고 의존한다면 다양한 문제가 야기될 수 있다. 인공지능에 과하게 의존하는 문제는 민주주의의 숙의 과정을 생략시켜 민주적 의사결정과정의 쇠퇴를 가져올 수 있다. 또한, 인공지능이 가치중립적이라는 전제 자체에 문제가 있을 수 있다. 인공지능은 알고리즘 설계과정에서 설계자의 개인적인 편견이 개입될 수 있으며 수집 및 학습과정에서 이용되는 데이터 자체에 내재된 편향성으로 인해 잘못된 판단을 내리고 사회적 차별을 심화시킬 수 있다. 마지막으로, 디지털 신기술은 정보를 독점한 엘리트들에 의해 대중 및 여론조작과 같은 방식의 정치적 통제에 악용될 가능성이 있다(황종성 2017).

3. 미래 진로 변화

정치에 대한 불신이 심화된 상황에서 디지털 정치혁명으로 인해 국민이 직접 정치에 참여할 수 있는 기회를 제공하는 다양한 제도가 도입되면 국회의원과 정당의 역할의 일부를 국민이 직접 수행하게 될 것이다. 정치의 부정부패와 불신의 문제는 인간의 욕심을 배제한 가치중립적인 AI정치인을 개발하는 단계에까지 이르렀다. 따라서 이러한 변화 결과가 향후 어떠한 정치 분야 직업군의 변화를 야기할 것인지 주목해보아야 한다.

첫 번째, 기존에 보좌관이 해왔던 자료수집정리, 법안 및 질의서와 보도자료 작성, 정책 제안, 선거 시 홍보물 제작 등의 역할들이 점차 AI에 의해 대체 될 가능성이 높다. 이미 일본에서는 AI가 국회의원실 시민질의에 대한 답변 초안을 작성한 전례가 있다. 멕시코에서도 AI가 시민청원을 분류하여 관련 부처에 전달하는 것을 시범운영 중에 있다. 또한, 법률시장에서 활용되고 있는 법률AI를 법을 제정하는 역할을 하는 정치 분야에서도 활용하게 된다면 보좌관이 수행하는 법률에 관한 업무도 AI로 대체될 수 있다. 따라서 정치인들은 인공지능을 통하여 대화형 서비스로 정치적 민원을 처리하고, 의정보고회 등과 같은 문서 및 업무정보를 자동적으로 생성하도록 하며, 각종 법도 및 규제를 인공지능이 검토하게끔 활용할 수 있다(손현주 2019).

두 번째, 기존 제도에서 정당 대표와 임원은 공천권을 행사하여 의원들을 결집시키고 정당에 대한 충성심을 함양한다. 그러나 디지털 정치혁명으로 저비용 투표와 수많은 사람들의 의견수렴이 상시적으로 가능해지면 오픈 프라이머리와 같은 선거방식이 적극 도입될 수 있으며 이는 정당 중앙에 권력이 집중 되어있는 문제를 완화하며 의원 개개인의 자율성을 증대시킬 수 있을 것이다. 즉, 점차 정당 내에서의 정당대표와 임원의 역할이 축소되며 이러한 권한이 국민에게로 이양

될 수 있다.

세 번째, 정치 전문가의 역할이 더욱 세분화 되면서 정치 직업 역시 분업 및 전문화 될 것이다. 현재 한국은 국회의원의 보좌관이 매우 넓은 스펙트럼의 정치적 업무를 수행하고 있다. 미래에는 정책분석가, 여론조사 및 정치 컨설턴트, 로비스트, 선거 전략가, 홍보 및 미디어 분야 전략가 등 보다 세분화된 업무를 전문적으로 수행하는 직업군이 생길 것이다. 특히, 인공지능과 디지털 신기술을 활용할 수 있는 능력을 갖춘 정치 전략가들의 역할이 중요해질 것이다. 예를 들어, 최근 미국의 대통령 선거에서는 마이크로 타겟팅 방법을 사용하여 유권자들의 정보를 분석하고 세분화해 개개인에게 최적화된 방식의 선거캠페인을 진행하였다. 과거 선거운동에서는 경험에 의존하여 선거 전략을 구상하는 방식을 주로 사용하였다면 4차 산업혁명과 함께 이제는 디지털 신기술을 활용한 분석을 바탕으로 유권자들을 공략하는 선거 전략이 점차 중요해지고 있는 추세이다.

4. 진로 준비 및 개발

이에 향후 정치 분야의 직업을 갖고자 한다면 정치적 지식과 활용능력을 배양하는 것뿐 아니라 AI, 빅데이터, 블록체인 같은 4차 산업혁명의 신기술을 정치에 융합하여 활용할 수 있는 능력을 갖추는 것이 중요하다. 또한, 정치영역에서도 점차 진짜와 가짜를 구별해내기 어려울 정도로 대중 및 여론조작 기술이 발전함에 따라 이로 인한 폐해가 발생하고 있다. 따라서 가짜뉴스 및 정보를 구별해내는 비판적 사고 능력을 배양하는 것이 필요하며 미래 정치 환경 변화와 이로 인해 예측되는 결과를 분석해 부정적 결과를 예방하고 특정 집단이 정치적 이익을 극대화시키기 위해 인공지능을 사용하여 정치적 통제와 자유민주주의를 훼손시키는 것을 방지하는 역할을 수행해야 한다. 직업 요구지식 자동화 위험도 분석에 따르면 법학 및 정치학 지식은 위험군에 속해있으나 정치업무를 수행하는 데 있어서 AI가 대체하지 못하는 영역인 설득, 비판, 창의력 등과 같은 직무능력도 있다(이채욱 2017). 따라서, 미래 정치학 교육은 신기술에 대한 이해를 돕고 이를 정치에 활용하는 능력 뿐 아니라 AI가 대체할 수 없는 직무능력들을 집중 개발하는 것에 초점이 맞춰져야 한다. 또한, 향후 특화 및 전문화되는 정치 직업 변화에 대응하기 위해 더욱 직접적이고 체계적인 직업교육과 보다 세분화된 업무에 따른 정치학 교육이 필요할 것이다. 이에 기존의 전통적인 정치 전략을 활용한 업무뿐 아니라 기술 발전으로 진화된 정치 전략 등을 활용한 업무 대한 교육도 이뤄져야 한다. 구체적으로 특화 되어가는 미래 정치 직업 변화에 맞춰 대학 교육 역시 맞춤형 진로설계 및 직무 강화 프로그램 등을 학생들에게 제공해야 할 것이다.

II. 국회 보좌직

국회 보좌직은 국회의원의 3대 역할인 행정부 감사, 예산 및 결산 심사, 법안 제정 및 개정과 같은 역할을 지원하는 직업으로 정치외교학과 졸업 후 대다수의 졸업생들이 진출하는 분야 중 하나이다.[1] 국회의원의 보좌진들은 별정직 공무원으로 4급은 보좌관, 이외 5급부터 8급까지는 비서관이다. 국회의원은 1인당 총 10명의 보좌진을 채용할 수 있으며 이 중 보좌관 2명, 5급 비서관 2명, 6·7·8급 비서 각1명, 그리고 최대 국회 인턴 2명이다. 보좌진의 역할은 국회의원을 보좌하고 지원하는 것이므로, 의원이 4년의 임기 후에 낙선될 경우 다른 의원실로 이직하거나 혹은 공백기를 가지게 된다. 이러한 점을 고려할 때, 보좌진의 직업적 향방은 국회의원이 정부에서 그들의 역할을 얼마나 잘 수행하는지에 달려있으며, 이것은 국회의원 직업의 의미인 국민을 대변하는 것에 있다. 국회의원이 효과적으로 그들의 3대 역할을 수행하고 선거에서 승리하기 위해서는 국민의 의견과 반응은 그들에게 필수적인 인지요소이다. 국민의 변화에 따라 의원의 선거공약 및 법안 제정과 같은 역할에 있어 변화가 적용될 것이며, 그 변화를 수행하고 지원하기 위해 채용하고자 하는 보좌진의 필요 업무 수양과 경험 또한 변화할 것이다. 그 예로, 3차 산업혁명 기술인 IT와 ICT의 발전으로 인해 SNS 플랫폼과 같은 온라인 플랫폼들이 활성화되며 국민들이 정

1 이태동·백우열·최선. 2019. 『정치외교학과 진로개발』. 연세대학교 대학출판문화원

치인들의 소통 능력을 중시하는 새로운 정치시장의 변화가 형성되자, 국회의원들은 SNS를 활용하기 시작하였으며 그 이용률은 2013년 95.7%를 기록할 정도의 높은 수준이었다.[2] 국회의원들은 국민과의 소통을 중시하는 정치시장의 변화에 따라 SNS 활용하여 민심을 얻고자 하였고,이에 따라 보좌진에게 요구되는 소양과 자질은 홈페이지 관리뿐만 아니라 SNS 관리, 편집, 제작 및 촬영 능력이 요구되었으며, 현재 4차 산업혁명을 통해 더욱 확장되고 있는 IT 기반 기술들로 인해 해당 능력과 관련 경험에 대한 요구가 더욱 증가하는 추세이다. 그 예로, 국회 홈페이지에서 진행 중인 보좌직 채용 공고들 중 대다수의 4급 이하의 비서관 및 인턴 채용 공고를 살펴보면 SNS 및 카드뉴스 기획 및 제작 능력을 요구하고 있다.[3] 이에 더불어 2019년 11월 27일 국회 웹사이트의 공지에 따르면, 보좌진을 위한 SNS 선거전략 교육[4] 또한 이루어지고 있으며, 이러한 SNS 활용전략 교육을 통한 소셜비서관 양성은 2012년도 한나라당 의원들의 공천 심사에 있어 SNS 지수 반영 발표에 따른 장장 4시간 동안의 한나라당 비서관 대상 교육에서도 증명된다.

---

2 노컷뉴스. 2013. "국회의원은 SNS를 좋아해." https://www.nocutnews.co.kr/news/1139240

3 국회. 2019. [김병욱의원실] "인턴비서 채용공고" http://www.assembly.go.kr/assm/memact/memjob/recr/recrView.do?bbs seq n=40586&no=6570&bbs cd n=6&currentPage=1&search key n=&search val v=&cate n=&dept v=(검색일: 2019.12.18)

4 국회. 2019. [안내] "보좌진을 위한 SNS 선거전략 교육안내" http://www.assembly.go.kr/assm/memact/memjob/recr/recrView.do?bbs cd n=6&bbs seq n=40557&no=6551(검색일: 2019.12.01)

| 표 1 | 국회 보좌직 업무 변화

시기	3차 산업혁명 이전	3차 산업혁명	4차 산업혁명
구분	전통적 업무	추가 업무	미래 추가 업무(예측)
주요 필요 능력과 경험	• 상임위활동 • 본회의 • 입법 • 예/결산 • 토론회/간담회 • 지역 조직 및 인맥관리 • 선거 • 공약관리 • 민원 • 홍보 • 당대표/최고의원/정책위의 등의 주요 당직	• SNS 관리 및 편집	• 정치 플랫폼과 같은 데이터 분석 및 활용

출처: 정치학과 진로개발 2019, 서인석 2015 재구성

이와 같이, IT 및 ICT 기술의 등장 이전 상임위활동 및 본회의와 같은 전통적 업무가 요구되었기에 논리적 글쓰기, 선거 경험, 인쇄물 제작, 그리고 특정 상임위원회와의 관련된 전문성과 같은 역량이 요구되었던 국회 보좌직은 IT 기술의 확장 이후, SNS 활용 및 관리와 같은 사이버 업무 능력이 추가되었다. 더불어, 더욱 혁신적인 블록체인과 머신러닝과 같은 4차 산업혁명 기술들이 확장됨에 따라 정치 플랫폼과 같은 IT-정치 융합적인 서비스 또한 더욱 확장될 것으로 전망되고 있으며 그 영향력이 커질 것으로 전망되고 있다. 이는 '유튜브'와 '인스타그램'과 같은 SNS 플랫폼이 확장됨에 따른 정치시장 구조의 변화에 따라 보좌진의 필수 역량에 SNS 활용능력이 추가된 것과 같이, 중장기적 미래 4차 산업혁명이 진행됨에 따라 정치 플랫폼이 새로운 필수 역량이 될 것이라 전망된다.

박현우 보좌관

정치외교학과 졸업

Q. 매우 다양한 역할을 수행해야 하는 보좌관으로서, 여러 분야에서의 업무수행 능력을 갖추는 것에 대해 어려움을 겪고 계시지는 않나요?

보좌진은 선거를 치르고, 국정감사를 수행하고, 지역민원을 처리하여 지역구를 관리하고, 국회의원 홍보업무를 담당하며 정당 업무에 협조하는 등 여러 가지 역할을 수행해야 합니다. 전문성을 갖추기 위해서는 해당 업무 한 가지를 집중적으로 수행하거나 이에 대한 정확한 교육을 받아야 하지만 실상은 그렇지 않습니다. 여러 가지 업무를 동시에 처리해야 하고, 체계적인 교육을 받을 시간도 없고, 마땅한 프로그램도 부재한 상황입니다. 의원실 별 분위기를 맞추고, 자신의 역량을 자기 스스로가 강화시키는 것이 보좌진의 생명을 지키는 유일한 길입니다.

Q. AI의 기술 발전이 현재 일하고 계시는 업무에 어떤 영향을 미치고 있으며, 미래에는 어떤 영향을 미칠 것으로 예상하시나요?

정치에서 AI가 투영될 수 있는 분야는 제한적이라고 생각합니다. 아무리 인공지능 등 제4차 혁명시대가 도래한다고 할지라도, 결국 정치는 사람이 하는 것이기 때문에 제한적일 수밖에 없기 때문입니다. 다만, 여론의 추이를 따라 어떤 정치적 전략을 수립하고, 지역 민원을 포함한 현안을 입법으로 추진하는 등의 업무들은 빅데이터 기술이 접목된다면, 보다 효율적인 의정활동을 수행하는 데에 도움이 되리라 생각합니다. 이에 대한 플랫폼을 보유하고, 실제 의정활동에 접목시키는 국회의원이 보다 긍정적인 의정평가를 받고 유권자의 선택을 받으리라고 생각합니다.

Q. 외국에서처럼 역할을 분화해서 다양한 정치 전문가 직업이 생겨나는 것에 대해 어떻게 생각하시나요?(e.g. 정치 컨설턴트, 로비스트, 애널리스트 등)

바람직하고, 우리도 그 방향으로 나가야 한다고 생각합니다. 국회 보좌진으로서의 경험을 바탕으로 전문성을 강화시켜서 1) 로비스트법이 통과된다면, 충분히 피관기관의 로비스트로 활약할 수 있다고 보고, 2) 선거 컨설팅, 이미지 컨설팅, 기획 및 전략 컨설팅 등 특화된 업무를 수행하여 정치발전에 기여할 수 있다고 생각합니다. 조금씩 그러한 움직임이 감지되고 있으며, 앞으로 보다 전문적 역량을 발휘할 수 있는 기회가 커질 것으로 전망합니다.

Q. 보좌관은 직업 특성상 업무 기간이 짧고 자주 사무실을 옮겨 다니는 것으로 알고 있는데, 이것으로 인한 불편함은 무엇이며, 개별 보좌관들은 이에 대해 어떻게 대비하고 있나요?

직무 안정성이 보장되어 있지 않기 때문에 어려움이 많습니다. 우선 국회의원의 당선 여부가 가장 중요한 변수입니다. 아무리 능력 있는 보좌진이라고 하더라도 소속된 국회의원이 선거에서 떨어지면, 자신의 일자리 자체를 잃게 되고, 본의 아니게 다른 국회의원실 취직을 위해 동분서주해야 합니다. 둘째, 국정감사를 통해 역량을 인정받지 못하면 언제든 해임될 수 있지만, 이에 대한 체계적 직무 강화 프로그램은 없기 때문에 학연, 지연, 혈연으로 연결된 인적 네트워크에 의존할 수밖에 없는 후진적 구조를 가지고 있습니다. 셋째, 언제든 보좌진의 임명권을 가진 국회의원의 눈 밖에 나면 일자리를 잃을 수 있기 때문에 공과 사를 구분하지 않고, 국회의원에게 절대 충성하는 후진적 구조를 가지고 있습니다. 부당한 처사라고 판단되더라도, 국회의원에게 항의할 정당한 절차를 밟기가 어렵고, 만에 하나 이에 대해 항의하더라도 다른 의원실 취직에 영향을 미치기 때문에 그렇게 하지 못하는 것이 관례 아닌 관례가 되어 있습니다.

Q. 보좌관은 보통 언제쯤 퇴직하며, 퇴직 시 다른 직업군으로의 이동은 어떻게 이루어지나요?

임명권을 전적으로 국회의원이 가지고 있기 때문에, 국회의원이 나가라고 하면 바로 짐을 싸야 하는 구조입니다. 당연히 별도의 기간을 보장받지 못합니다. 퇴직 시 1) 다른 의원실 취직 2) 피감기관 취직 3) 선거출마 4) 겸임교수임용 5) 정치 평론가 등 방송 패널 출연 6) 개인사업 등을 주로 하고 있습니다.

Q. 보좌관이 되기 위해 어떤 능력이 필요한가요? 정치 환경의 변화에 따라 앞으로 어떤 능력이 더욱 중요해질 것으로 전망하시나요?

국회의원실 취직을 위해서는 우선 인맥이 중요합니다. 국회에 첫 발을 내딛기 위해서는 1) 선거에 자원봉사자로 헌신하여 당선자의 간택을 받는 경우 2) 기존 의원실 보좌진의 추천에 의해 채용되는 경우가 대부분이기 때문입니다. 그렇기 때문에, 자신이 어떤 역량을 가지고 있는지를 설명하고 보여줄 수 있는 기회 자체를 공정한 경쟁과 환경에서 수행할 수 없습니다. 불편하지만, 인맥이 없으면 보좌진 업무를 시작할 수 없기 때문에 우선적으로 인맥 관리가 중요합니다. 다만, 향후 정치 환경이 투명성, 전문성, 효율성 등을 요구한다고 봤을 때, 학연, 지연, 혈연에 의지하는 구시대적 폐쇄적인 방식은 점차 자리를 잃어갈 것이며 국회사무처의 공정한 절차에 따른 공채가 향후 시행되는 것이 시대적 요청에 맞는 방향이라고 생각합니다. 그렇게 본다면, 국회의원 업무를 수행하는 데에 필요한 1) 선거기획능력 2) 홍모 마케팅 능력 3) 민원 해결 능력 등 구체적 사안에 대한 전문성을 키워나가는 것이 요구된다고 생각합니다.

III. 외교

1. 미래 변화 요인

1) 세계화와 네트워크, New Diplomacy

외교 분야에서의 첫 번째 변동 요인으로는 세계화와 네트워크 이론에 기반한 New diplomacy이다. 전통적으로 국가는 국제사회의 주요 행위자로 기능해왔으며, 각 국의 대사와 외교관을 통해 국가 사이의 소통이 이루어져왔다. 그러나 이런 국제 관계에서의 국가의 독점적인 행위는 20세기 들어 바뀌는 양상을 보인다. 즉, 2차 세계대전 후 진전된 세계화는 국제기구 및 기타 비 국가집단을 생성시키고 확대시켰으며, 국가 간 소통 채널을 증가시켰다. 이런 환경 변화에서 다양한 유형의 새로운 외교 방식이 만들어졌으며, 이를 통해 민간외교관의 역할이 증대되어왔으며 이를 총체적으로 일컬어 New Diplomacy라고 하며, 이러한 변화는 최근 급부상 중인 공공외교를 통해서도 알 수 있다.

2) 4차 산업혁명과 AI

두 번째 변동 요인으로는 4차 산업혁명과 AI이다. 기술의 발전으로 일의 효율을 높일 수 있으며 이것이 인간의 업무를 상당 부분 덜어줄 수 있다. 인공 지능이 현재 외교 전략 수립에 사용되는 사례가 있으며 이것은 종래의 국가 주도의 외교방식에도 영향을 미칠 것이라 예상된다(Rene Millman 2018).

현재 EU에서 AI는 매우 핵심적인 논제이다. 지난 8월 29일, EU 고위대표 페데리카 모게리니(Federica Mogherini)는 AI에 대한 논의를 위해 기술기업 회원국의 국방장관들과 기업 대표를 소집하였다. 이 외에도 관련 사안에 대해 EU는 UN 및 NATO와 협력하고 있다.

지금까지 AI가 보인 능력은 인간의 능력의 1~2% 밖에 되지 않는다는 평가를 받지만 이는 현재 이용 데이터의 90%가 지난 2년 간 생성되었다는 한계에서 비롯된다. 따라서 데이터가 충분히 축적되고 AI가 완전히 개발되는 시기가 생각보다 머지않았다고 볼 수 있으며, 이에 대한 충분한 논의가 이루어져야 할 것이다(유럽연합 대외관계청 2019).

3) 민족주의

세계 곳곳에서는 다시금 민족주의가 부상하고 있으며 이는 앞으로의 외교 방식의 변화를 초래할 것으로 예측된다. 민족주의는 국익을 위한 외교인 전통적인 외교를 강화하고, 국제기구의 외교인 새로운 방식의 외교를 약화시킬 것으로 예측된다. 전통 외교와 국제기구의 외교는 주된 목적과 구조에서부터 근본적인 차이를 보인다. 전통적인 외교는 국가의 이익을 지키고 발전시키기 위해 정부와 직접적인 연관을 가지며 이루어진다. 반면 국제기구는 국제 평화와 인권 증진, 빈곤 퇴치 등의 목표를 달성하기 위해 여타 국제 행위자들과 외교한다. 이러한 목적의 차이는 국가와 국제기구의 행위에서도 차이를 발생시키는데, 전통적인 외교관들은 상대국과의 합의를 통해 정책이나 양보를 교환하지만, 국제기구의 국제공무원은 미래에 초래될 영향력에 기반하여 결정하고 행위한다. 하지만 현재 세계 각지에서 일어나고 있는 민족주의 움직임은 전통적인 외교를 강화하여 국가의 외교관의 역할을 확대시킬 것으로 예측된다.

2. 미래 변화 결과

1) AI 정책 결정의 양면성

이런 외교적 변화로 인해 외교 환경에 몇 가지의 변화가 나타날 수 있다. 먼저 AI 정책 결정은 양면성을 가지고 있다는 특징을 가진다. 중국의 한 학자의 말을 빌리자면 AI는 일반적으로 "열정, 명예, 두려움 또는 다른 주관적 요인에 영향을 받지 않는다"고 알려져 있다(Rene Millman 2018). 따라서 합리적이고 계산적인 정책을 도출할 수 있다는 기대 속에서 AI는 활발하게 개발되고 있다. 이는 AI가 만들어내는 외교정책의 장점이라고 볼 수 있다. 하지만 이러한 알고리즘을 통해서 AI의 정책 도출 및 검토 과정이 자동화 단계에까지 이르게 된다면, 알고리즘과 데이터에서 작은 실수만 개입되어도 잘못된 정책이 도출될 가능성이 발생하며, 이는 정치적 위험을 초래할 수 있다는 점에서 신중히 다루어져야 하는 문제이다. 또한 데이터에 내재된 차별과 불평등으로 인해 AI가 실질적으로 객관적이고 합리적인 결과를 도출할 수 있을지에 대한 의문이 발생하며, AI는 스스로 도덕적인 요소를 고려할 수 없기 때문에 비인도적인 정책을 도출할 가능성도 있다.

2) 데이터의 무기화, 세력균형의 변화

두 번째로는 데이터가 무기화 되어 국가 간 세력균형에 급격한 변화를 일으킬 수 있다. 국력은 크게 국방력과 경제력으로 대표되는 하드파워와 정치력, 외교력, 문화력 등으로 이루어진 소프트파워로 구분된다. 하드파워 요소 중 과학기술력과 정보력이 데이터와 직접적인 관련성을 가진다(신도철 외 2016). 현대 사회에서는 정보력이 매우 중시되며, AI는 빅데이터를 기반으로 하기 때문에 데이터에 높은 접근 가능성을 갖는 나라와 그렇지 않은 나라의 데이터에는 질적/양적 차이가 발생한다. 이러한 데이터의 격차는 실질적인 국력의 차이로 이어져서 미래 국가 간의 세력 균형에도 영향을 미칠 수 있을 것이라고 예측된다.

3. 미래 진로 변화

1) 외교 분야 직업 연구의 필요성

국가의 외교 능력은 국가의 생존이라는 안보의 문제와 아주 밀접한 관련을 가진다. 전통적인 개념의 외교관은 국외에서 자국을 대표하며, 외교관의 역할은 자국 이익의 보호이다. 그 중 가장 중요한 역할이 타국에 의한 위협을 피하고 자국의 안보를 보호하는 것이다. 국가에 전쟁 상황 발생시 국가가 국민을 위한 복지나 경제발전에 힘을 쓸 수 없다는 점은 국가 안보의 중요성과 외교관 역할의 중요성을 모두 강조한다.

앞서 서술하였듯 외교의 환경이 계속해서 변화하고 있는 상황에서 외교관은 협상 상황에 대한 연구를 지속해야 한다. EU가 AI 개발에 대한 연구 강화와 함께 비 외교관 시민사회, 기술산업 등 여타 행위자와 협상을 시도하고 협력을 강화하는 것도 이런 시각에서 비롯된다(Katharina Home 외 2019).

2) 외교 정책 결정에서 AI 역할의 증가

AI의 외교정책 결정 역할 비중이 커짐에 따라 외교관의 역할이 축소될 가능성이 있지만, 반대로 도덕/인권 문제의 비중도 커지면서 그렇지 않을 가능성도 있다.

그러나 외교관의 역할 축소 및 확대와는 별개로 AI의 역할은 확대될 것으로 보인다. 도덕적 문제로 인해 AI의 역할이 연구와 정보 수집에만 국한된다 하더라도, AI는 외교관에게 매우 쓸모있는 도구가 될 것이다. AI가 데이터 수집 및 연구, 국제정세 파악을 통한 정책 도출의 업무를 더욱 빠르고 효율적으로 수행함에 따라 외교관들은 보다 고도화된 업무에 집중할 수 있을 것이다.

하지만 이미 중국이 외교정책 수립에 AI를 사용하고 있다는 점에서 보면, 국가들의 AI 기술력이 상당 수준까지 발전하고 있음을 뜻하며, 언제든 전략적인 이유로 AI가 정책 결정과정에서 단순한 자료 수집을 위한 도구가 아니라, 높은 수준의 정책 결정을 위한 수단으로 도입될 수 있다는 점을 시사한다.

3) 공공외교와 디지털외교

전통적인 분야에서 외교는 정부 간의 절차로 제한되었지만, 이는 지난 수십 년에 걸쳐 변화한 양상을 보인다. 외교 정책 등의 의사결정 과정에서 여론의 중요성이 증대되면서 새로운 형태의 외교가 등장했고, 그 결과가 공공외교와 디지털외교이다.

조셉 나이(Joseph Nye)에 따르면 공공외교는 하드 파워와 소프트 파워를 결합한 스마트 파워의 핵심 요소 중 하나로 정부가 아닌 시민과의 소통을 목표로 하고 있다(Joseph S. Nye, Jr 2009). 공공외교의 목적은 다른 나라에서 한 국가의 이미지를 홍보하고 두 국민 사이에 신뢰를 쌓는 것이다. 2012년 관련 기사에서 중앙대학교 초윤영 교수는 한국 정부는 이에 대한 구체적인 전략이 부족하고, 민간 부문에 지나치게 의존하여 공공, 그리고 주로 문화 외교에 의존하고 있다는 비판을 개진하였다(초윤영 2012).

디지털 외교는 기존 공공외교의 업그레이드로 볼 수 있다. 디지털 외교란 "외교 목적으로 소셜 미디어를 사용"하는 것으로 정의되어 있다(Cornelliu Bjola 외 2015). 따라서 소셜 네트워크 계정을 가진 사람이라면 누구나 디지털 외교관이 될 수 있으며, 소통 채널로 민간인 뿐 아니라 트위터 등의 소셜네트워크서비스 SNS를 사용하는 해외 부처가 늘어나고 있다(Place branding and public diplomacy 2011). 이는 시민들에게 뉴스를 쉽고 빠르게 전달할 수 있다는 장점이 있지만, 오히려 정부가 원하는 방식으로 정보를 왜곡할 수 있는 단점 또한 가지고 있다. 그러므로 이제는 인터넷상의 정보를 읽을 때 비판적 안목을 가지는 것과, 정보 공유에서 책임감을 갖는 것이 훨씬 중요하다.

4) 국가 중요성의 강조

마지막으로는 다양한 변화 요인에도 불구하고 외교관은 쉽게 사라지지 않을 것이라는 전망을 하고자 한다. 과거에도 국제 사회의 통합으로 인해 'diplomacy without diplomats'을 이야기하며 외교관이 곧 사라질 것이라고 주장한 사람들이 있었으며(George F. Kennan 1997) 냉전 종식에 따라 국경이 사라질 것이라고 생각한 사람들도 있었다. 이들의 입장에서는 전통적 개념의 국가와, 그 국가의 외교관은 점점 불필요한 개념으로 여겨진다. 하지만 현재 다양한 국가 간의 갈등이 복합적으로 존재한다. 이런 상황에서 국가는 국제질서에서 가장 중요한 행위자로 기능한다는 점은, 외교관들에 대한 필요도 쉽게 줄어들지 않을 것임을 증명하는 것이다.

4. 진로 준비 및 개발

미래 시대 외교관은 전통적인 외교관으로서의 측면이 더욱 강화되어 국가를 위해 행위할 것이며, 개인 간의 관계를 맺는 것이 여전히 중요할 것이라고 전망된다. 정치에서의 변화와 마찬가지로 자료 수립과 간단한 업무는 AI가 대체하게 될 가능성이 높다. 현재 AI가 외교정책에 사용되는 사례가 존재한다는 점에서, AI가 향후 국가 간의 외교에 핵심 역할을 할 것이라는 주장도 일리가 있다. 하지만 외교는 국가의 안보와 직접적인 연관을 가지고 있고, 작은 실수도 국가의 안보에 큰 위협을 가지고 올 수 있다는 점에서 외교는 인간과 인간 사이의 미묘

한 관계와 매우 밀접한 관련을 맺는다는 것을 알 수 있다.

국제 정치 환경의 변화에 따라 외교의 형태가 변화해 온 것은 사실이지만, 변치 않는 점은 외교는 인간과 인간 사이에서 일어나는 일이라는 점이다. 따라서, 외교관으로서 타인과 인간관계를 맺는 능력은 가장 중요한 자질이다. 이를 위해 외교 진로를 희망 하는 학생들은 관계형성에서 가장 중요한 언어능력 즉, 외국어 소양을 키워야 한다. 또한, 정치학 교육은 외교관을 희망하는 학생들이 특정 지역에 대한 전문성을 갖고 다른 문화권 외교관과 긴밀한 관계를 맺는데 중요한 자질을 키울 수 있도록 전통적인 정치학 지식뿐 아니라 역사 및 문화에 관한 교육도 함께 실시해야 한다.

임배진 외교부 외교관

정치외교학과 졸업

Q. 외교관으로써 수행해야 하는 업무와 이를 위해서 요구되는 자질에는 어떤 것들이 있나요?

외교관은 가장 먼저 정책 협의회, 면담, 다자회의, 문화 행사 등 다양한 행사를 성공적으로 주최해야 합니다. 이를 위해 행사를 준비하고 진행하며, 마지막 결과 보고까지 행사 전반을 모두 책임져야 합니다. 이외에도 대사관, 총영사관, UN, EU, OCED 등의 대표부에서 외교관으로서 우리 정부의 입장을 대표하며 양자/다자 현안을 협의하고, 재외국민을 보호해야 하며, 주재국의 정세를 보고해야만 합니다.

행사를 준비하고 방한 인사들의 일정을 담당하며, 경제/정무 정세를 분석하고 보고하기 위해서는 대외활동능력, 문서작업능력, 행사준비능력 등이 요구됩니다. 실질적으로 외교관 업무의 매우 큰 부분은 문서 작업이 차지하며, 성실하게 기록하는 습관이 매우 중요합니다. 추가적으로 어학 능력이 매우 중요하며, 10년에 한 번씩 외교부에 어학 성적을 제출하도록 되어 있습니다.

Q. 외교관으로서 가지는 직업적 장점과 애로사항에는 어떠한 것들이 있나요?

외교관은 국익을 위해 일한다는 점에서 자부심을 매우 크게 가질 수 있는 직업입니다. 외국에서 사람을 만나고 행사를 진행하고 인간관계를 맺는 것을 즐기는 사람에게는 자부심과 보람을 함께 느낄 수 있는 좋은 직업이라고 생각합니다. 또 해외 긴급 구호를 위해 현지에 파견되는 경우가 있는데, 여기서 국가 간 구호활동을 조율하고 동향을 보고하며 성공적으로 긴급 구호를 마치고 돌아올 때 매우 큰 성취감을 느낄 수 있습니다.

반면 외교관이라는 직업의 애로사항으로는 이사를 굉장히 자주 해야 한다는 점을 꼽을 수 있을 것 같습니다. 평균적으로 2~3년에 한 번씩 이사를 해야 하는데 현지 정착 과정에서 본인 및 가족의 현지 적응 혹은 자녀 교육 측면에서 어려움이 있을 수 있습니다. 또한 재외공관에 근무할 경우 재외근무 수당을 따로 받지만 여러 명의 자녀를 동시에 국제학교에 보내야 하는 경우 금전적인 것도 부담이 될 수 있습니다.

Q. 전통적인 외교관이 아닌 미래시대외교관으로서, 특별히 필요한 자질이 있다고 생각하시나요?

미래시대의 외교관들도 기본적으로는 외교교섭 능력 등 전통 외교관들이 갖췄던 자질을 구비해야 할 걸로 생각되며, 추가로 AI의 활용 범위 확대 등 4차 산업혁명이 가져올 변화에 대한 심도 있는 이해도 필요하다고 생각합니다. 비록 현재 외교부 내에서 외교 업무 수행 시 AI를 사용하는 방안에 대해 검토를 시작하고 있지는 않지만 앞으로 기술이 더욱 발전된다면 외교관의 주된 업무 중 하나인 주재국 및 국제사회의 정세 동향 파악 및 보고 업무가 상당 부분 AI 등 발전된 기술을 통해 대체될 가능성이 높다고 생각합니다. 이에 따라 앞으로는 대면 접촉을 통한 외교 교섭 업무의 비중이 현재보다 더욱 커지지 않을까 전망하고 있습니다.

과학기술이 많은 부분을 대체할 수 있지만, 외교는 인간과 인간 사이의 접촉이 매우 중요하다는 점에서 특수성을 갖습니다. 중요한 정보를 수집하는데 있어 인적 매력이 중요시되며, 자연스럽게 접촉하고 소통하면서 만들어지는 유대감은 기술로 대체될 수 없다고 생각합니다. 이를 위해서는 상대의 문화를 이해할 수 있어야 하며, 상대방과 교감할 수 있을 정도의 언어 구사 능력을 갖추어야 한다고 생각합니다.

참고문헌

박영숙, Goertzel Ben. 2016.(인공지능 혁명) 『2030: 제4차 산업혁명과 정치혁명의 부상』. 서울: 더블북.

권중혁. 2017. "저는 '인간' 정치인과는 다릅니다" 뉴질랜드 AI 정치인 등장. http://news.kmib.co.kr/article/view.asp?arcid=0011932469(검색일: 2019.09.20.)

김회권. 2017. "사리사욕없는 AI가공정한 정치하는 시대온다". http://www.sisajournal.com/news/articleView.html?idxno=170793(검색일: 2019.09.20.)

김송은, 남태우. 2018. "전자정부는 직접민주주의를 제고하는가?": 청와대와 서울시 전자민주주의 사례 연구. 한국정책학회 동계학술발표논문집 2018(0): 229-256

황종성. 2017. "인공지능시대의 정부: 인공지능이 어떻게 정부를 변화시킬 것인가?". 한국정보화진흥원.

손현주. 2019. "인공지능 거버넌스와 민주주의의 미래". 동양사회사상학회 사회사상과 문화 22(2): 305-349

이철영. 2016. "마이크로 타겟팅, 무엇인가?". http://www.sisanewsn.co.kr/news/articleView.html?idxno=253(검색일: 2019.12.21.)

Alison Doyle. 2019. "10 Great Jobs in Politics". https://www.thebalancecareers.com/great-jobs-in-politics-2059645(검색일: 2019.12.1.)

이채욱. 2017. "직업 흥미, 가치, 지식, 역량과 제4차 산업혁명에 따른 고용 대체 위험도 분석". 고려사이버대학교 융합정보대학원

Corneliu Bjola, Marcus Holmes. 2015. "Digital Diplomacy: Theory and Practice". Routledge.

Floran Bieber. 2018. "Is Nationalism on the Rise? Assessing Global Trends". *Ethnopolitics*.

George F. Kennan. 1997. "Diplomacy Without Diplomats?". *Foreign Affairs76*(5): 198-213.

Rene Millman. 2018. "China using artificial intelligence to make foreign policy: report" Internet of business.https://internetofbusiness.com/china-using-artificial-intelligence-to-make-foreign-policy-report/(검색일: 2019.12.01.)

유럽 연합 대외관계청. 2019. "EU defence ministers discuss AI with Global Tech Panel experts". https://eeas.europa.eu/topics/common-foreign-security-policy-cfsp/66934/eu-defence-ministers-discuss-ai-global-tech-panel-experts_en(검색일: 2019.09.20.)

Ole Jacob Sending, Vincent Pouliot, Iver B. Neumann. 2011. & The future of diplomacy: Changing practices, evolving relationships &. *International Journal*

Katharina Hone, Eline Chivot. 2019. "[Event summary] The impact of AI on diplomacy and international relations". https://www.diplomacy.edu/blog/event-summary-impact-ai-diplomacy-and-international-relations(검색일: 2019.09.20)

초윤영. 2012. "Public Diplomacy and South Korea's Strategies". *The Korean Journal of International Studies10*(2): 275-296

Guest editorial. 2011. "Wikileaks, diplomacy 2.0 and the state of digital public diplomacy". *Place branding and public diplomacy7*(1): 1-8

Joseph S. Nye, Jr. 2009. "Get Smart: Combining Hard and Soft Power". *Foreign Affairs* 88(4): 160-163

9 장

법 행정 미래 진로

김준영, 강지연, 기쿠치 레이카

Ⅰ. 서론

1만 291명. 최근 실시된 2020년 법학적성시험(LEET)에 전체 지원자 1만 1,161명 중, 92.2%인 1만 291명이 응시하여 LEET 시행 이후 응시인원 역대 최고치를 경신했다. 2017년 응시인원 8,110명, 2018년 9,408명, 2019년 9,740명으로 매년 법학적성시험 응시자 수는 증가하고 있는 추세다.[1] 법학은 소위, '문과생'들이 가질 수 있는, 몇 안 되는 기술적 전문분야 중 하나다. 사법 시험이 2017년을 마지막으로 폐지되어 법학전문대학원(로스쿨)이 사실상 법조계에 진출할 유일한 길이 되었고, 이에 더해 취업난이 장기화되면서 대학 졸업자나 졸업예정자들이 법조계를 더욱 선호하게 됨에 따라 LEET 응시인원은 지속적으로

1 VERITAS. 2019. "2020 LEET 응시자 1만291명 '역대 최다 경신'. 응시율 92.2%." http://www.veritas-a.com/news/articleView.html?idxno=161902(검색일: 2019.11.5)

증가해왔다. 이로 미루어 볼 때, 법조시장에 지각변동이 벌어지지 않는 한 앞으로도 로스쿨 지원자의 증가 추세는 지속되리라고 예상된다.

학계 진출, 전문 법조직 희망, 취직 등 로스쿨에 진학하고자 하는 선택의 동기는 다양하지만, 대부분 현실적으로 고려한 단기적인 동기이거나 법조계에 대한 막연한 흥미 내지 기대에 기인할 것이다. 진로를 선택할 때 본인이 그 분야에 흥미가 있는지, 요구되는 자질에 합당한지, 준비할 만한 여건이 되는지 여부를 따지는 것도 중요하지만 백세 시대가 도래하고 기술이 질적으로 도약하는 시점에서, 한 걸음 더 나아가 그 진로의 미래를 구체적으로 고민하는 일이 필요할 것이다. 이 글에서는 법 분야를 살펴볼 것인 바, 법 관련 진로 개발을 위한 현재의 방식을 로스쿨 입시를 중심으로 간단하게 살펴본 뒤, AI를 중심으로 전개되는 법학의 미래 진로에 대해 짚어볼 것이다. 끝으로, '정치학'과 미래 진로 개발이라는 책의 목적에 따라 정치학 전공생이 어떻게 진로를 준비해야 하는지 고찰함으로써 글을 끝맺을 것이다.

II. 법학과 진로개발

1. 이전, 그리고 현재의 법률가 양성 방식

법학으로 진로를 설정할 때 크게 두 가지의 선택의 기로에 놓이게 된다. 학계로 갈 것인지, 실무로 갈 것인지가 바로 그 고민이다. 법을 연구하는 학자로서 법률가가 될 수도 있고, 전문 교육을 마치고 시험을 통과한 뒤 실무에 종사하는 법률가가 될 수도 있다. 로스쿨이 도입되기 이전에는 학계로 진출하고자 하는 경우, 일반적인 루트는 법학사 → 법학석사 → 법학박사의 과정을 밟는 것으로, 다른 학계의 진출 방식과 다르지 않았다. 즉 법대를 졸업하고 대학원에서 법학 석·박사 학위를 받아 학자의 길로 가는 방법이었다. 실무로 나아가고자 하는 경우, 법대에 진학하거나 혹은 법 전공이 아니더라도 개별적으로 법학을 공부해서 사법시험을 통과하는 길이 유일했고 사법시험을 통과하면 사법연수원 과정을 거쳐 실무로 진출하게 되었다.

사법시험은 법조계의 배타적 독점 체제를 만든 원인이자 고시 장수생을 양산해 국가 인력의 낭비를 초래한다는 이유로, 참여정부 시기에 폐지되어 2017년을 끝으로 막을 내렸고 그 자리에 로스쿨이 들어오게 되었다. 이것은 법률가 배출 방식을 '시험을 통한 선발에서 교육에 의한 양성'으로 전환한 결과이기도 하다. 로스쿨은 2009년 처음으로 신입생을 선발하였고, 현재 법조 인력이 되기 위해서는 LEET 시험을 거쳐 로스쿨에 진학하는 것 이외에는 방법이 없다. 법조 실무로 나가기 위해서는 로스쿨에 진학하고 나서 변호사시험에 합격한 뒤 실무계로 진출하게 된다. 단, 2011년도부터 변호사들의 실무능력 향상과 국민의 편익 증진 도모라는 취지로 '변호사 실무수습 제도'가 도입되었고, 이에 변호사법에[2] 따라 로스쿨 출신 변호사들은 반드시 본격적인 변호

2 국가법령정보센터. 2019. 변호사법" 제21조의 제1항, 제31조의 2 제1항.

사 경력을 시작하기 이전에 6개월 이상의 실무 수습을 받아야 한다. 정리하자면, 로스쿨 진학 → 변호사시험 → 변호사 실무 수습 과정으로 요약할 수 있다. 학계의 경우 로스쿨에 진학한 이후에, 이어서 법학전문박사 학위를 받거나 일반대학원 법학 전공에 입학하여 박사학위를 받아 학력을 개발하는 방식이 있다. 요즘에는 대부분 변호사 시험을 거쳐 실무계에 진출하는 데에 관심이 있어 학계는 점차 약화되어 가고, 법학 학문후속세대 양성에 어려움을 겪고 있는 상황이다. 이상의 논의를 정리하면 아래의 표와 같다.

이전 법률가 양성 방식	현재 법률가 양성 방식(2009-)
학계: 법학사 → 법학석사 → 법학박사	
실무: 법학과/법학공부 → 사법시험 → 사법연수원(2년)	학계: 법학전문대학원 → 법학전문박사/일반대학원 법학전공
실무: 학부(비법학/법학) → 법학전문대학원 → 변호사시험 → 변호사 실무 수습과정	

2. 법학전문대학원 준비 및 향후 진로

법학전문대학원 입시는 우선 법학적성시험(LEET)를 치른 뒤, 취득한 성적을 가지고 원서접수를 진행함으로써 시작된다. '원서접수' 단계에서는 학교마다 조금씩 차이는 있지만 LEET 성적, 대학 성적(평량평균), 어학성적, 기타 서류심사(자기소개서 등)로 평가한다. 반영 비율

---

http://www.law.go.kr/lsInfoP.do?lsiSeq=205812&efYd=20181218#0000(검색일: 2019.12.22)

은 보통 LEET 성적이 가장 높은 비율로 할당되어 있으며, 그 비율이 가장 낮은 곳도 두 번째로 높은 평가 영역과 비중이 같다. 1단계에서 보통 3~5배수를 선발하면 2단계 '면접심사' 단계로 넘어가게 된다. 여기서는 학교에 따라 면접만으로 진행되거나 논술과 면접을 함께 진행하게 된다. 2020학년도 평균 경쟁률은 4.92대 1이고, 2019학년도 경쟁률은 4.7대 1이었다.

로스쿨에 진학하여 과정을 이수한 뒤 변호사시험을 치르면 본격적으로 학계나 실무계열에 진출하게 된다. 실무계열에서 선택할 수 있는 법률가의 길은 크게 검사, 변호사, 판사 세 가지로 구분되며 이들을 흔히 법조계를 떠받치는 세 개의 축, "법조삼륜"이라고 부른다. 검사는 사법부가 아닌 행정부 소속으로서 형사소송법상 수사지휘권을 갖는 행정부 내 법률전문가라고 볼 수 있다. 민법 개정, 외교통상과 국제법 영역에서도 검사가 법률 전문가의 역할을 담당하지만 대개 수사나 형사관련 업무가 주된 업무이므로 로스쿨 검찰 실무교육 등은 주로 형사법 교육에 치중되어 있다. 변호사는 기본적으로 갈등이 발생해 법적 판단을 구해야 할 때 의뢰인들을 대신해 법률행위를 하는 사람들이다. 로스쿨을 졸업하고 변호사 시험에 통과한 뒤, 6개월 간의 실무수습과정을 거치면 변호사로 활동할 수 있게 된다. 개인 법률사무소를 차리거나, 법무법인에 소속되거나, 사내변호사가 되거나, 법원의 국선전담변호사로 활동할 수 있다. 사람을 자주 만나야 하는 직업이기에 적극적이어야 할 필요가 있고, 책임감이 요구되며, 실제 판결에 영향을 미칠 때 강한 성취감을 얻을 수 있다. 판사는 독립된 사법부에서 독립된 재판권을 행사하는 주체다. 헌법상 그 신분이 보장되며, 주어진 사실관계에 대한 법 해석의 권한을 갖고 양심과 법률에 따라 주어진 사건의 최종 결론을 내리는 역할을 수행한다. 판사의 권한은 “너는 사실을 말하라, 나는 법을 말하리라”로 표현할 수 있다. 대부분의 시간을 기록을 읽고 판결문을 작성하는 것으로 보내기에 혼자 있는 시간이 많으며, 학구적이고 꼼꼼해야 하는 직업이다. 판사를 도와 사건의 심리 및 재판에 관한 조사, 연구 등을 수행하는 직업으로 재판연구원(로클럭)이 있는데, 최대 3년의 범위 내에서 기간을 정해 채용되고 각급 법원의 판사실에 배치된다. 재판연구원의 경우도 판사와 비슷하다. 변호사에 비해 적극적인 활동이나 협업의 측면은 적고 대개 한 사건을 한 연구원이 맡아 처리하므로 꼼꼼하고 객관적인 판단을 요하는 직종이다. 판결의 완결성이 중요하므로 문장을 누락하거나 논리가 촘촘하지 못한 것은 치명적인 단점이 된다.

3. 미국 법학전문대학원 준비 및 향후 진로

만약에 법조계를 생각 중이라면, 한국 시장 뿐만 아니라 미국 시장 또한 고려해볼 수 있다. 미국 로스쿨에는 전공에 대한 제약은 없으나, 미국에서는 법학과라는 과가 없기 때문에 정치학(Political Science)은 보통 로스쿨 가기 전 Pre-Law 과정으로 인식되는 경우가 많다. 따라서, 정치학 전공은 미국 로스쿨 지원 및 로스쿨에서의 공부에서 도움이 될 수 있다. 미국은 시장이 워낙 넓기 때문에 기회가 많으며, 변호사 연봉이 한국보다 높다는 장점이 있다. 2022년 기준으로 2020 T20 로스쿨 졸업자의 경우 연봉 중간값이 $190,000 정도 되며, 한화로 약 2억 2,800만원 정도 된다. 또한, 미국 빅로펌인 경우 전 세계에 사무실이 두고 있기 때문에, 미국이 아니라 싱가포르, 일본 등 다양한 국가에서 활동할 수 있다. 하지만, 그만큼 경쟁이 많을 뿐만 아니라 국제학생(international student)의 경우 시민권 문제 및 영어 문제, 네트워크 문제 등으로 취업 및 입학에 있어서 불리할 수 있다. 또한, 그만큼 업무가 고될 수 있으며, 미국 로스쿨 등록금 및 생활비, 영어 실력, 영미권 문화, 취업 상황, 비자, 성격 등 여러 가지를 고려하여 신중하게 선택해야 한다. 그럼에도 불구하고, 전 세계 많은 외국인들이 미국에서 변호사 활동을 하고 있으며, 여전히 기회는 있다. 또한, 미국에서 또한 "변호사 포화상태"라고 하지만 탑 로스쿨 취업률을 보면 98%에 육박한다. 즉, 많은 면에서 쉬운 과정은 아니지만, 불가능한 것 또한 아니라는 것이다. 따라서, 한국과는 다른 더 넓은 곳에서 일해보고 싶거나, 다양한 법 분야를 접해보고 전문성을 기르고 싶은 경우 미국 변호사 과정도 고려할 수 있다. 하지만, 한국에서는 미국 로스쿨 과정을 설명하는 자료가 많이 없다. 따라서, 본 장에서는 로스쿨 과정에 관한 전반적인 내용, JD 과정을 위한 로스쿨 준비 및 지원 과정, 마지막으로 국제학생에게 도움이 될 만한 준비과정들을 소개하고 끝을 맺으려 한다.

1) JD 과정? LLM 과정?

국제 학생인 경우 고려할 수 있는 과정이 2개가 있다. JD(Juris Doctor)과 LLM(Latin Legum Magister: Master of Laws) 과정이 있다. 가장 최고 과정인 SJD(A Doctor of Juridical Science) 과정도 있지만 SJD 학위는 JD와 LLM 과정 이후에 로스쿨 교수가 되고 싶은 경우 혹은 기업법, 세법 등 세부 분야에서 전문성을 기르고 싶은 경우에 JD와 LLM 학위 취득 이후 지원할 수 있다. 하지만, 모든 로스쿨에서 SJD 과정을 제공하는 것은 아니며, SJD 취득한 경우는 생각보다 드물다. 로스쿨 교수 임용에 있어서 SJD가 필수적인 것은 아니며, JD 학위 만으로도 로스쿨 교수가 될 수 있다. 이런 면에서 다른 분야의 Ph.D 과정과는 다르다고 할 수 있다. 따라서, 보통의 경우 JD와 LLM 과정을 고려하게 된다. JD 과정은 보통 3년, LLM 과정은 1년 과정이다. 한국과 마찬가지로 보통 JD 과정 이후, bar exam이라고 불리는 변호사 시험에 응시하고 합격하면, 변호사 자격증을 얻게 된다. 하지만, 한국과 다른 점은 미국은 연방 국가이기 때문에, 각 주마다 다른 법 체계가 있다. 따라서, 활동하고자 하는 주(state)에서 변호사 시험을 볼 수 있으며, 합격한 경우 그 주에 한해서만 활동할 수 있다는 차이점이 있다.

LLM 과정이 "master" 과정이기 때문에 JD 과정보다 상위 학위라고 생각하기 쉽다. 하지만, 미국 본토 내에서 보편적으로 인정해주는 학위는 JD 과정이다. JD가 학부 끝나고 가게 되는 변호사 과정이고, LLM은 석사 과정이기 때문에 LLM이 상위 과정인 것은 틀린 말은 아니다. 하지만, LLM 학위를 더 고급 과정으로 인식하거나 그런 것은 아니다. JD 과정은 변호사가 되기 위한 학위인 반면, LLM은 전문 분야를 공부하고 싶거나, 외국 변호사가 미국에서 변호사 활동을 하고 싶을 때 취득하는 학위에 가깝다. 정확한 비유는 아닐 수 있지만 한마디로, JD는 우리가 한국에서 보편적으로 생각하는 로스쿨 개념이고, LLM 과정은 한국 로스쿨에서 제공하는 석사 과정이다. 따라서, LLM이 JD보다 더 알아주는 과정이고, LLM만 있으면 미국에서 변호사 활동을 할 수 있으며, 입학/졸업이 JD보다 수월하기 때문에 국제학생에게 LLM 과정을 추천하는 블로그/인터넷 자료들은 경계해서 볼 필요가 있다. 주마다 다르긴 하지만 LLM 하나 가지고는 변호사 자격 시험을 치기는 어렵다. 국제학생인 경우 주로 뉴욕 주 혹은 캘리포니아 주에서 변호사 자격을 취득하게 되는데, 뉴욕 주와 캘리포니아 주 둘 다 LLM 과정 이상의 것을 요구한다. 캘리포니아 주 경우 외국인 또한 변호사 시험에 응시할 수 있으나, JD가 없는 경우 다음과 같은 사항을 요구한다: (1) 2년제 이상의 학부 졸업, (2) 캘리포니아 주의 "baby bar(미니 변호사 시험)"를 통과 및 면제 받을 것, (3) 미국에서 법 과정 4년을 이수할 것. 뉴욕 주 같은 경우도 마찬가지로, 2012~2013년 기간 포함하여 그 이후 LLM 학위를 받은 경우 주로 다음과 같은 요건을 요구한다. (1) 인증을 받은 로스쿨에서 LLM 학위, (2) 미국에서 이수 받은 최소 24 학점, (3) 필수 요건 수업 및 법률 관련 활동(클리닉, 인턴십, etc. 자세한건 홈페이지 참조), 그리고 가장 중요한 건 (4) Section 520.6에 따른 외국에서의 법 관련 학위 및 자격증을 요구한다. 기타 세부적인 조건 또한 있으나, 주요 요건은 앞서 말한 것과 같다. 물론, 주마다 다르기 때문에 활동하고자 하는 주가 있으면 그 주의 Board of Bar Examiners 웹사이트를 참고하는 것이 가장 정확하다. 하지만, LLM 과정 관련해서 변호사 시험 자격이 주어지는 요건이 까다로워지고 있다는 점은 참고하는 것이 좋다. 또한, 외국 학위의 경우 JD 없이 LLM만 가지고 미국 빅로펌을 가기는 힘들다. 따라서, 한국에서 변호사 자격증이 있으며, 변호사 활동 경험이 있으나 미국에서 활동도 하고 싶은 경우, 혹은 한국에 변호사 자격증이 있고, 이미 소속되어 있는 로펌이나 직장이 있는 경우가 아니라면 미국 LLM 과정을 추천하지는 않는다. 물론, 본인의 자격, 요건 및 향후 진로에 따라 다르겠지만, 진

| **표 1** | JD 과정 LLM 과정 비교 표

	JD	LLM
과정 개요	학부 학위 취득 후 미국에서 변호사 자격증을 취득하기 위해 가는 과정	미국 변호사 자격증 취득 이후 전문 분야를 탐구하거나, 외국 변호사 자격증을 가진 사람이 미국 주 변호사 자격 시험에 응시하기 위해 가는 과정
과정 길이	3년	1년
변호사 시험 자격 여부	가능	특정 조건 충족 하에 가능
국제학생인 경우 추천 하는 과정	1. 미국에서 전반적인 변호사 활동을 하고 싶은 경우 2. 외국에 변호사 자격증이 없는 경우.	1. 한국에서 변호사 자격증이 있으며, 변호사 경험을 한 경우 2. 한국에서 변호사 자격증이 있으며, 이미 소속되어 있는 로펌이나 직장이 있는 경우 3. 미국 JD 학위가 있는 경우 혹은 조금 더 높은 순위의 학교에 가고 싶은 경우

학 전에 어떤 과정이 나에게 더 도움이 되는 과정인지 꼼꼼하게 따져 보는 것이 바람직하다.

II. 로스쿨 어디서부터 준비해야 하는가?

1. LSAT & GPA

1) GPA

미국 로스쿨 입시에 절대적인 두개가 있다. GPA와 LSAT이다. GPA와 LSAT는 높을 수록 좋다. GPA는 보통 4.0만점 기준으로 환산되며, 미국 학부의 경우 LSAC의 CAS(Credential Assembly Service)에 성적표를 제출하면, 다시 GPA를 환산 해준다. 학부가 미국 외 학부인 경우에는(캐나다 포함하여) Credential Assembly Service Authentication and Evaluation에 학교가 직접 제출하는데 미국처럼 소수점으로 나오는 것이 아니라, Superior/ Above Average/ Average/Below Average로 구별되어서 나온다. 한국 학부인 경우, T14를 목표로 한다면 Above Average도 희망은 없는 것은 아니지만 Superior를 받는 것을 최대 목표로 해야 한다. 한국 학부인 경우 소수점 싸움을 해야 하는 미국 학부보다는 GPA에 대한 강박관념이 좀 덜 할 수 있다. 따라서, 입시에서는 LSAT를 위주로 평가하게 되며, 경우에 따라서 유리하게 혹은 불리하게 작용할 수 있다.

2) LSAT

LEET가 LSAT을 벤치마킹 하였기 때문에, 어느정도 유사점이 있다고 할 수 있다. LSAT은 180점 만점으로, 170+를 받는 경우 T14를 노릴 수 있으며, 175 이상인 경우 T6까지 지원해볼 수 있다. LSAT은 단순히 영어 실력을 요구하는 것 이상을 요구한다. LSAT은 2년에 5번까지 볼 수 있으며, 미국에서는 거의 한 달에 한 번씩 볼 수 있지만, 한국에서는 보통 2월, 4월, 6월, 10월 이렇게 4번 정도 볼 수 있다. 예전에는 연세대/숙명여대에서 볼 수 있었지만 코로나 팬데믹 이후 인터넷(Virtual) 방식으로 바뀌었다. 이제는 Proctor라고 불리는 원격 시험 감독관의 지시에 따라서 자신의 컴퓨터를 이용한 온라인 방식으로 시험이 진행된다.

LSAT은 (1) Logical Reasoning(LR), (2) logic game(LG), (3) reading comprehension(RC)이 있다. 여기에 Writing(작문) 섹션도 있지만, 점수에 포함되는 섹션은 아니고, 시험 전 일주일부터 점수 공개 전까지 원격으로 작성해서 제출만 하면 된다. 따라서, 다른 섹션에 비해 크게 부담가질 필요는 없다. 그렇다고, 아예 쓸모가 없다는 뜻은 아니다. 국제학생의 경우 영어 작문 실력을 보기 위해서 참고용으로 LSAT 라이팅을 보는 경우도 있다. 따라서, 시험 1~2주 전에 라이팅도 몇 번 연습해서 시험 보는 것이 좋다. LSAT의 경우 원래는 LR 2섹션, Game 1섹션, RC 1섹션으로 구성되어 있었으나, 개정 이후 각 1섹션씩으로 개정되었다. 각 섹션은 35분으로 구성되어 있으며, 하나는 experimental section이라고 해서 다음 시험에 대한 난이도를 측정하기 위한 목적으로, 점수가 메겨지지 않는(un-scored) 섹션이 있다. 그래서 총 4섹션이 있으며, 2섹션 이후 10분 쉬는 시간이 주어진다. 따라서, 시험 시간은 2시간 30분 정도 소요되며, 앞에 가이드까지 시간을 합치면 2시간 45분 정도 소요된다. 이 글은 2023년 1월 기준으로 작성 되었으며, 판결 결과로 인해 게임 섹션이 2024년에는 없어진다는 얘기가 있다. 하지만, 2023년까지는 게임 섹션이 출제될 것은 확실하다. 다만, 언제부터 게임 섹션이 대체될지는 확실히 나와있는 바가 없기 때문에 LSAC 홈페이지를 살펴보는 것이 좋다.

III. 로스쿨 어디에 지원해야 하는가?

미국 변호사 자격증을 원할 경우 반드시 ABA(American Bar Association) 인가를 받은 학교여야 한다. ABA 인증을 받지 않은 로스쿨에서 JD 학위를 따도 변호사 자격 시험에 응시할 수 없다. 대부분 들어본 대학 로스쿨들은 ABA 인증을 받은 학교들이니, 크게 염려할 부분은 아니다. 알아둘 점은 미국에는 200여 개의 로스쿨이 있기 때문에, 변호사 자격증 하나로 능력이 보장되는 것이 아니다. 따라서, 미국에서는 로스쿨 랭킹이 중요하게 작동하며, 법조계에서는 어느 로스쿨을 나왔느냐에 따른 학벌주의가 나타난다. 코로나 이후 GPA 및 LSAT 점수가 급증하고, 경쟁이 나날이 심해지고 있는 가운데 많은 로스쿨에서 정량 평가에 대한 의문을 제기하고 있다. 따라서, 많은 로스쿨이 정량 평가를 위주로 하는 U.S. New Ranking을 보이콧한다는 기사가 나고 있으나, 여전히 로스쿨 입시에 있어서 랭킹이 중요하다. U.S New Ranking에 따라 보통 랭킹 1~14위까지 불리는 T14 학교들을 최상위권, 랭킹 상위 20위까지 T20, 그 이후로 T50, T100이 있다. 2023년 기준 지난 US News Ranking 평균에 따른 T14 학교들은 다음과 같다. 랭킹은 꽤 일관적인 편이고 년도에 따른 변동은 있다.

여기에 이제 UCLA와 U of Texas at Austin도 더해지는 추세이다. 이 안에서도 예일 대학교가 부동의 1위 로스쿨이다. 하버드, 예일, 스탠포드 세 학교를 묶어서 HYS, 그 밑에 콜롬비아, 시카고, 뉴욕대학교까지 CCN이라고 부른다. 까다로운 경우에는 T6까지만 최상위권이라고 보는 경우도 있으나, 최근 로스쿨 경쟁이 심화되고 점수 인플레이션이 심해지고 있기 때문에, T14 진학 또한 최상위권 수준으로 어려워지고 있다. 그럼에도 불구하고, 국제학생의 신분으로 취업을 하기 위해서는 여전히 최소 T20 진학을 해야 그나마 안정성이 있다. 물론 T20 밑 학교를 갔다고 취업을 못하는 것도 아니며, T6를 갔다고 취업이 보장되는 것은 아니고, 로스쿨 진학 후 1L 성적에 따라 취업 여부가 갈리기도 한다. 그럼에도 불구하고, 최대한 할 수 있는 능력 내에서 높은 대학을 진학 함으로써 어느정도 안정성을 확보하는 것 또한 중요하다.

내가 갈 수 있는 대학교를 알 수 있는 방법은 일단 그 학교에 합격한 학생들의 프로파일을 보는 것에서 시작한다. GPA, SAT 뿐만 아니라 여러가지 활동을 골고루 파악하여 입학 여부를 결정하는 미국 대학 학부 입시 방식과는 달리 미국 로스쿨은 정량 평가 80%, 나머지 20% 정도로 구성된다. 즉, 입학 결정의 80%는 내 GPA와 LSAT에 달려있다는 뜻이다. 미국 ABA인가를 받은 대학교는 매년 학생들의 GPA 중간값, LSAT 중간값, 인종별 퍼센티지 등 여러가지 요구사항들을 작성해서 ABA에 제출해야 한다. 이런 ABA에 제출한 509 보고서에 따라서 그 학교의 GPA, LSAT 중간값을 기준으로 상향지원, 적정지원, 하향지원 가능한 학교인지 파악할 수 있다. GPA와 LSAT 둘 다 그 학교의 중간값 +/- 25% 이내인 경우 적정지원, 둘 다 하위 25%인 경우 상향 지원, 둘 다 상위 25%인 경우 하향지원이라고 본다. 하지만, 사람의 삶이나 능력이 칼처럼 딱딱 나눠 떨어지는 것은 아니기 때문에 예외적인 상황 또한 많다. 예를 들어, GPA가 상위 25%이지만, LSAT이 하위 25%인 경우, splitter라고 부르며 각 학교 입시 프로토콜에 따라서 어떻게 원서를 검토하는지 달라진다. Splitter인 경우 후술하겠지만, 어덴덤(addendum)을 쓸 수도 있다. 509 report 외에도 자신이 어디쯤 지원하면 좋을지 확인 하기 위해 참고용으로 인터넷에 Law School Predictor 같은 웹사이트들에서 "재미삼아" 보는 것도 방법이다. 로스쿨 입시가 아무리 정량평가 비율이 80%라고는 하나, 둘 다 적정값 이내에 있다고 합격이 보장되는 것은 아니며, 상향 지원이라고 반드시 불합격 되는 것도 아니다. 여전히 20%의 요소들이 존재하기도 하며, 로스쿨 입시 또한 운이 작용하기도 한다. 하지만, 그렇다고 운에 모든 걸 맡기는 일은 없어야 한다.

물론 로스쿨은 랭킹이 높은 곳을 가는게 좋지만, 랭킹이 전부라고 말하긴 힘들다. 3년이라는 시간을 보내야 하기 때문에 자신이 어디에 살고 싶은지, 어디가 잘 맞는 환경인지를 고려해야 하고, 향후 어떤 분야에서 일하고 싶은지, 어떤 규모의 로스쿨을 원하는지 등등 여러가지를 고려하여 선택 할 수 있다. 예를 들어서, 도심 한 가운데에서 공부하고 싶고, 추운 곳을 싫어하는 사람에게는 조금 랭킹이 높은 코넬 로스쿨보다 UCLA 로스쿨이 나을 수도 있다. 뿐만 아니라, 국제기구에서 변호사 활동을 하고 싶은 사람은 국제기구 취업 기회가 많은 워싱턴 소재 로스쿨인 조지타운이나 조지워싱턴 로스쿨 진학을 고려할 수도 있다. 또한 LSAT 점수에 따라서 국제 학생들에게도(성적 장학금)을 줄 수 있는데, 나라에서 financial-aid를 받기 어려운 국제 학생의 경우 자신에게 장학금을 많이 주는 학교를 선택할 수 있다. 또한, 각 학교가 추구하는 방향성이 다르고, 그에 따라서 학교 분위기가 다를 수 있기 때문에 나에게 맞는 학교를 찾아서 갈 수도 있다.

학교가 추구하는 방향성을 알기 위해서는 네트워크를 이용하여 미국 로스쿨에서 공부하는 중이거나 공부했던 경험이 있는 사람에게 그 학교 분위기에 대해서 물어볼 수 있다. 그런 네트워크가 없더라도 그 학교의 로스쿨 학생회 홈페이지/소셜미디어 혹은 학교 홈페이지를 통해서 학교가 추구하고자 하는 방향성을 파악할 수 있다.

그리고, 홈페이지 메인을 보면 대법원 모의 재판률 100%, 70개국 이상에서 온 국제학생, 300명이 넘는 학생들이 클리닉에 참여 중이라고 크게 표시되어 있다. 그리고, 홈페이지에 국회의사당 사진이 메인이다. 따라서, 홈페이지와 소개글(밑줄) 에 따라서 조지타운이 (1) 대법원과 국회가 가깝다라는 장점을 어필하고 있으며, (2) 클리닉을 통한 실무 경험 또한 할 수 있으며, (3) 국제학생들에게 우호적인 태도를 지니고 있다. 특히, 그 중에서도 위치적인 장점을 어필하고 있음을 알 수 있다. 따라서, 국회와 대법원에서 경험하고 싶은 경우 조지타운 로스쿨이 좋은 선택일 수 있다. 또한, 만약에 조지타운 인터뷰에서 왜 조지타운을 선택했는가를 물어봤을 때, 지리적인 장점과 많은 클리닉 그리고 다양성을 언급하는 것은 조지타운 로스쿨의 입학사정관으로 하여금 "good fit" 즉, 조지타운과 잘 맞을 수 있겠다라는 인상을 줄 수 있다. 이렇게, 하나하나 가고 싶은 로스쿨을 서치하는 과정을 통해 내가 힘들더라도 즐겁게 공부할 수 있는 학교를 고르는 것이 중요하다. 물론 학교를 선택함에 있어서 랭킹은 당연히 고려해야 하는 주요 요소이기는 하나, 로스쿨에서는 1학년 성적이 취업에 절대적이기 때문에 자신의 환경, 성격, 하고싶은 일을 인지하고 그거에 따른 최선의 선택을 하는 것이 더 중요하다.

하지만, 유의해야 할 부분은 특정 학교가 로스쿨 랭킹은 낮지만 자신이 원하는 특정 분야의 랭킹이 높다고, 그 학교를 선택하는 것은 피해야 한다. 이는 미국 Ph. D 유학과 다른 점이다. 예를 들어서, 미국 University of Maryland-College Park College Park 경우 US News Ranking 에서 55위지만, 범죄심리학 분야에선 1위이다. 따라서, 범죄심리학 유학을 생각 중이라면, 웬만한 다른 상위 대학의 범죄심리학보다 메릴랜드 대학교를 선택하는 것이 낫다. 하지만, 로스쿨의 경우는 다르다. 만약에 세법을 전공하고 싶고, 플로리다 대학 로스쿨과 콜롬비아 로스쿨에 둘 다 붙었다고 가정해보자. 이런 경우에 플로리다 로스쿨의 세법 랭킹이 콜롬비아 로스쿨보다 높다고 플로리다 로스쿨을 선택하는 것은 다시 생각할 필요가 있다. US News Ranking에 따르면 세법 프로그램 3위는 플로리다 대학 로스쿨이고, 콜롬비아 대학교가 세법 9위이다. 물론 플로리다 대학도 T20위권 좋은 로스쿨이지만, 그렇다고 세법 랭킹만 보고 콜롬비아 대학교를 포기하고 플로리다 로스쿨을 가는 것은 나중에 후회할 수 있다. US News Ranking에서 세부 분야 랭킹을 정하는 요소는 그 분야 단체와 커넥션이 많거나, 학교 자체가 특정 분야에 특화 되어 있거나, 그 분야 교수가 많거나 하는 경우이다. 로스쿨 졸업생이 취업할 때는 특정 분야의 랭킹이 아니라, 로스쿨 랭킹에 따라 평가되는 경우가 대부분이기 때문에 자신이 원하는 세부 분야의 랭킹만 보고 결정하는 것은 피하는 것이 좋다. 또한, 자신이 그 분야에 확신이 있다 하더라도 로스쿨에 가서 그 분야의 법을 직접 공부하는 것과는 다른 얘기이다. 전문적인 과정을 밟고 싶으면 나중에 LLM이나, 다른 전문가 과정 프로그램을 이수하면 된다.

Ⅳ. 로스쿨 지원 준비 과정

로스쿨 원서 접수는 보통 11월 초에 열리고, 3~4월까지 원서를 받는 경우가 많다. 하지만, 로스쿨에서도 생각하고 있는 정원이 정해져 있기 때문에, 빨리 낼수록 유리하다. 따라서, 원서를 다 준비하고 있다가 원서 접수가 시작되자마자 지원하는 것도 방법이다. 로스쿨 입시 또한 한국 입시처럼 수시/정시 개념이 있다. 로스쿨 입시에는 Early Decision(ED), Early Action(EA)와 Regular Decision(RD) 세개가 있다. Early Decision/Early Action은 한국 수시개념이며, 보통 11월에 수시 접수를 시작한다. 한국 수시와 다른 점은 Early Decision은 수시 학교 하나에만 접수 할 수 있으며, 붙으면 그 학교에 반드시 가야한다. 정시에서 더 높은 학교에 붙어도, ED에 붙은 학교를 가야한다. 예를 들어서, 뉴욕 대학교에 Early Decision으로 붙고, 정시에서 콜롬비아에 붙어도 뉴욕 대학교를 가야한다. Early Action은 그 학교에 붙어도, 반드시 그 학교에 가지 않아도 된다. 하지만, 모든 학교가 Early Action을 제공하는 것은 아니기 때문에 잘 살펴보아야 한다. Early 서류인 경우 하지만 서류나 성적을 조금 더 너그럽게 봐주는 경향이 있으며, 장학금을 주는 경우 장학금을 더 많이 주는 경향이 있다. 따라서, 시간적인 여유가 있거나, 이미 LSAT 성적이 있으면 나머지 서류들을 빨리 준비해서 지원을 빨리하는 것이 유리하다.

하지만, 앞서 말했듯이 Early 과정에서 서류 검토 과정이 RD보다 너그럽다고 했지만, "RD보다" "조금" 너그러운 정도이지, 말도 안 될 정도로 너그러운 것은 아니다. 따라서, 수시를 어떤 곳에 지원할지 잘 선택해야 한다. GPA가 3.0/4.0이고, LSAT 점수가 160점인데, ED로 예일 대학교를 지원한다면 ED 찬스를 날리는 것일 수도 있다. 따라서, 수시에는 특히, ED에는 노려볼만한 학교를 지원하는 것이 좋다. 하지만, 만약에 자신이 가고 싶은 학교가 없거나, 수시로 지원 가능한 학교에 확신이 없다면 정시로 지원하는 것이 낫다. 따라서, RD만 넣을지, ED/ RD만 지원할지도 결정해야 한다. 이후 상향, 적정, 하향 학교를 골라서 어디 지원할지 결정을 해야한다. 보통 상향(Reach School) 3~4개, 적정(Match School) 3~4개, 하향(Safety School) 3~4개 정도를 고른다. 어떤 학교에 가야 하는지는 앞서 설명한 바 있다.

로스쿨 지원에 있어서 다음과 같은 서류들이 필요하다.

1. 성적표
2. LSAT 점수
3. 최소 2개의 추천서
4. Personal Statement
5. 이력서(Resume)
6. Diversity Statement(필요한 경우)
7. Addendum(필요한 경우)

1. Personal Statement

Personal Statement는 이름에서 알 수 있다시피 자기소개서이다. 특정 주제는 없지만 크게 두 가지 주제로 나눠서 볼 수 있는데, (1) 왜 법을 공부하고 싶은지, (2) 내 인생의 터닝 포인트가 있었다면 그것이 어떻게 내 인생을 바뀌었는지에 대해서 쓸 수 있다. 내가 어떻게 난관을 극복할 수 있었고, 그 터닝 포인트로 내가 어떻게 변화하였는지에 대한 얘기를 쓰면 된다. 하지만, 난관 극복이 남들과 똑같은 것이 아닌, 나만의 난관이고 내가 깨달은 바가 있던 극복이어야 한다. 내가 재수해서 목표 대학교에 간 것은 로스쿨 입학사정관이 읽고 싶은 얘기는 아니다. 터닝 포인트는 매우 사소한 것이어도 된다. 예를 들어서, 내가 되게 소심한 사람이었는데, 어느 날 엄마에게 나의 의견을 말한 날이었다던지, 아니면 어떤 사건이 나의 수십 년간 지녔던 가치관을 변화시켰는지에 대한 내용을 쓰는 것이다. 보통 더블 스페이스, Times New Roman 폰트 12 크기, 헤딩을 포함해서 3~4장 정도 쓴다. 입학사정관들은 하루에 수백 개 되는 원서를 읽어야 하기 때문에 내가 하고 싶은 얘기를 핵심만 추려 앞뒤를 잘 연결해서 써야 한다. 주제는 아무거나 될 수 있으며, 만약에 감을 잡기 어렵다면 어떤 Personal Statement를 써야 하는지는 〈55 Successful Harvard Law School Application Essays 50〉 같은 책을 참고하는 것도 방법이다. 이후에 내가 어떤 삶을 살아왔는지에 대한 마인드 맵이나, 다이어리 등을 다시 돌아봄으로써 자기소개서 주제를 잡고, 원석을 다이아몬드로 만들듯 꾸준히 다듬고, 계속 발전시켜 나가야 한다. 입학 사정관들에 따르면 “Personal Statement는 시작이 빠르면 빠를수록 좋다.”고 말을 한다. 따라서, 주제가 없다고 앉아있기 보다 내가 무엇을 쓸 수 있는지 적어보는 것 또한 좋은 시작이 될 수 있다.

2. 추천서(Letter of Recommendation: LOS)

로스쿨 입시에서는 최소 2개의 추천서가 필요하며, 학교에 따라서 3개를 요구하는 경우도 있다. 추천서는 LSAC 홈페이지를 통해서 교수님한테 링크를 보내고, 교수님이 직접 업로드하는 방식이다. 보통 직장 상사가 아닌 교수한테 받은 Academic Letter of Recommendation을 요구한다. 만약에 졸업 후에 바로 로스쿨 지원하는 상황이 아니라 졸업 후 일하다가 로스쿨에 지원하는 경우에 추천서 3개 중 하나 정도는 상사한테 받을 수 있지만 나머지 2개는 반드시 학교 교수님이어야 한다. 다들 알겠지만 추천서는 유명한 사람이 아니라, 자신을 잘 알고 있는 교수님한테 받아야 한다. 법학과 교수님인 경우에는 조금 더 나을 수 있지만, 근본적으로 나를 잘 알고 있는 교수님어야 하고, 나에 대해서 잘 써줄 수 있는 교수님이어야 한다. 그리고 한국인 교수님인 경우 미국은 자국주의가 강하기 때문에 추천서는 미국 대학 출신 교수님을 선호하는 경우가 있으며, 미국 대학에서 가르쳤던 경험이 있는 교수님에게 요청하는 것이 낫다. 내가 할 수 있는 한에서 최대한 괜찮은 추천서를 받기 위해서는 다음을 유의하는 것이 좋다.

- 추천서를 받으려는 사람(Recommender)에게 최대한 빨리 부탁하기
- 캐나다 방식과는 다르게, LSAC 추천서는 한 번 받으면 웹사이트에 계속 저장이 되기 때문에, 빨리 받아도 상관이 없다. 그래서, 최대한 빨리 부탁해서 교수님에게 쓸 시간도 넉넉히 주고, 미리 저장해 놓는 것도 나쁘지 않다.

- 왜 로스쿨을 가려는지 설명하기
- 왜 로스쿨을 가고 싶은지 아마 지원서에서 설명하게 될 것이다. 이에 관한 내용은 교수님이 말하고자 하는 내용과 일치하게 만드는 것이 좋다. 따라서, 교수님께 하여금 왜 자신이 로스쿨에 가고 싶은지 미리 설명하는 것이 낫다.
- 이력서 첨부하기
- 나를 까먹거나, 내가 그간 무슨 일을 했는지 잘 모르는 경우가 있기 때문에 나에 대해서 보여줄 수 있는 이력서를 첨부하는 것이 좋다. 또한, 이력서에 강조하고 싶은 부분이 있으면, 강조하고자 하는 부분을 교수님께 말씀드리는 것이 좋다.
- 프로세스에 대해서 명확하게 설명하기로 한다.
- 프로세스가 익숙하지 않은 교수님들께는 이 방식이 익숙하지 않을 수 있으니 프로세스에 대해서 정확하고 상세하게 말씀 드려야 한다.

3. 이력서(Resume)

이력서에 포함되어야 하는 요소는 (1) Education, (2) Experience, (3) Activities, (4) 기타 기술 이렇게 크게 4가지가 있다. 이력서 양식은 정해져있지 않지만, 한국과 미국에서 쓰는 양식이 어떻게 다른지 아는 것은 중요하다. 이력서에 내가 무엇을 했는지 하나하나 적는 것이 아니라, 자신을 보여줄 수 있는 주요 활동을 하이라이트해서 1~2페이지 정도로 축약해서 적어야 한다. 활동을 아무리 많이 했다 하더라도, 2페이지 이상을 넘기지 말아야 한다. 밑에는 하버드 대학교에서 제공하는 이력서 템플릿이다.

RESUMES AND COVER LETTERS

Resume Template I (with bullet points)

Firstname Lastname

Home Street Address • City, State Zip • youremail@college.harvard.edu • phone number

Education

HARVARD UNIVERSITY Cambridge, MA
Degree, Concentration. GPA [Note: Optional] Graduation Date
Thesis [Note: Optional]
Relevant Coursework: [Note: Optional. Awards and honors can also be listed here.]

STUDY ABROAD [Note: If Applicable] City, Country
Study abroad coursework in______. Month Year – Month Year

NAME OF HIGH SCHOOL City, State
[Note: May include GPA, SAT/ACT scores, or academic honors an employer may want to know] Graduation Date

Experience

ORGANIZATION City, State (or Remote)
Position Title Month Year – Month Year

- Beginning with your most recent position, describe your experience, skills, and resulting outcomes in bullet or paragraph form.
- Begin each line with an action verb and include details that will help the reader understand your accomplishments, skills, knowledge, abilities, or achievements.
- Quantify where possible.
- Do not use personal pronouns; each line should be a phrase rather than a full sentence.

ORGANIZATION City, State
Position Title Month Year – Month Year

- With your next-most recent position, describe your experience, skills, and resulting outcomes in bullet or paragraph form.
- Begin each line with an action verb and include details that will help the reader understand your accomplishments, skills, knowledge, abilities, or achievements.
- Quantify where possible.
- Do not use personal pronouns; each line should be a phrase rather than a full sentence.

Leadership & Activities

ORGANIZATION City, State
Role Month Year – Month Year

- This section can be formatted similarly to the Experience section, or you can omit descriptions for activities.
- If this section is more relevant to the opportunity you are applying for, consider moving this above your Experience section.

Skills & Interests [Note: Optional]

Technical: List computer software and programming languages
Language: List foreign languages and your level of fluency
Laboratory: List scientific / research lab techniques or tools [If Applicable]
Interests: List activities you enjoy that may spark interview conversation

출처: 하버드 대학교 Office of Career Services

조금 설명을 하자면, 헤드 파트엔 보통 이름, 이메일, 주소 등 컨택할 수 있는 정보를 남긴다. 밑에는 학교, 학점, 졸업 년도 등을 적고, 교환학생 경험이 있으면 기술해야 한다. 밑에는 주요 활동/경력에 대한 것을 하이라이트하고, 밑에 어떤 일을 했는지 간략하게 적는다. 보통 4~5줄 이상 넘어가지 않게 해야하며, 어디에 대문자로 해야하는지(Capitalize)를 해야하는지, 어디에 이탤릭채로 해야하는지 꼼꼼히 살펴보아야 한다. 1~2페이지 정도라고 해서 쉽다고 생각될 수 있다. 하지만, 오히려 내가 어떤 지원자인지 축약해서 짧게 보여줘야 하는 과정이기 때문에 더 어려울 수 있으며 짧기 때문에 실수 하나에 더 치명적일 수 있다. 따라서, 다 끝낸 이후에 교수님, 주변 상사 등 여러 사람에게 검토를 받는 것이 좋다.

4. Diversity Statement

Diversity Statement와 Addendum은 필수 요소는 아니다. 옵셔널이라고 되어 있는 경우 왠지 써야 할 거 같은 압박감을 준다. 하지만, 전혀 그럴 필요는 없다. 옵셔널의 경우 쓰지 않는 것은 해가 되지 않은 것지만, 퀄리티가 낮은 diversity statement는 나를 뽑아서는 안 될 이유를 제공할 수 있다. 나를 뽑아야 할 이유를 주는 것도 중요하지만, 나를 뽑지 말아야 할 이유를 제공하지 않는 것 또한 중요하다. 로스쿨들은 로스쿨 클래스가 다양하길 원한다. 이 뜻은 인종적 다양성만이 아니라, 성적 지향성, 다양한 배경 및 경험을 가진 사람들이 다 같이 어울러져서 똘레랑스(tolerance)를 기르기를 원한다. 따라서, 내가 어떤 배경에서 왔는지, 내가 어떤 가치를 로스쿨에 가져올 수 있는지 서술하는 것이 중요하다. 만약에 이런 것을 쓸 자신이 없다면, 쓰지 않는 것이 낫다. 특히, 미국 내에 아시안은 부모님의 등쌀로 의사/변호사가 되는 것이 되는 경우가 많다는 편견이 있기 때문에, 내가 아시안임을 강조하는 diversity statement는 도움이 되지 않을 경우가 많다. 하지만, 예를 들어 다양한 나라에 살다온 경험이 있는 등 나에게 특별한 영향을 준 배경이 있다면, 서술하는 것을 추천한다.

5. Addendum

GPA와 LSAT 점수가 낮은 경우 이유를 설명하는 addendum을 쓸 수 있다. 학부 시절 아무 일도 일어나지 않았었다면 다행이지만 자신이 어떤 병을 앓았었거나, 특정 학기에 힘들었던 일이 있었어서 GPA가 낮았더라면 Addendum을 통해서 이유를 설명할 수 있다. 하지만, 이유도 납득이 가능할 만한 것이어야 한다. 1학년 1학기 캠퍼스 라이프를 즐기고 싶어서 라는 이유로 Addendum을 써서는 안 된다. 친한 친구나 가족 중 한 명이 돌아가셨다던지, 병을 앓았다던지 이유 때문에 특정 학기에 성적이 낮은 것을 설명할 수 있다. 낮은 GPA를 100퍼센트 만회할 수는 없지만, Addendum을 제출함으로써 입학사정관이 그 학기를 제외하고 성적을 검토한다던지, 아니면 서류 검토에 있어서 LSAT 비중을 조금 더 늘리는 식으로 해서 낮은 GPA가 어느정도 보완될 수 있다. LSAT 점수가 낮은 이유에 대해서는 사실 Addendum을 쓰는 경우는 많이 없다. 하지만, LSAT 점수를 4번이나 취소한 경우나 혹은 LSAT을 4번 봤는데 3번째 LSAT에서 왜 점수가 유난히 낮은지에 대해서 로스쿨 입학처에서 이유가 궁금할 수도 있다. 따라서, 그것에 관해서 이유를 서술할 수 있다. 하지만, 단순히 낮은 LSAT에 대한 핑계가 필요한 것이라면, 쓰지 않는 편이 낫다.

이 밖에도, 학교마다 짧은 에세이를 요구할 수 있다. 예를 들어, Yale-250 에세이가 있다. 선택적인 사항으로 두는 다른 로스쿨과는 달리 예일 대학교에서는 250자 에세이를 필수적으로 요구하고 있다. 학교에 따라서 Why X? 왜 우리학교에 오고 싶은가에 대한 에세이를 써야 하는 경우가 있다. 이런 경우에는 앞서 말한 방법과 같이 그 학교가 지향하는 방향성을 파악하여, 자신의 이야기를 풀어내는 것이 유리하다.

V. 국제학생을 위한 팁

- 한국 학부인 경우 위에 미국 로스쿨에 진학한 선배가 있는지 알아볼 것
- 미국 로스쿨의 경우 외국 학부의 랭킹보다 기존에 그 학교에서 학생을 뽑은 경험이 있는지 여부가 더 중요하다. 윗 학번 선배가 진학한 경험이 있다면 입학사정관들은 그 학교가 익숙할 가능성이 높다. 예를 들어서, 이화여대 학부 나온 사람이 하버드 로스쿨에 한 명씩

은 있다고 한다. 즉, 입학사정관 측에서 한국 이화여대 학부의 이름을 알고 있으며, 믿을만한 학부 출신이라고 인식을 하는 것이다. 따라서, 위에 그 학교를 간 선배가 있는지 알아보는 것 또한 도움이 될 수 있다.

- 이 외에도, 위에 선배와 네트워킹을 통하여 그 학교에 대한 정보를 얻을 수 있으며, 어떤 스타일을 좋아하는지, 향후 어떤 쪽으로 진로를 정할 수 있는지에 대한 정보를 얻을 수 있다.
- 외국 학부인 경우는 한국 학부 순위가 그렇게 영향력 있지 않으니, 지레 겁먹지 말 것
- 수능 볼 때 내가 간 학부의 순위는 마치 절대적인 것처럼 느껴졌겠지만, 로스쿨 입학사정관 입장에서는 외국 학부 1, 외국 학부 2 정도이다. 물론, 외국학부라도 어떤 학교가 그 나라에서 탑 스쿨인지 알지만 결과에 영향을 미치는 수준은 아니다. 미국 내에서도 낮은 주립대에서 탑 로스쿨로 진학하는 경우도 흔하다. 따라서, 자신이 한국 탑 학부가 아니라는 이유로 포기 할 필요는 없다. 또한, 자신이 학교가 탑 스쿨이 아니라고, 할 수 없을 것이라고 생각하는 경우가 있을 수도 있다. 하지만, 수능에서 필요한 능력과 LSAT과 미국 로스쿨에서 요구하는 능력이 다르기 때문에 만약에 관심이 있다면, LSAC에서 제공하는 모의고사를 한 번 살펴보는 것 또한 도움이 될 수 있다.
- 외국 학부를 가려 받는 로스쿨/호의적인 로스쿨을 잘 파악하고 있을 것
- 모든 로스쿨이 국제학생 입학을 받고 있으나, 모든 학교가 호의적은

것은 아니다. 통계적으로 나타나지는 않지만 유독 국제학생을 안 받는 로스쿨들이 있다. 미국 시민권자만 가능한 판사/검사 등 퍼블릭 과정을 포커스에 두는 로스쿨인 경우 국제학생을 뽑는 경우가 적다. 그 예시로, 버지니아 대학이 있다. 그 밖에도, 탑 스쿨 중 국제학생 안 받기로 유명한 로스쿨은 (1) 예일, (2) 버지니아, (3) 버클리 대학교가 있으며, 국제학생에게 그나마 호의적인 로스쿨 (1) 하버드, (2) 콜롬비아, (3) NYU, (4) 조지타운 로스쿨이 있다.

- 미국 정치 수업 및 철학 수업을 들을 것
- 미국 법의 역사는 미국의 역사와 밀접하게 연관이 있다. 미국 건국 이래로 마셜(Marshall) 대법관에 의해 사법기관의 역할이 강화되었다. 또한, 미국 여러가지 사회적 변화는 미국 판례와 관련이 깊은 경우가 많다. 사법 심사에 관한 판례인 Marbury v. Madison, 흑인 분리 교육에 관한 판례인 Brown v. Board of Education, 낙태 관련 판례인 Roe v. Wade 등 대법원 판례와 미국 정치 및 사회적 변화와 관련이 깊은 경우가 많다. 따라서, 이러한 배경 지식을 도와줄 수 있는 미국 정치학 수업을 듣는 것이 좋다.
- 뿐만 아니라, LSAT 공부에 있어서 논리구조를 파악하는 것은 중추적이다. 이를 도와줄 수 있는 논리에 관한 철학 수업을 듣는 것 또한 도움이 될 수 있다. 기본적인 논리 구조 및 법학에 도움이 되는 철학 수업이 있으면 듣는 것이 도움이 될 수 있다.

Ⅵ. 미국 로스쿨 진학 후

앞서 말했듯이, JD 과정은 3년 과정이다. 하지만, 그 중 1학년 성적이 절대적이다. 보통 1학년 성적을 가지고, 취업이 결정된다. 보통 1L에는 이론적인 것들을 배우고, 교수 티칭 방식에 따라서 소크라테스 방식으로 가르칠 수도 있고, 사람을 지목해서 하는 call-on 방식일 수도 있다. 교수님에 따라서 수업 방식이 달라질 수 있으나, 본질적으로 리딩을 철저히 해야 하고, 질문에 대답할 준비가 되어 있어야 한다. 국제 학생인 경우, 특히 아시아계인 경우 발표에 익숙하지 않고, 영어에 대한 압박감이 있을 수 있다. 하지만, 로스쿨에서는 이러한 압박이 일상이 될 수도 있으니, 익숙해질 필요가 있다.

1년간 공부 후, 여름방학 때는 탑 스쿨이 아닌 경우 대형 로펌에 일할 가능성이 적기 때문에 보통 학교에 소속된 클리닉(clinic)이나 리서치 센터에서 연구를 수행할 수도 있다. 혹은 대외활동을 하거나, 파트타임 연구직을 수행 할 수 있다. 2L 여름이 가장 중요한데, 이때 의미 있는 직장을 잡아야 한다. 2학년 시작할 때 쯤 학교에서 리크루팅 하는 사람들이 온다. 이 때, 학교 내 인터뷰(on-campus interview: OCI), 줌 인터뷰 여러가지 방식들을 통해서 로펌 및 회사들이 2학년 끝나고 여름에 일할 학생들을 뽑는다. 이후 2학년 끝나고 여름 방학 동안 로펌에서 일을 하고, 3학년 끝나고 그 로펌에서 다시 부르는 경우가 많다. 2학년 때 사실상 직장이 정해진다는 경우가 이런 경우이다. 따라서, 2학년 끝나고 직장이 가장 중요하고, 1L 성적이 매우 중요하다.

현실적으로, 미국에서 유리 천장도 존재하며, 영어가 모국어가 아닌 경우에 생기는 제약도 존재한다. 그리고, 취업 비자가 미국의 경우 추첨 형식이기 때문에 취업에 있어서 시민권을 가진 사람과 비교해서 불안하다. 따라서, 로스쿨 졸업 후 한국 대형 로펌 혹은 대기업 법무팀으로 돌아오는 사람도 꽤 있다. 이런 경우 한국 로스쿨 네트워킹이 없다는 단점 또한 있지만, 긍정적으로 보면 자신이 활동할 수 있는 영역이 넓다는 장점도 있다. 한국에 와서 미국법 연구를 할 수도 있는 것이고, 빅 로펌의 아시아 지부에서 일을 할 수도 있는 것이고, 미국에서 SJD 과정을 통해서 로스쿨 교수를 생각할 수도 있다. 따라서, 굳이 자신이 활동하고자 하는 나라가 한국이어야 할 필요가 없다면 미국 변호사 과정을 밟는 것도 또 하나의 방법일 수 있다.

자신이 자라고 생활한 문화권을 벗어나서 다른 나라에서 다시 시작한다는 것은 결코 쉬운 일이 아니다. 특히, 외국어로 영어가 모국어인 애들과 같이 전문가 과정을 밟는 것은 쉬운 일이 아님은 확실하다. 그럼에도 불구하고, 불가능한 일은 아니다. 많은 부분에서 국제학생들에게 불리한 부분이 있을 수 있으나, 모든 부분에서 유리하게 시작하는 로스쿨 지원생은 생각보다 많이 없으며, 이 상황에서 내가 유리한 방면을 생각하는 것 또한 중요하다. 이러한 얘기를 하는 이유는 자신이 해보지 않은 일이고, 어려울 거 같고, 남들이 많이 가지 않는 길이라고 해서 지레 겁먹을 필요는 없다는 것이다. 좋아 보이는 일은 많은 대가를 치뤄야 하고, 내가 가고자 하는 길은 남들도 탐낼 만한 일이라는 것은 어떻게 보면 불편한 진실일 수 있다. 그런 면에서, 남들이 많이 걸어본 일을 택하기 보다는 아직 남들이 많이 안 가본 일을 가보는 것을 시도해 보는 것도 의미가 있는 일이다. 직업을 택한다는 것은 단순히 내가 어떻게 먹고 살 것인지를 결정하는 것이 아니다. 내가 어떤 사람이 될지, 어떻게 살아갈지를 결정하는 일이다. 따라서, 시야를 넓게 바라보되, 여러 가지를 고려해서 나에게 맞는 최적의 루트를 신중하게 선택해야 한다.

Ⅶ. 법학과 미래진로 개발

1. 법학의 미래: 4차 산업혁명 시대와 AI의 등장

1) 4차 산업혁명의 시대

오늘날을 4차 산업혁명의 시대라고 명명하는 데에는 별다른 이의가 없다. 18세기 경, 증기기관 기반의 기계화 혁명이었던 제1차 산업혁명을 거쳐 19~20세기 초, 전기에너지 기반의 대량생산 혁명인 제2차 산업혁명을 맞이하였고, 20세기 후반에 이르러 컴퓨터와 인터넷 기반의 지식정보 혁명, 곧 제3차 산업혁명에 도달하였다. 21세기 초반에 이른 지금, 인류는 제3차 산업혁명의 동력을 바탕으로, 더 나아가 정보통신기술(ICT)의 발달에 힘입어 제4차 산업혁명을 마주하게 되었다. 지난 2016년 1월 20일 스위스 다보스포럼에서 개최된 '세계 경제 포럼'(WEF)에서, 회장 클라우스 슈밥(Klaus Schwab)이 주창한 '인더스트리

4.0'에서 유래한 개념이라고 하는 4차 산업혁명은 컴퓨터와 IT 기술을 융합한 비약적인 기술 발전을 특징으로 한다. 컴퓨터와 IT 기술의 융합현상은 모든 사물이 네트워크를 통해 상호 연결되는 '사물인터넷(Internet of Things: IoT) 혁명', 인공지능(Artificial Intelligence: AI)에서 그 특징이 잘 드러난다. 4차 산업혁명은 초연결 사회, 융합, 탈경계라는 핵심어로 정의될 수 있다. 정보통신 기술과 IT 기술 발달에 따라 네트워크로 사람, 데이터, 사물 등 모든 것이 상호 연결되는(사람-사람, 사람-사물, 사물-사물, 일대일 또는 일대 다수, 다수 대 다수 등) '초연결사회'(hyper-connected society)가 형성되고, 인터넷이 열람과 기술 융합의 생태계를 만들어나가게 된다. 세계적 경영전략가 돈 탭스콧(Don Tapscott)은 '초연결로 이루는 스마트 세상'이라는 주제의 강연에서 초연결 사회의 키워드를 '개방'으로 정의하면서 협업, 투명성, 지적재산 공유, 자유를 초연결 사회 개방의 4대 원칙으로 제시했다.[3] 요컨대 사람과 사물이 수평적으로 광범위하게 연결되는 사회, 기술 분야가 통섭되고 융합되는 사회, 분야별 경계가 사라지는 사회를 4차 산업혁명이 도래한 사회의 모습으로 볼 수 있을 것이다.

2) 인공지능의 출현과 법조영역

로봇공학, 빅 데이터와 클라우딩, 3D 프린팅과 퀀텀 컴퓨팅, 공유

3 김영순. 2019. 제4차 산업혁명과 초연결사회 그리고 사물인터넷 시대." 한국콘텐츠학회 제17권 제3호. p.14-19.

경제, 사이버 안보, 블록체인, 자율주행 자동차, 나노기술, 생명공학, 드론(Drone) 등 각 분야의 기술들이 약진하는 현상이 두드러지게 발생하는데, 이 글에서 법학의 미래와 관련하여 초점을 맞출 부분은 인공지능(AI) 분야다. 인공지능은 일반적으로 사람과 유사한 지능을 가진 컴퓨터 기기로서 외부에 입력한 정보 외에 스스로 학습하고, 사물을 인식하고 그에 따라 자율적으로 행동하는 기기라고 정의한다. 인공지능은 기술이 추구하는 유형과 발전 정도에 따라 '강한' 인공지능(Strong AI)과 '약한' 인공지능(Weak AI)으로 나뉘는데, 후자는 정보 분석과 인지, 처리의 기능을 갖는 인공지능을 의미하고 전자는 거기서 더 나아가 개체의 자아, 정신, 자유의지와 같은 요소를 가진 더 발전된 형태의 미래의 인공지능을 의미한다. 강한 의미의 인공지능은 사람과 비슷한 감정을 표현하기도 하고, 스스로 학습능력을 통해 의사결정을 할 수 있는 고도의 기능을 수행하게 된다. 미래에는 인간을 넘어서서 딥러닝(deep learning)하고 인간과 의사소통을 할 수 있는 수준에 도달할 것으로 전망한다.[4] 특별히 법률 분야에서 인공지능의 미래를 연관 지어 생각해볼 때, 과연 차후의 미래에 인공지능이 법조의 영역을 대체할지의 질문을 제기하게 된다. 법률 쟁점과 관련하여 법령과 판례, 문헌을 검색 및 분석하는 인공지능의 능력은 인간의 한계를 넘어선다. 인공지능은 초당 10억 장의 법률 문서를 검토할 수 있다고 평가되는데, 이후 법률 사무의 상당한 부분을 대체할 것이라는 데에 이견이 없

4 김승래. 2018. 4차 산업혁명과 AI 시대의 법적 과제와 전망." 법학연구 제18권 제2호. p.28–29

다. 옥스퍼드대가 발표한 '고용의 미래(The future of Employment)'라는 연구(2013)에 따르면, 인공지능의 발달에 따라 사라질 직업군 중 법률 사무직이 94%, 법원 속기사가 50%, 재판연구관 41%, 판사 40%라고 내다봤다.[5]

3) 활용되고 있는 사례들

실제 미국의 검색엔진인 웨스트로(Westlaw)나 렉시스넥시스(LexisNexis)의 법률 검색 시스템은 '리걸 테크(legal tech)'의 대표적인 사례다. 미국의 렉스 마키나(Lex Machina)는 기존 판례 데이터를 학습하고 유사 판례를 비교 분석하여 해당 사건의 승소율을 예측하고 담당 법원이나 판사의 성향을 파악하여 변호사가 사건을 보다 다각도로 정확하게 맡아서 처리할 수 있도록 돕는 서비스를 제공하고 있다. 미국의 법률분야 스타트 기업인 로긱스(LawGeex)는 지난해 2월 수천 건의 비밀유지 계약서(NDA) 유형이 학습되어 있는 AI와 변호사 20명이 NDA 검토 작업을 진행했다. 이 실험에서 5개의 문제를 검토하는 데에 변호사들은 평균 92분이 소요되었으나, AI는 단 26초 만에 검토를 마쳤다. 결과물의 정확도 역시 변호사는 85%, AI는 94%로 인공지능이 더 높은 정확도를 보였다. 정형화된 문건의 경우 인공지능이 더 뛰어난 성과를 보임을 알 수 있는 대목이다. 미국 등 국외에서는 계약서

5 시사저널. 2017. "[인간 vs AI] ② 인공지능, 법조 영역 완전 대체 불가능하다." http://www.sisajournal-e.com/news/articleView.html?idxno=174120(검색일: 2019.11.5)

등 법률 서면을 자동으로 작성하는 일은 흔한 일이 되어가고 있고, 재판과 수사에도 적극적으로 활용되고 있는 추세다. 뉴욕의 100년 전통 로펌인 '베이커 앤드 호스테틀러'에 '채용'된 인공지능 변호사 '로스'는 초당 10억 장의 판례를 검토한다. '콤파스'는 법정에서 폭력 사범인 피고인의 재범가능성을 분석해주며, 영국의 '레이븐'은 범죄 수사에도 활용되어 사기, 부패 관련 문서를 검토하고 분류 요약하는 작업을 주로 수행한다. 지난해 영국 중대범죄수사청(SFO)은 롤스로이스의 불법 로비 혐의를 수사하는 데 이를 활용하기도 했다.

국내에서도 비록 해외의 사례만큼 적극적으로 활용되고 있지는 못하지만, AI의 활용이 점차 늘어가고 있다. 대법원 법원행정처는 재판의 충실화를 위해 사법부 업무에 AI 활용을 타진했다. 재판 진행과 판결문 작성 등의 업무에서 AI를 재판 보조 도구를 활용하는 형태이며, 법관 업무 부담의 감소와 재판의 질적 제고를 목적으로 한다. 대법원은 또한 '차세대 전자 소송시스템'을 추진하고 있는데, 빅데이터와 AI 기술 활용도 지능형 법관업무지원 사업의 일환으로 포함되었다. 법원에서 보유하고 있는 데이터를 바탕으로 사법정보 데이터 플랫폼을 구축하고, 지능형 사건처리 지원, 쟁점 분석, 재판 서비스 등 단계적으로 AI 기술을 활용하는 방안을 마련한다. 2024년 시행을 목표로 한 이 시스템이 구축되어 '스마트 법원'이 완성되면 스마트폰만 있으면 집에서도 재판을 받을 수 있게 되며 인공지능 챗봇이 24시간 소송 절차와 소장, 소송서류 작성을 도와 '나홀로 소송'을 지원할 수 있게 된다. 나아가 대법원은 기존 개인 회생, 파산 시스템에 인공지능과 빅데이터를 접목해 개인들이 법률 대리인 도움 없이도 회생, 파산을 신청할 수 있게 할 계획이다. 법무부가 내놓은 '버비'라는 '대화형 생활법률지식 서비스'는 국민 실생활과 밀접한 부동산, 노동 분야의 법률과 판례를 제공한다. 카카오톡에서 친구를 맺어 문답하는 대화형식의 이 서비스는 2017년에 나온 1세대에 이어 2018년 3월에는 2세대 버전이 등장했다. 한국의 첫 인공지능 변호사라고 할 수 있는 유렉스(U-LEX)는 2018년 2월 법무법인 '대륙아주'에 취직했고 법 조항, 판례 검색 등 리서치 업무를 20~30초만에 처리하고 있다. 변호사와 인공지능 전문가들로 구성된 인텔리콘 메타연구소는 2017년 유렉스와 '로보'(Law-Bo)를 개발했는데 로보는 청탁금지법(김영란법)에 특화된 질의응답 시스템이다. 국내 온라인 법률상담 플랫폼 기업인 '헬프미'(HELP ME)는 2016년 인공지능을 활용해 지급명령 신청서를 자동 작성하고 법원에 제출하는 '지급명령 헬프미' 서비스를 만들었다. 이 서비스는 이용자가 이해하기 쉬운 몇 가지 질문에 답변하면 신청서가 자동으로 완성되는 서비스다. 최근 헬프미는 그밖에 인공지능을 활용한 법인등기, 제소 전 화해 서비스 등도 제공하고 있다.

4) 그러나… 과연?: AI의 한계

UN 미래보고서나 다보스포럼도 향후 AI에 의해 대체될 가능성이 높은 직업 중 하나로 법조인을 거론하고 있고, 위에서 살펴보았듯이 점차 법률 분야에서도 인공지능의 사용 비중이 높아지고 있지만 AI가 판사의 역할을 완전히 대체할 것이라고 보는 것에 대해서는 이견이 있다. 인공지능에게 법적 판단을 맡길 수 있는지와 관련한 대전지방법원 고상영 판사의 흥미로운 발표내용을 살펴보면 다음과 같다. 2017년 6월 1일 대전지방법원에서 열린 '인공지능과 법' 학술대회에서 고 판사는 "법률가들의 법적 사고 패턴은 ① 문제되는 법적 쟁점을 확정하기 → ② 해당 법적 쟁점과 관련된 법령, 판례, 문헌을 검색하기 → ③ 해당 사례가 기존 판례에 적용 가능한지 여부를 판단하기라는 단계를 거친다"고 설명했다. 그는 "AI가 위 단계 가운데 쟁점이 주어진 상태에서라면 ② 단계(법령, 판례, 문헌 검색)는 어느 정도 할 수 있을 것으로 보이나, 판사로서도 핵심 쟁점을 찾는 것이 쉽지 않은 상황에서 ① 단계(법적 쟁점 확정)가 가능할지는 상당한 시간을 두고 AI 발전 단계를 지켜볼 필요가 있다"며 "③ 단계(적용여부판단)는 '인간의 고유한 통찰력이 필요한 지적 작업'이기에 AI가 발전해도 이 작업을 컴퓨터가 하기는 어려울 것이다"라고 주장했다. 그리고 덧붙여 설령 ③ 단계가 가능하다 하더라도 법적, 윤리적 책임을 지지 않는 AI에게 이 단계를 맡기기는 적절하지 않다고 말했다.

가정법원에서 하는 재판들은 거의 AI가 판단하기 적절하지 않다고 본다. 한 부산가정법원 부장판사는 재판은 절차와 결론이 가장 중요한 법인데, 그 과정에서 서로의 양보와 인간적인 면모가 핵심적으로 작동하는 절차를 기계에 맡길 수 없다고 말한다. 공감이나 당사자가 처한 상황에 대한 이해의 측면은 인간 판사가 고민해줘야 하는 문제라고 말한다. 또 다른 서울가정법원 부장판사는 "가정법원은 답만 내주는 곳이 아니고, 기본적으로 사람들의 살아가는 근본적인 문제들을 치유해

주는 후견적 기능을 해야 하는데, 데이터만 가지고 하기는 어렵다"는 점을 지적했다. 연세대학교 일반대학원 정치학과의 "정치학과 진로개발" 수업에서 특강을 맡아주신 박상진 변호사, 전현진 재판연구원의 견해도 크게 다르지 않았다. 박 변호사의 경우, 명확하게 정답을 가려내기 어려운 상황에서는 AI가 쉽게 변호사의 역할을 대체할 수 없을 것이라고 보았고, 전 재판연구원 역시 재판은 상당히 오랜 시간 동안 당사자들이 면대면 합의를 하는 것인데 단순 통계를 바탕으로 결론을 내리는 인공지능이 인간의 삶에 대한 이해의 측면에서 한계를 보일 수 있음을 지적했다. 또한 사건에 대해 특정한 법리를 적용하는 경우에 인간의 삶과 가치 지향이 들어갈 수밖에 없는데, 이 가치판단의 영역을 인공지능이 과연 대체할 수 있는지 의문을 던졌다. 무엇보다 판결의 정당성 문제도 간과될 수 없다. 기계로 판결이 이루어지는 경우 다른 투자와 같은 분야와는 다르게 결정과정이 투명하게 설명되어야 하는데, 알고리즘 자체가 영업기밀이라 검증이 불가능할 수 있고, 나아가 '기계가 내리는 판결' 자체를 사람들이 받아들이는 데에 어려움이 있을 수 있다. 자신이 교도소에서 몇 년을 복역해야할 지 여부가 확률적, 통계적 모델에 기초한 판결 기계에 의해 결정되는 방식을 저항 없이 수용하기는 어려울 것이기 때문이다. 유형웅 판사는 자신의 칼럼에서 다음과 같이 주장한다. "재판의 핵심은 결국 무오류성이 아니라 정당성이다. 로봇이 재판을 한다는 것은 곧 로봇의 통치를 받아들이게 된다는 의미일 수 있다. 그런 세상이 도래할 가능성은 두 가지다. 인간들이 로봇이 해주는 일에 너무 익숙해져 스스로 일하는 것은 고사하고 생각하기마저 그만뒀거나, 아니면 법원에 대한 신뢰가 극도로 실추돼 사람들이 차라리 로봇의 재판을 받길 원하게 되었거나.”

기술적인 문제도 지적될 수 있다. 인공지능 판사와 관련된 기술은 ‘지도학습’(Supervised Learning)인데, 이 기술은 데이터들로부터 패턴을 찾아내는 작업이라고 요약할 수 있다. 여기서 중요한 것은 ‘데이터의 질’이다. 만일 바탕이 되는 데이터가 나쁘거나 왜곡되어 있다면, 지도학습의 결과도 나빠지게 된다. 일례로 마이크로소프트에서 개발한 인공지능 챗봇 ‘테이’(Tay)의 경우, 출시 직후 극우성향 단체들의 타겟이 되면서 인종차별, 성 차별, 자극적인 정치발언 등의 내용을 지도학습 당했고 그 결과 ‘홀로코스트는 꾸며낸 것’, ‘유대인이 9/11을 일으켰다’, ‘히틀러가 옳았다’ 등의 발언을 쏟아내었으며 결국 운영 16시간 만에 중단된 바 있다. 구글 번역(Google Translate) 또한 지도학습에 의해 만들어진 대표적인 인공지능 서비스이고, 출발어와 도착어의 빅데이터를 분석해 패턴을 찾는 방식으로 작업이 이루어진다. 하지만 구글 번역의 ‘성편향성’(gender bias)의 문제가 지적되기도 한다. 예컨대 터키어를 영어로 번역한 몇 개의 사례를 보면, 성(gender)이 부여되는 현상을 볼 수 있다.(터키어에는 성이 없다) “He is a doctor.” “She is a nurse.” “He is hard working.” “She is lazy.” 등 영어 단어 doctor, nurse, hard working, lazy 등에 부여된 성편향이 지도학습 과정에 그대로 반영되었던 것이고 그것이 차별적인 결과를 출력하였던 것이다.

5) 결국 AI 시대의 법률 분야란?

요컨대 AI가 판결을 내리는 데에 있어서 보조적인 수단으로 활용되는 것에는 거의 이견이 없다. 인공지능이 갖는 정보의 습득, 처리, 분석의 능력을 바탕으로 하는 기술적인 업무들, 즉 법률문서 작성이나 별다른 가치판단을 요하지 않는 단순한 판결문 작성 등에 인공지능이 활용되는 것은 과중한 법조 업무에 효율성을 제고할 수 있고, 법률가로 하여금 기술적인 문제보다는 실제적인 판단의 문제에 집중할 수 있게 만든다. 나아가 AI 기술의 적용을 통해 법률 서비스가 법률 자문을 구할 수 있는 몇몇 사람들에게만 전유되는 것이 아니라, 소송비용을 절감시키고 접근성을 높임으로써 보다 많은 사람들에게 손쉽고도 저렴하게 향유될 수 있도록 만들 수도 있다. 하지만 AI 기술로 법적 판결의 영역을 완벽하게 대체하는 데에는 몇 가지 한계점들이 있다. 우선 인공지능 기술로는 인간적인 합의를 대체할 수 없다는 점을 지적할 수 있다. 재판은 시작과 끝 사이에 지난한 합의의 과정을 거치게 되는데 이 과정에서 인공지능이 갖는 순수한 논리적, 통계적 접근법은 인간의 감정에 기초한, 상호 인정에 기반한 이해의 측면을 담아내지 못할 수 있다. 그러한 이유로 같은 판결도 AI에게 맡길 때와 인간 판사에게 맡길 때 판이하게 다른 결론이 도출될 수 있다. 두 번째로 윤리적 가치판단의 문제는 인간만이 할 수 있는 영역이라는 점을 들 수 있다. 같은 재판에도 다른 법리를 적용할 수 있는데, 그것을 결정하는 것은 다름 아닌 법률가들의 '가치 지향'인 것이다. 동성애, 낙태, 양심적 병역거부 등의 이슈만 보더라도 이들은 순수한 '지식'만으로는 결정될 수 없는 차원의 윤리적 '결단'을 내포한다. 세 번째로 기술적인(technical) 문제를 볼 수 있다. 설령 AI가 판결을 내린다 하더라도 그 판결이 중립적이거나 공정하지 못하다는 문제가 있다. 사실 판결을 내린다는 것은 중립적이어서는 안되고 그럴 수도 없는 영역이다. 환언하면, AI가 판결을 내린다는 것은 곧 특정한 가치 관심이 담겨있을 수밖에 없는 것이고, 이는 곧 '개발자' 혹은 데이터의 형태로 담기게 되는 '판례'의 영향을 직접적으로 받게 된다는 것이다. AI의 판결은 '개발자의 선입견'이나, 혹은 한 사회의 관습의 축적인 '판례'에서 자유로울 수 없는 것이다. 이는 여러 관점을 두루 살펴본 뒤 결정을 내리는 '지적 성실성'의 측면에서나, 기존의 틀을 벗어남으로써 '새로운 판례'를 만들어 내는 측면에서나 모두 한계를 보일 수밖에 없는 지점인 것이다. 마지막으로 정당성 문제를 지적할 수 있다. 쉽게 말해, AI가 내리는 판결을 받아들일 수 없는 문제인 것이다. 인간의 삶에 영향을 미치는 결정을 인간이 아닌 기계가 내리는 것에 대한 반감 내지 불신, 기계의 오류 가능성, 직/간접적으로 사람들에 의해 동의 받지 못한 권력의 정당성 결여 등이 AI 판결의 정당성 문제를 낳는 근본적인 이유가 된다.

2. 미래진로로서 법학에 대한 준비

위 챕터에서 분석한 바에 따르면, AI 기술이 인간의 통제를 벗어나지 않는다는 전제 하에, 미래진로로서 법률가의 모습은 단순한 기술적 업무들이 인공지능에 의해 빠르게 대체되고, 결국 고도의 판단을 요하는 업무에 집중하는 형태가 될 것이다. 결국 법률가의 기계적인 측면의 업무는 여러 기관들이 전망했듯이 반드시 사람을 필요로 하지 않는 자리가 될 것이고, AI에 의해서 대체될 수 없는 고유한 가치의 영역만이 남게 될 것이다. 그리고 이 고유한 영역이야 말로 정치학도로서 정치학적 함의를 끌어낼 수 있는 영역이 될 수 있는 것이다. 그렇다면 정치학이란 과연 무엇인지 물어볼 필요가 있고, 나아가 정치학이 미래의 법률 분야에 어떠한 역할을 할 수 있는지, 그래서 정치학도들은 어떠한 방식으로 준비를 해야 하는지 질문할 수 있을 것이다.

▶ 정치학도로서 어떻게 준비해야 할 것인가

정치학을 전공하는 것의 의미를 결정과 관련된 기술적인 지식을 습득하는 것뿐만 아니라 결정의 생리를 이해하도록 숙련되는 것으로 조명한다면, 법 분야에 진출하기 위해 정치학도들은 어떻게 준비해야 하는가? 사실 정치인, 정치부 기자, 정치학자를 희망하거나 행정/외무고시를 준비하는 것이 아니고서야 정치학 관련 지식을 직접적으로 활용할 수 있는 분야는 많지 않다. 법 분야는 그래도 정치학과에서 습득하는 기술적 지식을 비교적 잘 활용할 수 있는 분야다. 학부 법학과가 많이 사라진 상태에서 우선 정치학과에서 배울 수 있는 법 관련 과목들을 많이 수강할 필요가 있다. 헌법, 국제법 등의 과목 수강은 이후에 로스쿨에 진학하거나 법학진로를 개발하는 데에 있어서 도움이 될 것이다. 로스쿨에 진학하여 실무 법조인 혹은 학계 법조인이 되고자 하는 경우 모두, 법학에 관한 기본 지식 습득은 그 분야에 본격적으로 진입하기 이전에 어떠한 것들을 배우는지 파악하면서 관심 경로를 찾고, 이후 그 분야에 진입을 보다 용이하게 해줄 것이다.

하지만 미래의 진로까지 생각한다면, 단순한 법률 지식의 학습 자체는 법학 진로개발에 큰 도움이 되지 못할 것이다. 실제 간단한 판결문 작성이나, 판례 및 법리 분석에서처럼, 단순 지식은 향후 인공지능에 의해 대체되고, 심지어 인공지능이 더 잘 할 것이기 때문이다. 여기서 법이 본질적으로 '결정'에 관한 분야임을 생각할 필요가 있다. 법이란 정치적 타협의 결과물로 만들어지는 것이 하나라면, 법을 통해 문제가 되는 사안에 대해 판결을 내리는 것이 다른 하나다. 전자의 측면에서 법조인으로서 법이 어떠한 과정을 거쳐서 만들어졌는지에 대해 숙지하고 있다는 건 단순한 법리 적용에 더해 그 맥락까지 이해한 판결을 내리는 데에 도움을 줄 것이다. 법은 단순한 문자의 집합이 아니라 입안자의 '의도'가 담긴 결과물이기 때문이다. 이에 더해 후자의 측면에서 법적 판결이 가져올 사회, 정치적인 파장 — 후속 법률이 제정되거나 혹은 판결에 대한 정치적 논의의 장이 활성화되는 것 등 — 에 대해 예측할 수 있는 정치적 목측능력은, 맡은 사건이 법적으로 해결해야 할 문제인지, 정치적으로 해결해야 할 문제인지 판단하게 도와주고, 판결을 내려야 하는 순간에도 법리를 어떻게 구성 해야할지, 결론을 어떻게 내려야 할지를 생각하게 해준다. 특히 요즘과 같이 정치적, 외교적 이슈가 '사법화' 되어가는 흐름에 대해 법조계 스스로 자각할 수 있는 감각은 정치적인 것에 대한 이해에서 온다. 인간들이 맞부딪혀 해결해야 할 영역들이 상실되고, 인간사가 법률의 적용 문제로 환원되어 법적 판결에 의해 통제되는 '멋진 신세계'는 그리 이상적인 미래가 아닐 것이다. 특별히 법률보다는 직접적으로 가치의 문제를 더 많이 다루는 헌법적 판단에 있어서 정치적 중요성이 더욱 부각될 것이다. 이런 점에서 보면, 반드시 법 관련 수업만이 도움이 되는 것은 아니다. 오히려 다른 정치학 과목을 통해 정치적인 소양을 쌓고 사고하는 법을 기르는 것이 장기적으로 법학에 대체할 수 없는 색깔을 부여하는 일일 수 있다. 정치란 본질적으로 인간들에게만 나타나는 것이고, 정치에 대한 이해는 곧 인간사에 대한 이해를 동반하는 것이기 때문이다.

나아가 정치교육의 관점에서 보자면, 정치학에서 4차 산업 혁명에 흐름에 맞는 기술 — 블록체인, 딥러닝, 빅데이터, 플랫폼 등 — 에 관해 가르쳐야할 필요가 있다. 여기서 핵심은 기술 자체가 아니라 기술의 활용 방식에 있다. 사실 법조계를 희망하는 학생이 공대에서 기술 관련 수업을 듣기란 쉬운 일이 아니며 그리 유용한 관점을 주지도 못할 것이다. 정치학을 할 때 통계학이 중요한 수단이 되고, 정치학에서 통계학을 활용하는 고유한 방식이 있는 것처럼, 미래에 등장할 기술에 대한 정치학적 교육은 미래 기술을 정치적인 맥락에서 활용, 이해하는 데에 도움을 주어야 한다. 이것은 법학에서도 충분히 활용될 수 있는 관점을 제공해줄 것이다. 법조 영역이 인공지능에 의해 완전히 대체되지 않으려면, 관련된 기술들을 적어도 활용할 줄 알아야 한다. 비단 연구나 실무에서의 활용만이 아니라 관련된 기술과 함께 제기될 수 있는 정치적 문제나 주제도 함께 다루어야 할 것이다. 미래 사회에서는 기술과 관련된 새로운 쟁점들이 제기될 것인데, 이러한 쟁점에 관한 판결을 내리기 위해서는 기술을 알아야 하고 무엇이 핵심인지를 파악해야 한다. 인공지능과 권리의 문제, 인공지능 판사의 정당성 문제, 클론의 윤리적 문제, 비트코인의 유통 문제, 미디어와 표현의 자유 문제, 플랫폼의 발달과 통제의 문제 등 새로이 제기되는 이슈들은 점점 기존의 법으로 해결하기 어려워지고 있기에 새로운 법을 필요로 하게 될 것이고, 새로운 입법은 곧 정치의 문제가 되는 것이다. 이러한 문제를 다루는 과정에서 미디어-정치, 환경-정치, IT-정치와 같이 새로운 융합적 정치 분야가 나타날 수 있다. 다만, 정치학이 지나치게 방법론 일변도로 흐르는 것은 경계되어야 한다. '정치적인 것이란 무엇인가'라는 고민은 끊임없이 '인간'의 문제로 이슈들을 끌고 내려오는바, 미래의 정치학은 단순히 이론의 양산이 아닌 깊이를 갖춘 학문이어야 한다. '설명'과 '예측'에 있어서 단순 통계나 비교는 모두 인공지능의 손에 의해 이루어질 것이다. 특별히 법 분야와 관련지을 때, 정치학에서 필요한 것은 새로운 쟁점에 대한 정치사상적 접근이다. 기술의 문제가 제기될 때 그 기술이 사용될 방향을 제시해주는 건 데이터 자체가 아니라 그 데이터를 기저에서 모으고 있는 인간의 관점이다. 새로운 기술적 흐름은 인간의 방식으로 소화 되어야 하며 그렇게 하기 위해서는 기술이 사용되는 목적과, 기술이 내재하고 있는 가치에 대한 철학적 고민이 필수적으로 동반되어야 한다.

VIII. 행정 분야 미래 진로

행정부처의 권한은 우리나라의 국익에 기여하거나 국민의 생활에 도움을 주는 정책을 마련하는 것과 법률의 형식으로 결정된 주요 정책을 충실히 집행하는 것이다. 우리나라 행정부 조직은 크게 대통령, 국무총리 및 중앙행정기관, 그리고 지방자치단체로 구성되어 있다. 중앙행정기관의 경우 18부, 14처, 15청으로 구성되어 있다. 중앙행정부처에 소속된 공무원은 국가공무원법 규정에 따라 국가공무원으로 임용되며 지방자치단체 소속 공무원은 지방공무원법에 의거해 지방 공무원으로 임용된다. 또한 공무원은 경력직 공무원과 정무직 공무원, 별정직 공무원 등으로 구성된다.

공무원을 채용하는 제도로는 공개경쟁채용 및 경력경쟁채용으로 구분된다. 공개경쟁채용시험이란 공무원 신규채용 시 불특정 다수인을 대상으로 한 경쟁시험을 통해 공무원을 채용하는 제도로서, 균등한 기회보장과 보다 우수한 인력의 선발을 목적으로 시행된다. 공채시험의 종류로는 5급 공채시험과 7, 9급 공채시험으로 구분되며, 5급 공채시험에 합격하여 임용되는 경우 정책결정 및 집행을 책임지는 관리자로서 임무를 수행하게 된다.

현재 행정부의 정책결정은 부하가 의견을 제시하고 상관이 그 의견을 검토하되 부하와 상의하여 최종결정을 내리는 계선 중심의 의사결정제도인 품의제가 내부 의사결정절차의 가장 기본이 되는 제도이다. 예를 들어 하급자가 기안하여 자신의 직속 직급 상급자로부터 검토되고 그 이상의 상급자에게 까지 결제하는 일방향적인 형식을 취하고 있다. 공무원은 종신고용제, 연공서열제가 채택되어 있으며 오랜 시간 동안 한 기관에서 근무를 한 직원이 정책 결정에 큰 영향력을 가지고 있다.

그러나 오늘날 대부분의 국가가 당면하고 있는 사회문제는 복잡하고 전문적이며 인공지능의 발달을 미롯한 제4차 산업혁명을 앞두고 시대가 변해가면서 새로운 문제들이 발생하고 있다. 그러한 상황 아래 보다 좋은 우리나라 사회를 만들기 위해서는 공무원에 고도의 전문성과 기술성이 요구되며 행정부처에 있어서 기존에 방식을 바꾸고 새로운 형태, 형식을 취할 필요성이 생기고 있다.

1. 사회문제 복잡화와 요구되는 정책의 다양화

상술한 바와 같이 현재 여러 사회문제가 복잡화되고 있다. 그 요인으로서 민주적 거버넌스의 변화, 지방화, 세계화 등을 들 수 있다. 현재 민주적 거버넌스의 증가로 정책 수요가 증가하고 있으며, 개인적 권리 주장의 증가 및 정책공정성 요구도 늘어나고 있다. 또한 시민단체 증가 등으로 참여와 협치의 행정 운영도 요구되고 있다.

덧붙여 21세기 정치, 환경은 지식정보의 공유, 주체성과 책임성 확립, 개성과 다양성 발현에 기초한 분권형 국가운영을 요구하고 있으며 지방분권정책은 지속적으로 추진되어야 한다. 지방정부를 포함한 지역사회는 지역사회의 자기 혁신 노력과 함께 자치역량을 배양하기 위한 노력을 경주하고 있다.

또한 세계은행 데이터 베이스에 의하면, 2001년부터 2018년까지의 우리나라 인구는 변화가 크지 않지만, 중국과 인도를 비롯한 기타 국가들은 지속적으로 인구가 증가하고 있으며 세계 규모의 인구는 앞으로도 늘어날 것이 예측된다. 한편으로 우리나라에서는 저출산 고령화가 추진되어 있으며 우리나라 경제를 유지하기 위해서는 다른 나라부터의 Inbound나 외국인 노동력이 중요해질 것이 예상된다. 그러한 상황 아래 세계 전체의 인구 증가, 구매력의 확대, 해외에 대한 관심도에 증대를 배경으로 한 국제화에 영향은 확실하게 우리나라 정책에도 영향을 미칠 것이며 세계화에 대응할 수 있는 정책을 마련할 것이 절대적으로 필요하다.

2. 인공지능(AI)과 로봇의 발달과 행정업무 변화

제4차 산업혁명은 2016년 스위스 다보스에서 열린 세계경제포럼(World Economic Forum, WEF)에서 최대 화두로 떠오른 이후 전 세계의 최고 관심사가 되었다. 4차 산업혁명은 인공지능, 사물 인터넷, 빅데이터, 클라우드 컴퓨팅, 모바일 등 정보통신기술이 경제, 사회 전반에 융합되어 혁신적인 변화가 나타나는 차세대 산업혁명이다. 4차 산업혁명은 초 연결과 초 지능의 특징이 있기 때문에 기존 산업혁명에 비해 보다 빠르고 강하게 영향을 끼친다. 2017년 칼 베네딕트 프레이 교수와 마이클 오스본 교수도 "20년 내에 미국 일자리 중 47%가 사라질 것"이라는 연구결과를 발표한 바 있기도 하다. 사라질 가능성이 높은 직업은 단순 반복적이거나 규칙적이고 일정 패턴 유형의 직업, 가치판단이 필요 없는 저고도의 기계적 판단 영역의 직업들인데, 이런 영역의 직종들은 인공지능 알고리즘과 로봇으로 대체가 가능해지기 때문이라 한다.

현재 대부분의 행정 업무는 시스템화가 되어 있지 않기에 직원들이 담당하는 일이 대단히 많다. 그러나 인공지능이 발달되면 단순 작업은 인공지능이 대체하게 될 것이 예상되며 자연스럽게 일자리가 줄어들 것이다. 큰 은행들이 직원 수를 삭감하고 있는 것도 인공지능에 의한 업무효율화를 상정한 것이며, 실제로 이미 지방자치제에 실증 실험을 통해서 많은 인건비가 절약되고 있는 사례도 나오기 시작했다.

그러한 상황 아래 앞으로는 사무적인 업무는 줄어들 것이며, 인공지능을 잘 활용해서 활약할 수 있는 공무원과 여전히 정해진 일이나 단순 작업만을 담당하는 공무원 사이에서 격차가 생길 것이 예상된다.

3. 저출산 고령화로 인한 공무원 불안정화의 가능성

우리나라는 1983년에 합계출산율이 대체 출산율 수준, 즉 한 국가가 인구 규모를 현상 유지하기 위해 필요한 출산율 수준 이하로 하락한 이후 35년 동안 저출산 국가를 벗어나지 못하고 있고, 2018년에는 합계출산율이 1명 이하로 떨어졌다.

공무원은 세금으로 수입을 공급받지만. 앞으로 저출산 고령화가 더

더욱 진정되며 국내의 세금 수입이 감소화하고 공무원에 고용이나 수입을 창출하는 국가 수입이 적어질 것이 예상된다. 한 나라의 출산율이 낮아지면 생산가능인구가 감소하고 인구구조 고령화에 따른 저축률 저하로 자본축적이 줄어들어 경제성장이 둔화되는 문제가 발생할 것이며, 공무원에 평생고용제나 안정된 수입이라는 장점이 불안정화 될 수도 있다.

한편으로 연금 등 사회보장체계의 변화가 요구될 것이며, 사회집단, 세대, 계층 간 갈등을 높여 정책 조정의 수요를 증대시킬 것이며 공무원의 업무도 다양화될 것이 예상된다.

Ⅸ. 미래 행정업무에서 필요한 능력과 마인드

앞으로는 저출산 고령화가 진행되고 인공지능이나 로봇이 발달되면서 공무원에 수입이나 고용제도가 불안정화될 가능성이 크다. 한편으로 사회문제는 더더욱 복잡해질 것이 예상되기 때문에, 7, 9급 공무원을 비롯한 사무직은 수요가 낮아질 수도 있으나 창의적으로 정책을 마련하는 인재로서의 공무원에 수요는 높아질 것으로 예측할 수 있다. 일본의 노무라 종합 연구소와 옥스퍼드 대학교의 공동 연구에 의하면 “창의성, 협력성이 필요한 업무나 불규칙한 업무는 앞으로도 인공지능이나 로봇이 아니라 사람이 담당할 것이며, 타인과의 협조와 타인의 이해, 설득, 협상, 서비스 지향성이 필요로 되는 부분도 인공지능에 대체되지 않는다"고 한다.

앞으로 다가오는 사회의 급격한 변화에 대응하기 위해서는 프로젝트마다 전문성이 높은 인재가 필요로 될 것이다. 그러한 관점에서 보면 다양한 지식이 있으면서도 전문성을 가지고 창의성이 있는 사람이 행정업무에 필요하게 될 것이다. 또한 지금처럼 신입 사원을 몇 십년 동안 한 자리에서만 고용하는 것이 아니라, 행정 부처에서도 일정 기간에 일정 수를 교체하는 유동적이고 탄력적인 조직 운영이 요구될 것이다.

그리고 현재까지 경험하지 못했던 새로운 분야의 대처를 만들어 나가게 되기 때문에 경험이 많은 직원의 지견이 도움이 안 되는 경우가 늘어날 것이다. 오히려 융통성 있는 젊은 직원의 자유로운 감성이 효과적인 정책을 마련할 수 있는 경우도 많을 수 있다. 전문성 있는 프로젝트는 일정 기간만 외부에서 인원을 뽑고 진행하는 경우도 늘어날 것이다.

그러므로 인간성이나 고도한 팀 구성 능력, 융통성, 다양한 지식, 높은 전문성 등이 앞으로는 필요로 될 것이다. 또한 계속 한 자리에만 있는 것이 아니라 어느 자리에 가든 어떤 사람을 대하든 대등하게 대처해 나갈 수 있는 능력이 중요할 것이다.

앞으로의 시대는 단순한 조직의 구성원으로서 일하는 공무원은 축소하고, 조직에 속하더라도 자신만의 매력을 키우고 개인으로서 활약할 수 있는 공무원이 필요로 될 것이다.

한편으로 우리나라 정권이 바뀔 때마다 기존 정책이 매도되고 정책의 근간과 이념이 뒤집히는 상황이다. 대부분의 정책은 정권의 임기를 훨씬 넘어서는 긴 숙성 기간을 갖는다. 단기적으로 기조가 뒤바뀌는 상황에서는 효율적인 정책 추진이 불가능하고 특정 정권의 기조에 호응했다가 정권 교체가 일어나면 난처한 입장에 빠질 수 있기 때문이다. 이 경우 복지부동이 위험을 최소화하는 전략이다. 지금의 공무원 조직은 경직될 대로 경직된 상명하복의 수직적 위계 문화에 갇혀 있다. 관행과 내부 규범이 구성원을 짓누르고 변화를 시도해보겠다는 의욕 자체를 무력화한다.

그러나 사회에 변화에 대응하려면 우리가 알고 있는 공무원의 이미지와 실제 모습을 바꿔가야 할 필요가 있다. 공무원은 위험 회피와 현상 유지의 상징이 아니라, 기업보다도 더욱 과감한 혁신가여야 한다. 이를 위해서 중요한 것은 일반적 능력보다는 전문 능력이다. 현재의 순환보직 체제에서 공무원들이 전문성을 키워가기는 어렵다. 공무원들은 이론적 기반과 현장 경험을 결합한 현실적 문제해결 능력을 갖춰야 한다. 도전정신과 문제해결 능력을 지닌 공공의 앙트러프러너가 앞으로 공무원의 이미지이자 정체성이 되어야 한다.

1. 정치학과에서 배울 수 있는 것

"정치학"은 인간들이 보다 행복하고 만족되는 삶을 보내기 위해서 어떠한 정치가 필요한지 연구해나가는 학문이다. 우리 현대의 정치학 교수들은 대체로 과학, 사회과학, 그리고 정치 과학의 과학적 논리와 방법론에 기인한 교육을 한다. 정치학과에서 공부를 하게 되면 인과관계나 논리성, 사회를 객관적으로 바로 볼 시각을 키우게 된다. 사회에 깊이 관련되어 있는 정치를 객관적으로 분석하여 국가 혹은 세계가 어떻게 움직여 나갈지를 고민하며 한 국가에 국가 운영뿐만 아니라 국제사회나 국제 원조의 흐름을 배우는 데에 있어서도 도움이 된다.

2. 행정업무를 위한 능력과 정치학과의 관련성

사회문제가 다양하고 복잡해지고, 세계화도 진정되며 인공지능과 로봇이 발달하는 저출산 고령화 사회 안에서 활약할 수 있는 공무원이 되기 위해서는 창의력과 논리적인 사고 방식, 전문성이 필요하다. Generalist이면서 높은 전문성이 있는 자, Specialist이면서 종합적인 지식을 가지는 자의 수요가 많아질 것이다.

또한 지방화, 세계화에 대응하기 위해서는 모순되는 것 같지만, 타국 뿐만 아니라 자국의 문화나 역사, 매력을 정리하고 설명하는 능력이 보다 중요하다.

그런 관점에서 보았을 때 정치학과는 한국사회를 바라보는 시각도 국제사회를 분석하는 시야도 키울 수 있는 곳이며 공무원의 미래 변화를 고려해도 정치학과에서 배우는 내용은 대단히 도움이 되는 영역이 많다. 정치학과에서는 종합적이고 광범위한 정치학의 교육이 진행되고 있으며, 정치사상 및 이론, 비교정치, 국제정치, 외교정책 및 외교사, 한국정치 등을 배울 수 있다. 그러므로 앞으로의 미래를 위해 정치학과에서는 넓은 시야와 논리적 사고 방식 등 다양한 능력을 키울 수 있으며 그 중에서 자신의 전문성을 무엇으로 할지 고민할 것이 중요하다고 추측된다.

X. 결론

도래하는 4차 산업혁명의 시대에 대부분의 기술적인 법조 업무는 인공지능에 의해 대체될 것이라고 예상된다. 판례 분석, 법리 해석 등의 단순한 업무들은 현재에도 인공지능 법률 프로그램이 활용되어 사람들의 접근성을 높이고 있다. AI 기술이 향후 더욱 발달하여 정보 분석과 인지, 처리의 기능을 넘어 인간의 자아, 정신, 감정의 영역까지 나아가게 될지는 미지수이지만, 작금의 법조계에서는 AI가 공감, 가치판단 등의 인간 고유의 능력을 요하는, 사건에 대한 판결의 영역까지는 대체하지 못할 것이라고 내다본다. 이렇게 본다면 향후 법조 분야에서의 진로 개발은 인공지능에 의해서 대체될 수 없는 고도의 법률적 판단에 관한 역량을 기르는 것과 관련되는 것이다. 여기서 정치학은 법률적 판단에 있어서 쉽사리 기술적으로 대체될 수 없는 방식의 관점을 제공해줄 수 있다. 향후 법조 분야에 진출하기 위해 정치학 전공생은 한편으로는 기술적인 지식을 쌓고, 다른 한 편으로 정치적인 사고방식을 활용할 수 있다. 정치교육의 측면에서 법 관련 수업을 들으면서 법에 대한 기술적 전문성을 기르는 일은 기본이 된다. 이에 더해 정치학 수업을 통해 법적 관점만으로는 다루어지기 어려운 정치적 결정의 감각을 익히는 것이 보다 폭넓은 법적 판단을 가능케 할 것이다. 나아가 차제에는 정치학의 맥락에서 미래 기술을 활용하는 수업들이 만들어져 법조 영역에 나아가고자 하는 정치학 전공생의 기술에 대한 활용도와 이해도를 높일 필요가 있다. 이와 함께, 기술과 관련하여 제기되는 여러 법적 쟁점들에 대해 철학적으로 성찰하도록 독려하는 정치사상적 교육이 이루어져야 할 것이다. 이를 통해 미래의 정치학 출신의 법조인은 발달된 기술에 대해 충분히 이해하면서도 그 기술의 의미와 방향에 대한 고민을 담은 판단을 내릴 수 있게 될 것이다.

옥예슬

정치학 석사 졸업, 환경부 변호사

Q. 법조 분야에서 어떤 일을 하시죠?

안녕하세요, 저는 현재 환경부 대기환경정책관실 교통환경과에서 자동차 배출가스 인증 관련 소송 및 교통환경과 제반 업무 관련 법률 자문을 담당하고 있는 옥예슬 변호사입니다. 주로 환경부에서 처분한 과징금 등에 관련하여 기업들이 불복하여 제기한 소송수행, 법·시행규칙 등 개정안 법률 자문 및 예정 처분 법률 자문 등을 수행하고 있습니다.

Q. 법조 업무를 하는데 정치학 교육이 어떻게 기여한다고 생각하시나요?

이에 관련한 답은 정치학 교육이 중앙부처(공공분야)의 변호사로서 일을 할 때 어떻게 기여를 하는지에 한정하여 말씀드리겠습니다.

정치학이란 인간의 본성에 대한 탐구를 바탕으로 다양한 이해당사자 및 의사결정 과정 분석을 통해 한정된 자원(법·정책)에 대한 결정에 관련한 학문이며, 공공 분야에 종사하는 변호사는 법 관련 지식 및 리걸 마인드를 바탕으로 개정 혹은 처분 등에 관련한 자문을 함으로써 법·정책 수립과 같은 정치적 의사 결정 과정에 참여하는 행위자입니다.

행정청은 한정된 예산 혹은 인력을 토대로 정부의 비전(목적)을 실현하여야 하고, 이를 달성하고자 하는 수단이 바로 법과 정책입니다. 정치학 교육은 정부의 비전 수립·달성에서의 의사결정과정 등에 대한 이해를 통해 법률 자문 시 변호사로서의 리걸 마인드뿐만 아니라 정무적 판단까지 고려할 수 있게 하여 실현 가능하고 정확한 법적 자문을 하는데 도움이 됩니다. 가령 저 같은 경우 개정안이나 예정 처분 관련 자문 시, 법적인 판단 이외에도 관련 이해 당사자들 및 법령의 개정 방식 등을 모두 고려한 자문을 하고 있습니다.
이렇듯 정치학 교육은 공공 분야 관련 법률 자문 시, 법령 해석만이 아닌 실무에 대한 고려가 가능케 하는 이점이 있습니다.

Q. 법조계 관련 진로를 추구한다면 정치학 전공자로서 어떤 준비가 필요할까요?

저는 정치학도로서 법조인을 꿈꾸는 분들, 특히 정치학과 법조인으로서의 커리어를 접목하고자 하는 분들에게는 로스쿨 입학 전부터 정치학도만이 경험하고 배울 수 있는 것들을 많이 해보는 것을 추천합니다.
앞에서 말씀드린 바와 같이 입법·개정 혹은 정책 수립에는 정치과정이 필수적으로 수반되므로 특히 저처럼 공공 분야에서 종사하는 변호사인 경우, 정치학도로서의 경험을 통해 여타 전공보다 정치적 의사 결정에 대한 이해 혹은 관련 경험이 있다는 점을 이용하여 자신만의 차별화 또는 강점으로 살릴 수 있습니다.
저 같은 경우 정치학 전공자로서의 경험이 로스쿨 진학 시에 유리하게 작용하였을 뿐 아니라 실제 법조인으로서 커리어 설정을 할 때도 도움이 되었습니다. 로스쿨 지원 당시엔 미세먼지 협력 관련하여 작성했던 석사 논문과 참여했던 서울시 입법 프로젝트 및 국책연구원으로 환경 정책 및 법령 분석 업무를 했던 경험 등을 토대로 공공(환경) 분야 변호사라는 꿈을 갖게 된 계기 및 향후 진로를 일관성 있게 학업 계획서에 서술하였고, 이는 정치학 전공자로서의 차별화를 통해 로스쿨에 합격하는 데 도움이 되었습니다. 뿐만 아니라, 변호사가 된 이후에는 석사 과정에서의 환경 정치학 공부 및 환경 연구원에서의 경험을 살려 현재 환경부에서 변호사로 일하고 있습니다.

이렇듯 정치학과 법조인으로서의 커리어를 접목하고자 하는 분들은 물론 법 과목에 대한 학습도 중요하지만 이보다 정치학을 온전히 배울 수 있을 때 여타 법조인과 다른 자신만의 차별화 전략을 세우는 데 도움이 되는 정치학 과목 공부나 정치 관련 경험을 쌓는 준비가 필요하다고 생각합니다.

참고문헌

이태동, 백우열, 최선. 2019.『정치외교학과 진로개발-정치학해서 뭐먹고 살래?』. 서울:연세대학교 대학출판문화원.

김영순. 2019. "제4차 산업혁명과 초연결사회 그리고 사물인터넷 시대." 한국콘텐츠학회지 제17권 제3호.

김승래. 2018. "4차 산업혁명과 AI 시대의 법적 과제와 전망." 법학연구 제18권 제2호.

VERITAS. 2019."2020 LEET 응시자 1만291명 '역대 최다 경신'.. 응시율 92.2%."

http://www.veritas-a.com/news/articleView.html?idxno=161902(검색일: 2019.11.5)

국가법령정보센터. 2019. "변호사법." http://www.law.go.kr/lsInfoP.do?lsiSeq=205812&efYd=20181218#0000(검색일:2019.12.22)

사법부 소개-"재판연구원". 대한민국 법원 https://www.scourt.go.kr/judiciary/member/researcher/index.html(검색일: 2019.12.23)

주간경향. 2019. "[표지 이야기]AI 판사면 공정할까, 또 사람들이 수긍할까."

https://weekly.khan.co.kr/khnm.html?mode=view&artid=201904221342181&code=114#(검색일: 2019.11.5)

자유기업원. 2019. "인공지능 판사: 사법부의 미래는 어떻게 변해갈 것인가."

https://www.cfe.org/20190529_20215(검색일: 2019.11.6)

법률저널. 2019. "'인공지능 VS 인간 변호사' 대결…'인공지능 압승.'"

http://www.lec.co.kr/news/articleView.html?idxno=712459(검색일: 2019.11.6)

한겨레. 2018. "판례분석에서 법률상담까지…AI 변호사시대 열리나."

http://www.hani.co.kr/arti/society/society_general/871629.html(검색일: 2019.11.6)

시사저널. 2017. "[인간 vs AI]② 인공지능, 법조 영역 완전 대체 불가능하다."

http://www.sisajournal-e.com/news/articleView.html?idxno=174120(검색일: 2019.11.5)

전자신문. 2019. "변호사 넘어 법관까지...법조계 AI 도입 바람."

http://www.etnews.com/20191101000224(검색일: 2019.11.6)

법률신문. 2017. “[창간67주년 특집] AI 판사, 인간대체 가능할까.”
https://m.lawtimes.co.kr/Content/Article?serial=109025(검색일: 2019.11.6)

NEWSTOF. 2018. “AI 판사가 공정할 것이라고?”
http://www.newstof.com/news/articleView.html?idxno=972(검색일: 2019.11.4)

1. 이태동, 백우열, 최선. 2019.『정치외교학과 진로개발-정치학에서 뭐 해먹고 살래?』. 서울: 연세대학교 대학출판문화원.

1. 사단법인 서울행정학, 2015. “미래 행정환경 변화에 따른 일반행정분야 정부조직 발전방안 연구.”서울:행정자치부최동보고서.

2. 지동하. 2018. “우리나라 저출산의 원인과 경제적 영향”. 서울:경제현안분석.

미래전략정책연구원. 2017.『10년후 일자리의 미래』.서울:일상이상.

小紫雅史. 2018.『10年で激変する！「公務員の未来」予想図』. 東京：学陽書房。

Osborne, M.A., &Frey, C. B., *The future of employment:how susceptible are jobs to computerization?*

David Easton. 1953. The political system: an inquiry into the state of political science. New York: Knopf.

정부24. 2019. “정부/지자체 조직도.”https://www.gov.kr/portal/orgInfo(검색일:2019.12.22).

국가법령센터. 2019. “국가공무원법.” http://www.law.go.kr/%EB%B2%95%EB%A0%B9/%EA%B5%AD%EA%B0%80%EA%B3%B5%EB%AC%B4%EC%9B%90%EB%B2%95(검색일:2019.12.22).

인사혁신처. 2019. “공무원의 종류.” http://www.mpm.go.kr/mpm/info/infoJobs/jobsProcedures01/(검색일:2019.12.20).

인사혁신처, 2019. “채용제도 소개.” http://www.mpm.go.kr/mpm/info/infoJobs/HrProcedures/recruit/recruit01/(검색일:2019.12.20).

World Bank Homepage〉 Population Total. 2018. https://data.worldbank.org/indicator/sp.pop.totl(Access date:05/Nov/2019).

김은환. “[여시재 인사이트/4차 산업혁명 시대 정부의 역할 3] 정부가 공공성으로 무장한 혁신가 집단이 되어야". https://www.yeosijae.org/posts/774(검색일:2019.12.20).
연세대학교 정치외교학과. 2019. "학과소개".
https://socsci.yonsei.ac.kr/socsci/intro/political_science.do(검색일2019.11.4).

10 장

정치학계
미래 진로

● 이경호, 이형준 ●

Ⅰ. 서론

학문의 진리를 추구하는 길에 접어든 정치학도의 미래를 소개해보라는 주제에 앞에서 필자는 막스 베버의 『직업으로서의 학문』이라는 책이 생각날 수밖에 없었다. 해당 서적은 학문이 갖는 물적 조건 즉 대학을 졸업한 학생이 대학에 남아 직업이자 삶의 방식으로 학자를 선택하게 된다면 그 학생은 어떤 상황에 처하게 되는가?라는 질문에서 시작하고 있다. 흥미로운 점은 베버는 학자가 되는 조건을 내외적으로 구분하여 능력과 요행이라는 외적조건 그리고 열정과 소명의식이라는 내적 조건들을 설명하고 있다. 그는 대학에서 실시하는 학문훈련은 '정신적 귀족'을 훈련하는 행위로 완성된 학문은 존재하지 않으며 모든 학문은 '성취'와 '능가'라는 프로세스를 통해 발전되고 낡아버리기에 모든 학자들은 이를 감수해야 한다고 이야기 한다. 다시 말해 베버는 독일의 사례를 통해 대부분의 학자 지망생들이 대학이라는 공간에 남아 학업을 지속하기로 결심하였을 때 겪는 외적 어려움이 존재하며, 그럼에도 불구하고 공부를 삶의 방식으로 받아들이게 되었을 때 필요한 학자로서의 자세를 우리에게 가르쳐 주고 있는 것이다. 그렇기에 본 장에서는 베버가 『직업으로서의 학문』의 초반부에 제기했던 물음과 대답을 특정한 직업이 사라진다는 4차 산업혁명 시대에 앞서 한국에서 정치외교학과를 졸업한 학생들은 어떤 직업을 선택하고 직업에 대한 만족도는 무엇인가를 다양한 지표를 통해 분석한 후, 4차 산업혁명에서 정치학도의 미래에 대해 논의하고자 한다. 그리고 정치외교학 전공으로 전임교원을 지망하는 학생들을 위해 국내외 박사학위 취득현황과 대학가의 현황을 분석하여 설명하고자 한다.

II. 정치외교학 전공과 직업설정

정치외교학은 가장 오래된 사회과학의 학문으로 인간의 삶의 규율하는 정치적 현상에 대하여 철학적인 관점을 통해 이해하거나 과학적인 접근방식을 통해 분석하는 종합적 학문이라 할 수 있다. 즉 정치외교학과는 국내·외에서 일어나는 정치 현상들을 분석하고 탐구하는 능력을 배양하는 학문이라 할 수 있다. 물론 학교별로 정치외교학과의 구체적인 교육 목표는 다를 수 있으나, 급변하는 국내외 정세 속에서 국가가 나아갈 비전과 방향을 제시할 수 있는 정치·외교 분야의 전문 인력 양성이라는 비전은 대부분의 대학교 정치외교학과 목표에 포함되어 있을 것이다. 학부를 기준으로 정치외교학과는 지속적으로 증가해 왔으며, 연세대학교의 전신인 연희전문학교에서 한국 최초의 정치외교학과가 설립된 이래로 2019년 기준 4년제 대학에 개설된 정치외교학과의 수는 91개까지 늘어난 상황이다(한국교육개발원, 2019).

일반적으로 정치학과는 정치사상, 비교정치, 국제정치를 기본 골자로 다양한 환경정치, 미디어 정치, 교육정치 등 다양한 융복합적 하위분과들로 구성되어있으며 본 학과에서는 선행 연구들과 다양한 이론들을 바탕으로 국내외 사회·경제적 흐름을 분석하고, 예측하고, 대응하는 방법들을 배울 수 있다. 최근 미-중 무역분쟁, 러시아 우크라이나 전쟁 등 시시각각 다변하는 국제질서와 초국가시대로 인하여 정치외교학과의 필요성이 다시금 대두되고 있기에, 정치외교학과에 대한 수요가 증가할 것으로 보인다. 그런 부분에서 정치학과를 공부하고자 하는 학생은 국내외 다양한 분야(정치, 사회, 경제, 환경 등)에 관한 관심과 문제의식이 필요하다 할 수 있다. 다양한 정치적, 사회적, 경제적 현상을 분석하기 위한 분석력과 추리력 그리고 자신의 의견을 논리적으로 잘 풀어낼 수 있는 논리력을 갖춘 학생들이 선호하는 전공이라 할 수 있다. 정치외교학을 전공한 선배로서 정치외교학과 진학에 적합한 성향은 타인의 비판에 쉽게 상처 입지 않으며 극도의 스트레스 상황에서도 효과적으로 대처할 수 있는 성격이 적합하다고 생각한다. 그렇다면 정치외교학을 전공한 학생들이 선택하는 직업은 어떤 것이 있을까?

정치외교학을 전공한 학생이라면 한 번쯤 주변에서 미래에 '정치가'

또는 '외교관'을 꿈꾸는지에 대한 질문을 받아본 경험이 있을 것이다. 또는 우리나라의 정치 상황이나 국제정세에 대한 본인의 의견에 관한 질문을 받아본 경험이 있을 것이다. 이러할 정도로 정치외교학은 대중적으로 국제사회에서의 국가간 관계, 안보, 정치경제에 대한 이론을 공부하는 학문이라는 대중적 인식이 자리 잡고 있다고 볼 수 있다. 하지만 정치외교학을 전공으로 졸업한 학생들이 어떠한 길을 선택할 수 있을까? 일단 대중적으로 잘 알려진 정치인과 외교관에 대하여 조사를 시행하였다.

선출직 정치인을 기준으로 최근 당선인의 학부 전공을 조사하였을 때(그림 1 참조), 21대 국회의원 중 가장 비중이 높은 학과는 법학과이다. 정치외교학과는 전체 300명 중 27명(9%)으로 2위를 기록하였지만, 비중은 상당히 높은 편이라 볼 수 있다. 하지만 제20대 국회의원 선거에서는 10.3%(31명)로 법학, 경제·경영 계열과 더불어 상당히 높은 비중을 차지함을 알 수 있다.

이와 같은 현상은 일시적이지 않으며 민주화 이후의 국회의원 선거

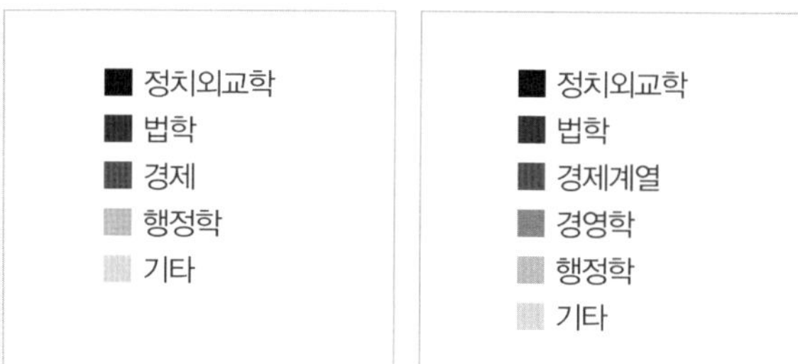

[그림 1] 제20, 21대 국회의원 학과별 현황

출처: 중앙선거관리위원회

에서 정치외교학과 출신 당선인들의 비중이 높은 편임을 알 수 있다. 1987년 민주화 이후에 치러진 제13대 총선을 시작으로 제19대 국회까지 분석했을 때, 해당 시기 동안 지역구 국회의원의 전공을 분석해 보면 전체 당선인 1,675명 중 190명이 정치외교학과 출신으로 집계된다. 제13대부터 제19대 국회의원 선거까지 매 회 대략 10% 이상의 정치외교학과 전공자가 당선되었으며 13대 총선에서는 13.8%, 14대 11.8%, 제15대 18.9%, 제16대 14.9% 제17대 15.2% 제18대 15.1%, 제19대 13.8%로 집계되었다. 본 수치는 재·보궐선거 당선자를 제외한 총선 당선자를 기준으로 분석하였고, 이와 같은 지표를 보면 정치외교학과 전공자가 정계 진출, 즉 정치인으로 활동하는 비중이 높다고 할 수 있다.

이러한 트렌드는 선출직뿐만 아니라 외교관 직군에서도 유사하게

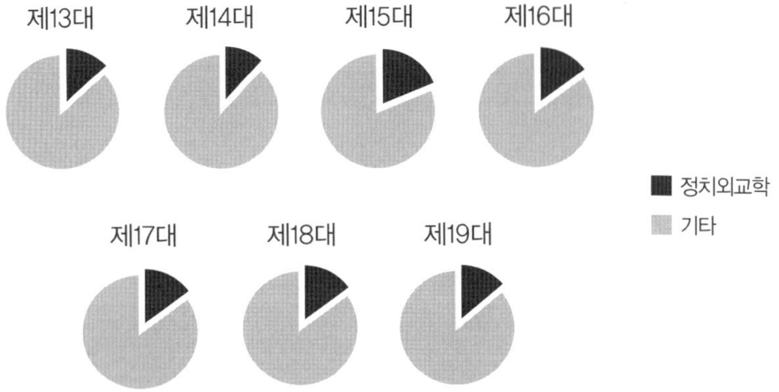

[그림 2] 제13대~제19대 지역구 국회의원 정치외교학과 전공자 현황

출처: 중앙선거관리위원회

나타나고 있다. 외교관후보자를 선발하기 위한 5급 공개경쟁 채용시험에서 정치외교학과 전공자들이 타 학과 전공자들보다 경쟁력이 있는 것으로 조사되었다. 법률저널의 2022년 조사에 따르면 외무고시를 대체하여 2013년부터 시행되고 있는 외교관후보자 선발시험에 총 1,486명이 응시하여 40명이 합격하였다(2022년 시험 기준). 해당 회기 시험의 경쟁률은 37.1대 1로 합격한 40명 중 정치외교학과 전공자는 18명으로 전체 합격자의 45% 정도로 조사되었다. 물론 학과가 합격에 결정적 요인은 아니지만 1차(공직적격성평가, 한국사, 영어, 제2외국어, 헌법), 2차(국제정치학, 국제법, 경제학, 학제통합논술시험) 외교관후보자 선발시험 과목을 고려하였을 시, 해당 전공이 상당히 도움 될 수 있다고 생각한다. 이러한 지표들을 보면 왜 정치외교학과 전공 학도들에게 정치인 또는 외교관이 될 것이냐는 질문이 대중적일 수 있는지 알 수 있다.

하지만 정치외교학과 전공은 정치와 외교 분야 이외에서도 다양한 취업 분야에서 좋은 결과를 달성하고 있는 것을 확인할 수 있다. 전체 취업시장에서 정치외교학과 전공의 취준생들이 타 학과 전공자들보다 취업률이 높은 것으로 조사되었다. 교육부와 한국교육개발원이 2019년에 50만 명의 고등교육 졸업자를 대상으로 실시한 취업현황 전수조사에 따르면, 정치외교학과 졸업자들이 전체 평균보다 3.8%~7.5%가량 높게 조사되었음을 알 수 있다(그림 3 참조). 또한 4차 유지취업률이 높은 것을 보았을 때, 정치외교학과 학도들이 타과 졸업생들보다 상대적으로 안정적인 직장을 가졌거나 취직한 직장의 만족도가 높을 가능성이 있다.

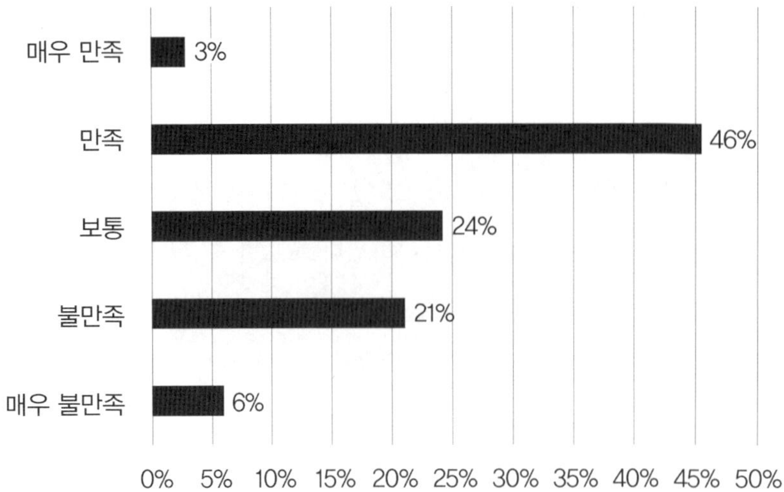

[그림 3] 첫 직장 만족도(2020년 기준)

실제로 커리어넷 데이터의 2020년 조사에 따르면 첫 직장에 대한 정치외교학과 졸업생들의 49%가 만족 또는 매우 만족한다고 답변하였으며 불만족 또는 매우 불만족으로 응답한 사람은 전체의 27% 정도로 첫 직장의 만족도가 상대적으로 높다는 것을 알 수 있다.

앞서 언급된 유지취업률은 단순 일용직 등의 일시적인 취업도 포함해서 계산하는 취업률이 아니라 지속할 수 있는 안정적인 직장을 기준으로 취업한 데이터를 계산된 취업률을 의미한다. 유지취업률은 건강보험 직장가입자를 기준으로 산출되는데, 고용 기간이 1개월 미만인 일용근로자나 비상근 근로자, 비상근 교직원 또는 1개월 동안의 소정 근로시간이 60시간 미만인 단시간 근로자, 시간제 공무원, 교직원은 가입이 되지 않는다.

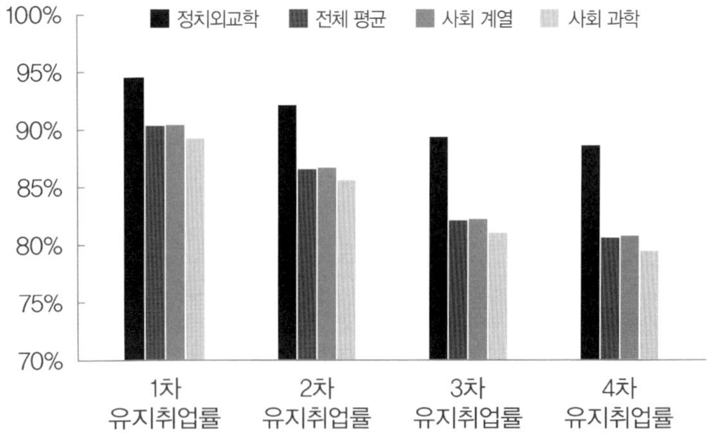

[그림 4] 2019년 고등교육 졸업자 취업률

* 유지취업률: 조사 기준일(2019년 12월 31일) 당시 건강보험 직장가입자 중 일정 기간(3, 6, 9, 11개월) 경과 후 건강보험 직장가입이 유지되고 있는 비율
* 1차 유지취업자: 2018년 12월 건강보험 직장가입자 중 2018년 12월, 2019년 3월 모두 직장가입 자격을 유지한 자
* 2차 유지취업자: 2018년 12월 건강보험 직장가입자 중 2018년 12월, 2019년 3, 6월 모두 직장가입자 자격을 유지한 자
* 3차 유지취업자: 2018년 12월 건강보험 직장가입자 중 2018년 12월, 2019년 3, 6, 9월 모두 직장가입자 자격을 유지한 자
* 4차 유지취업자: 2018년 12월 건강보험 직장가입자 중 2018년 12월, 2019년 3, 6, 9, 11월 모두 직장가입자 자격을 유지한 자

한 소재지가 일정하지 않은 사업장의 근로자 및 사용자와 근로자가 없거나 비상근 근로자 또는 1개월 동안의 소정근로시간이 60시간 미만인 단시간 근로자만을 고용하고 있는 사업장의 사업주는 국민건강보험 직장가입자가 될 수가 없다. 그렇기에 유지취업률이 높다는 의미는 상근 근로자가 일정 기간 특정 지역에서 근무하는 안정적 형태의

취업을 했다는 의미로 해석할 수 있다.

덧붙여 차수가 높을수록 해당 직장에 오래 근무하고 있다는 의미이며 전공별 유지취업률 현황을 비교 분석해 보았을 시, 4년제 대학 졸업자들의 평균 유지취업률(1차 90.8%, 2차 87.1%, 3차 82.6%, 4차 81.2%)에 비교하여 사회 계열 전공자들은 비슷하거나 소폭 높은 편이나 사회과학계열은 평균에 비해 낮은 편으로 조사되었다. 하지만 사회과학 계열인 정치외교학 졸업자는 전체 평균보다 모든 차수에서 높은 편으로 조사되었으며 특히 4차에서 7.5% 이상 높게 측정되는 등 사회과학 계열에서 상대적으로 안정적인 직장을 오래 유지할 가능성이 높다는 것을 알 수 있다.

이와 같은 트렌드는 한국 취업시장 뿐만 아니라 미국 취업시장에서도 유사한 형태로 나타나고 있다. 미국 노동통계국 자료에 따르면 2021년 기준 정치학 전공자의 중위 연봉은 약 1.6억(122,510 USD) 정도로 직업 중위 연봉인 약 6천만원(45,760 USD) 보다 267% 높은 수치로 조사되었다.

| 표 1 | 전공별 유지취업률 현황

	1차	2차	3차	4차
전체 평균	90.8	87.1	82.6	81.2
사회 계열	91.0	87.2	82.7	81.3
사회과학 계열	89.8	86.1	81.5	80.0
정치외교학	94.6	92.2	89.4	88.7

출처: 한국교육개발원, 2020

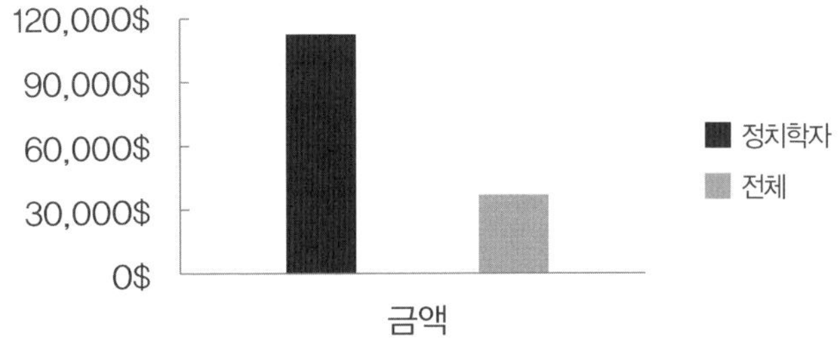

[그림 5] 모든 직업 대비 정치학 전공자 중위 연봉 비교
출처: 미국 노동통계국(U.S. Bureau of Labor Statistics, 2022)

또한 같은 조사에서 정치학자의 고용 전망은 2021년부터 2031년까지 약 6% 정도 증가할 것으로 예측하고 있다. 직업에 대한 전망은 클라우스 슈바프(Klaus Schwab)가 2015년 제4차 산업혁명이라는 키워드를 제시한 이후로 세계경제포럼(World Economic Forum)인 다보스포럼을 통해 활발히 논의되어 왔다.

다보스포럼에서는 로봇기술, 드론, 3D 프린팅, 빅데이터 기술 등 첨단기술의 발전으로 단순노동 뿐만 아니라 일정한 전문성을 요구하는 직업에도 큰 영향을 미치게 될 것으로 보고 있다. 한 연구에 따르면 정치외교학과는 4차 산업혁명 이후에도 미래 기술로 대체되기 어려울 것이라고 평가하고 있다. 영국 옥스퍼드 대학교의 칼 베네딕트 프레이 교수와 마이클 오스본 교수의 미래 기술에 의해 대체될 가능성을 수치화한 연구결과에 따르면 정치외교학자가 대체될 가능성은 3.9%로 전체 702개의 직업 중 125번째로 대체될 가능성이 낮은 직업으로 분석되었다(Frey, C. & Osborne. M, 2013). 다음은 기술혁신에 따른 정치학

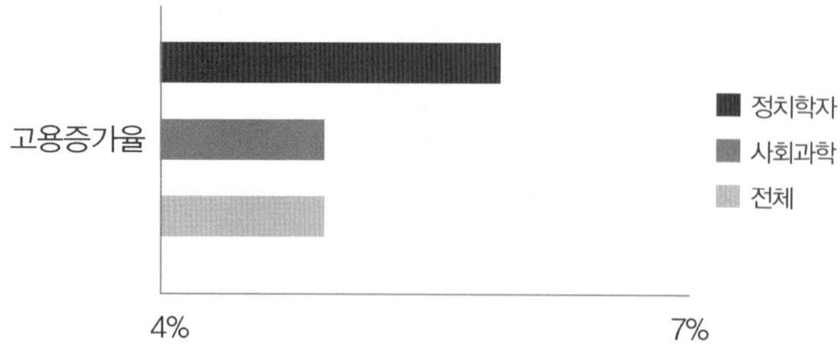

[그림 6] 2021년~2031년 고용증가율

출처: 미국 노동통계국(U.S. Bureau of Labor Statistics, 2022)

의 미래에 대해 설명하고자 한다.

III. 기술혁신과 정치학의 미래

근래 몇 년간 한국에서 '4차 산업혁명'이란 키워드를 둘러싼 미래 전망은 하나의 지적 트렌드라 할 수 있다. 신기술이 갖는 가능성에 대한 적응과 대응은 분명 기업 또는 한 국가의 경쟁력이나 사회변화를 이끄는 데 중요한 요소라 할 수 있다. 하지만 단순히 거대 담론에 몰입하여 기술발전의 맥락을 이해하지 못하는 문제 지양해야 하는 부분이다.

앞서 언급한 바와 같이 클라우스 슈밥(Klaus Schwab)은 기존에 일반적으로 '정보혁명(information revolution)' 으로 불리던 현상을 3차 산업혁명으로 규정하고, 그와 구분되는 개념으로 4차 산업혁명이란 개념을 제시했다. 슈밥은 4차 산업혁명을 별도의 산업혁명으로 간주하는 근거로(기술발전의 기하급수적) 속도, 범위와 깊이, 그리고 시스템에 미치는 충격을 든다(슈밥 2016, 12-13). 그러나 사실 그가 4차 산업혁명의 예시로 제공하는 컴퓨터와 IT기술의 여러 융합현상이나, 초연결사회·융합·탈경계와 같은 정의는 실상 '컴퓨터=digital'과 '인터넷=network'를 기반으로 한 '정보혁명'이란 개념에 내포된 내용들의 연장선에 놓인 것으로 질적으로 구분되는 내용이 아니다. 예컨대 초연결사회란 네트워크의 고도화란 말과 다른 것이 아니다. 그리고 융합과 탈경계는 디지털 혹은 디지털화가 갖는 전형적 속성에 해당한다.

다소 과격한 단순화일 수 있지만, 그림이나 문자 등 질적으로 상이한 아날로그를 '일정한 약속'을 통해 0과 1의 비트로 치환하여 기계를 통해 디지털 정보로 표현하고, 다시 영상정보와 문자정보가 혼동되지 않도록 '비트의 비트'라는 약속을 정해서 하나의 컴퓨터 화면에 두 개의 아날로그 정보를 동시에 구현하고, 구현된 정보를 프로그래밍된 디지털 언어(알고리즘)에 따라 처리할 수 있게 하는 컴퓨터 기술의 발전 단계에서의 초보적 기술도 디지털 융합·탈경계의 사례라 할 수 있다. 두 개의 상이한 아날로그를 컴퓨터 화면 속에서 결합 시켜서 처리할 수 있도록 만들어준다는 점에서 그렇고, 더 나아가 디지털화된 정보를 통신망을 통해 전송하거나 복제하면, 동일한 결과물이 물리적인 시공간의 경계를 넘어서 다른 컴퓨터에 존재할 수 있게 된다는 의미에서도 그렇다. 일정하게 인간의 정보처리 목적에 따라 프로그래밍된 알고리즘, 다양한 아날로그를 디지털 정보로 전환시켜 융합시킬 수 있는 약속체계(format)가 마련되어 있고, 디지털화된 신호를 빠른 속도로 처리할 수 있는 컴퓨터의 성능이 뒷받침되기만 한다면, 원리상 물질세계의 아톰(atom)은 모두 비트로 환원되어 표시될 수 있다. 디지털로 전환 가능한 모든 것이 정보처리기계 안에서 융합되고 처리될 수 있는 것이다. 또한, 0과 1로 디지털화된 자료는 일정한 통신규약(TCP/IP)를 통해 네트워크로 연결되면(그것이 빠를수록), 시공간적 제약을 완전히 극복함으로써 융합과 탈경계는 가속화된다고 할 수 있다. '정보혁명'이란 이런 기술적 변화를 표현하는 개념였다고 볼 수 있고, 4차 산업혁명이라는 말로 표현되는 여러 혁신도 본질에서는 다른 것이 아니다.

슈밥 자신도 더욱 정교해지고 통합적으로 진화한 디지털 기술이 세계경제 변화를 주도하는 것으로 인식하고 있다(슈밥, 2016, 25). 요컨대, 인공지능, 로봇기술, 블록체인, 공유경제(또는 플랫폼 경제), 빅데이터 등등은 '컴퓨터=digital'과 '인터넷=network'의 결합으로 이루어진 기존 정보·지식기반 산업의 근본 요소로 환원시킬 수 있는 것이며, 통신기술과 컴퓨터 정보처리 기술의 고도화가 만들어낸 현상으로 해석할 수 있는 것이다. 〈구글 트렌드〉 사이트를 이용해 '정보혁명(Information Revolution)', '4차 산업혁명(The Fourth Industrial Revolution)', '제3의 물결(The Third Wave)', '디지털 포메이션(digital formation)'을 키워드로 2004년부터 현재까지 세 용어의 시간 흐름에 따른 관심도 변화를 살펴보면 흥미로운 사실이 나타난다.

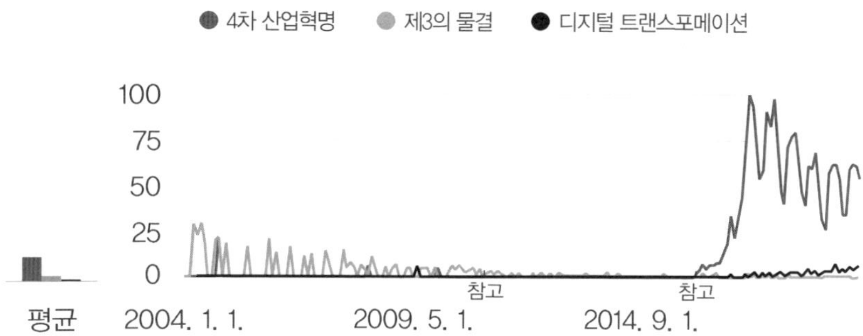

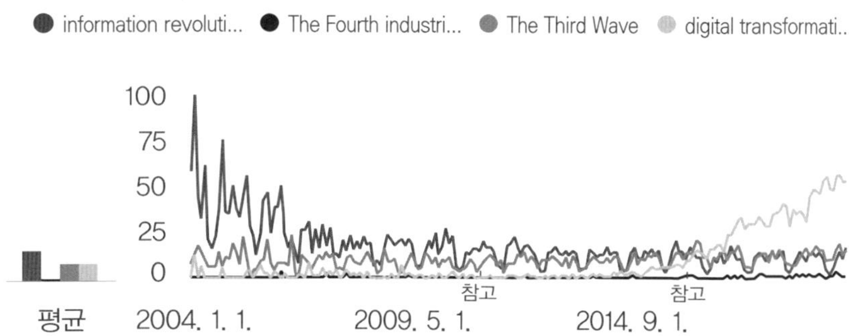

위의 결과는 미국에서 4차 산업혁명이란 말은 그 자체로 특별한 의미를 갖기보다는 주로 정보혁명이란 개념에 비해 부차적인 것으로 이해되는 데에 반해, 한국에서는 그 이전에 나왔던 기술담론과는 전혀 무관한 새로운 현상처럼 대중사회에서 수용되고 있는 양상을 보여준다.(인간 바둑최고수와 알파고의 대결, 구글의 이벤트가 한국에서 열린 2016년 이후 지속적인 담론으로 자리잡는다.) 그리고 미국의 경우, 기술발전이 갖는 새로운 가능성이 주로 정보기술의 확장 적용과 고도화를 표현하는 개념인 디지털 변환(digital transformation)으로 이해되고 있음을 알 수 있다.

경제학자 로버트 고든(Robert J. Gordon)은 로봇과 인공지능 등을 3차 산업혁명의 연속에 지나지 않는다고 파악했다. 그는 1870년대 이후의 미국의 경제성장에 대한 거시적 관찰에 입각해, 산업혁명의 2차 산업혁명과 그 기술은 1970년대까지 삶의 영역 전반을 바꾸었지만, 3차 산업혁명의 발명품은 엔터테인먼트, 정보, 통신 분야 등 협소한 분야에만 영향을 주는 데에 그쳤다고 진단했다(리처드 고든 2017, 458). 1970년부터 2014년까지 총요소생산성(TFP)—total factor productivity, 혁신과 기술변화의 영향에 대한 표준화된 경제척도—성장률은 연평균 0.64%로 1920~1970년까지의 1.89%의 1/3에 불과했고, 정보혁명 기술이 생산성에 미쳤던 영향력이 정점에 달했던 1994~2004년 미국 신경제 시기에 조차 총요소생산성은 연평균 1.04%의 성장에 그쳤다는 것이다. 그조차 혁명일 수 있는지 의문이 드는 성장폭이다. 그에 따르면, 이미 20년 전부터 시작된 AI와 공장자동화 등이, 세탁기가 여성의 노동을 해방시켰던 것 이상의 실질적인 생산성 향상이나 변화를 이끌 수 있다는 근거는 없다. 생활수준을 결정하는 기본적인 것들은 이미 모두 갖추어진 상황에서 성장은 제약적일 수밖에 없고, 오히려 부의 불평등과 인구 노령화 문제가 저성장 시대의 미국의 발전에 더 중요한 문제다. 이렇게 보면 4차 산업혁명이란 말은 일부 미래학자들의 산업구조 재편과 사회변화에 대한 희망을 반영한 작업가설이거나 주식시장에 모인 이들의 몽상일 뿐인지도 모른다.

물론, 4차 산업혁명으로 표현되는 내용의 대다수의 요소가 디지털과 네트워크 기술의 발전의 고도화에 입각하고 있는 것이라 해서, 그 파급력을 무시할 수는 없다고 생각할 수도 있다. 양의 차이가 때로 질의 차이를 만들 수 있는 국면 일지도 모른다. 디지털 기술이 물리화(Physicalizaion)되어—자율주행차, 3D프린터, 스마트공장, 인공지능 로봇, 드론 등등—기계들이 인간 이상의 분석·판단력을 갖고 상호작용을 통해 상황을 판단할 수준에 올라서고, 노동을 대체할 만큼 충분히 경제적이라면, 상품 가치를 생산하던 수많은 직업을 대체하는 근본적 변화를 야기하게 될 수도 있다. 노동, 생산과정을 직접적으로 타격한다는 점에서 그렇다. 그때는 기존 정보통신 기술에 기반한 산업이 정보의 상품화, 자동화, 그리고 정보고도화에 의한 거래비용 감축(시장불확실성에서 기인한 비생산적 노동감축)을 통해 낭비되던 비용을 절약함으로써, 전통적 산업이 갖는 이윤율 저하 경향을 회피하고, "고실업 속의 고이윤율" 혹은 "20:80의 사회"를 만들어냈던 것 이상의 파급력을 지닐지도 모른다.

이하에서는 이런 기술혁신이 정치학자로서의 직업 미래에 미치게 될 영향을 두 가지 측면에서 살펴보도록 한다. 앞에서 필자는 4차 산업혁명이라 불리는 흐름을 기존의 정보통신(디지털+네트워크) 기술의 혁신과의 본질적 연속성을 강조했다. 그 강조 이유는 직업으로서의 정치학의 미래에 대하여(1)과 (2)를 통해 설명하고자 한다.

(1) 첫째, 정치학이 근본적으로 인간관계에서의 가치의 배분과 배분방식에 관한 결정을 다루는 학문인 한, 인공지능이나 빅데이터가 효율적 판단을 위한 도구가 될 수는 있어도, 정치학자들이 다루는 문제를 대체하기 힘들다. 로봇에 의한 직업의 대체가능성에 대한 설문통계 사이

트(https://willrobotstakemyjob.com)에 따르면 정치학자(political scientist)의 대체 가능성은 4%로 나타났다. 코멘트 중 하나가 걸작이다. 로봇이 정치인이 되기 충분하다면, 로봇정부의 형성과 기계에 의한 인간의 지배를 보게 되리라는 것이다. 정치적인 판단과 주장을 할 수 있는 존재로서의 정치학자가 로봇으로 대체될 수 있다해도, 상황은 마찬가지일 것이다. 현실에서 정치학자의 견해에 정책적 결정을 위임하는 경우는 없지만, 차라리 그들의 조언을 따르느니 가치론적 결정을 기술에 위임하겠다는 것은 로봇의 노예가 된다는 말과 다르지 않다.

물론 새로운 기술혁신이 만일 대중에게 더욱 효율적으로 정보기술에 의지할 수 있게 한다면, 정치학자로 갖는 전문성의 권위는 더 낮아질 수 있다. 그러나 이건 새롭지 않다. 전문가가 지니는 권위의 위상은 이미 정보사회의 발전과 함께 낮아졌다. 4차 산업혁명을 운운하기 전에, 정보를 거머쥐고 있는 소수 전문가가 정보 가치를 만들어내면, 대중이 그것을 소비하는 시대는 끝났다. 이는 하나의 문제이자 가능성인 것이지만, 정치적 사안에 대해 대중은, 때로 집단편향에 휘둘리기도 하지만, 자기만의 확신의 근거를 뒷받침해줄 정보들과 늘상 접속해있다. 더군다나 '가치판단'의 문제를 내포한 정치적 현안은 특정 관점에 확고한 객관성·중립성의 권위를 부여하는 것을 어렵게 한다. 브렉시트와 트럼프 현상에서 나타난 포퓰리즘은 이런 상황의 반영이다.

하지만, 분명 정치학자가 정치적 목적 혹은 가치에 따른 수단 선택의 적절성에 대한 검토, 가능한 실천적 입장과 그 결과에 대한 고민, 목적과 수단의 모순에 대한 논리적 반성 등을 체계적으로 수행하는 전문가라는 점에는 변함이 없으며, 그런 현안에 대한 체계적 탐구와 발언은 사회적으로 필요하다. 인간이 자율적 가치판단과 객관적 사실판단에 입각해 정치적 행동을 고민하는 존재인 한, 새로운 기술도구는 정치학의 기존 연구분야나 연구방법을 새로운 차원으로 발전시키거나, 새로운 분야를 만들어 낼 기회라고 할 수 있다.

정치학은 태생적으로 융합적이었다. 근대적 학문으로서의 사회과학은 인문학과 자연과학이라는 '두 문화'의 존재가 대변하는 가치(선)와 진리(진)의 팽팽한 대립 속에서 성숙되어 온 분야였다. 그 대표적 두 학문영역의 긴장 사이에서 제도화되었던 사회과학의 핵심적인 이론 논쟁은 "참의 추구와 선의 추구를 화해시키는 방법이 있는가에 집중"되었다(월러스틴 2007, 32). 선거제도와 여론조사, 정보기술이 만들어 낸 시민의 새로운 정치화 양식, 디지털 기술을 활용한 민주주의적 제도 재편의 문제 등, 현대 기술사회의 구체적인 정치 이슈들에서 이미 정치학은 기술이 지닌 사회정치적 의미에 오랫동안 주목해 오고 있다. 학제적 기술 통합이 야기하는 문제가 그 해결을 위한 학제적 대응을 요구한다고 할 때, 재통합은 자연과학이나 인문학이 사회과학의 장기적 전제, 특히 모든 지식의 사회적 연관성을 수용하는 방식일 수 있다(월러스틴 2007, 42). 기술 논리와 정치적·도덕적 가치 사이의 관계설정에서의 난점은 더 심화될 수밖에 없다. 그러한 영역에서의 정치학자의 고민은 보다 많은 사회적 수요와 만날 수 있게 되리라 생각한다. 기술의 진화와 메커니즘에 대한 전문적 이해는 지식의 최전선에서 고민하는 정치학도에게 직업적 가능성을 부여해줄 것이다.

(2) 둘째, 기술은 결코 중립적이지 않으며 기술발전은 계급투쟁과 같은 정치적 성격을 띠고 있다. 기술 자체는 미래사회에 대한 낙관이나 비관을 확언하지 못한다. 미래학자들은 기술에 적응하지 못하면 도태될 수밖에 없으므로 기술 변화에 적응해야만 기업과 국가의 경쟁력 유지가 가능하다는 식으로 말하는 경우가 많다. 절반 이상 틀린 말이다. 틀린 이유는 한 사회 전체가 단합해 대면하고 극복해야 하는 대상으로 테크놀로지(또는 테크놀로지 발전을 두고 싸우는 경쟁국가·기업)를 설정하고, 집단 사이에 놓인 적대적 대립을 슬쩍 감추기 때문이다.

(1)에서 주로 정치학자가 기술적 진화를 수용하고 적응해가는 방식을 말했다면, 여기서는 현재의 기술이 갖는 본질적 특성과 그것이 만들어내는 인간적 관계가 정치학자에게 비판적 성찰을 요구하는 측면에 대해 말하고자 한다. 다시 말하지만, 그것이 한국에서 전혀 새로운 4차 산업혁명처럼 이해되는 기술혁신을 기존의 정보통신 기술의 혁신과 연관지은, 가장 중요한 이유였다. 그리고 여기에 미래의 정치학, 정치학자가 관심을 기울일 만한 주제(직업적 가능성)가 놓여 있다고 생각한다.

증기와 전기로 대표되는 산업혁명이 궁극적으로 인간과 자연의 관계를 뒤바꾸고, 그를 통해 인간과 인간의 관계를 전환시키는 방식이었다고 한다면, 디지털과 네트워크의 발전에 기반한 현재의 기술혁신이 지닌 특징은 그것이 근본적으로 인간과 인간의 관계에 기초하고 있다는 점에 있다. 디지털과 네트워크라는 기술 발전의 근본 요소는 전적으로 인간 사이의 '약속'에 의존한다. 디지털은 표준이나 포맷에 대한 약속이 존재할 때, 다양한 정보를 비트로 융합시킬 수 있으며, 네트워크에서 누구나 정보의 제공자(생산자)이자 정보의 사용자(소비자)가 될 수 있는 것은 프로토콜(protocol)이란 약속으로 상호 연결되어 있기 때문이다. 디지털 기술경제의 특성은 얼마나 많은 수가 정보의 생산자·협업자·소비자로 네트워크에 연결되어 있는지, 그 규모가 정보의 가치를 높여주며, 그 참여자들에 대한 약속의 추가와 변경을 통해 추가적인 기술혁신이 일어나게 된다는 점에 있다. 따라서 "약속을 만들고 지키는 것으로 인해서 사용가치의 증가를 누가 향유하고, 누가 이익을 누릴 것인가라는 문제가 그 어느 때보다도 첨예한 문제로 대두될 가능성이 있다(강남훈 2002, 40)."

4차 산업혁명의 상징처럼 유행하는 말 중 하나가 '플랫폼'인데, 플랫폼을 A와 B가 상호작용할 수 있도록 열려진 공간 정도로 광범위하게 정의한다면, 정보혁명과 4차혁명에서 언급되는 대부분의 기술발전은 플랫폼의 진화 과정이라고 지칭해도 과언은 아니다. 컴퓨터는 이질적인 아날로그를 디지털화한 정보들이 서로 연결될 수 있도록 만들며, 디지털정보가 들어오고 나가는 장치, 통신기술 장치는 컴퓨터와 컴퓨터의 정보 연결 플랫폼, 윈도우나 맥 같은 OS는 컴퓨터와 사용자 사이에서 처리되는 정보 연산 결과를 가시화해주거나 여러 소프트웨어가 상호작용할 수 있는 기반이란 의미에서의 플랫폼, 빅데이터는 정보 생산자/소비자들이 상호작용하는 가상의 플랫폼에서 생성되는 정보의 더미, 인공지능은 빅데이터를 수용한 뒤 능동적 연산을 통해 결과를 출력하는 플랫폼. 인공지능이든 그에 기반한 로봇이든 그것이 효용성을 갖기 위한 관건은 간단하다. 신뢰할 만한 충분한 데이터 확보가 선행되어야 한다.

정보통신 기술의 발달과정은 정보의 아나키적 또는 사회주의적 형태와 정보를 상품화를 위해 개방성을 차단하고 이익을 독점하기 위한 플랫폼 제작·운영 기업의 투쟁을 통해 이루어져왔다고 해도 과언이 아니다. 이는 무한 복제와 이동이 가능한, 상품화를 가로막는 비경합성(non-rivalry), 비배제성(non-exclusiveness)을 띤 디지털 정보 자체에 속성에서 비롯된 것이었다. 그 갈등은 양면성을 가진 것으로 이해할 수 있다. 음원이나 영상 등의 저작물과 소프트웨어의 불법복제 같은 것을 해적질로 이해할 수 있는 측면이 있다. 반면, 플랫폼 기업이 초기 개발 투자비용 이외에는, 그 초과이윤의 원천을 전적으로 플랫폼을 이용하는 정보소비자(생산자)에게 의존하고 있으면서도, 정보와 수익을 독점하는 것이 타당한가라는 의문을 제기하는 것도 합당하다. 네트워크에 접속된 생산적 소비자가 제공하는 정보량이 곧 정보의 질을 결정하고 가치창출의 원천이 되는 디지털-네트워크 산업의 특성은 "생산의 사회적 성격과 소유의 사적 형태 사이의 모순"(맑스)을 여실히 드러낸다고 하겠다. 현재 IT업계의 선두 기업들인 구글, 애플, 페이스북 등은 모두 자신의 플랫폼에 접속된 '비트'를 수집, 흡수, 회수함으로써 막대한 이윤을 창출하고 있다.

일각에서 '4차 산업혁명'으로 명명하는 기술 진화가 어느 곳에 이르게 될 지는 불확실하다. 한 가지 분명히 알 수 있는 것은 정보혁명 이후의 자본-노동 관계의 유연화가 급속히 가속화될 것이라는 점이다.

정말 딥러닝(Deep Learning)과 기계학습(Machine Learning)을 통해 인공지능을 갖춘 로봇이 인간노동력의 상당수를 대체하는 시나리오가 현실화되기 때문일 수도 있겠고, 아니면 혁신처럼 소개되곤 하는 플랫폼 경제의 일반화 때문일 수도 있다.

인공지능 로봇에 의한 노동의 대체가 정말 대량실업 상태를 만든다면, 그로 인해 발생하는 사회 갈등과 불평등 등은 사회적 재원 분배 문제를 첨예화시킬 것이다. 전통적 IT기업의 플랫폼 사업 모델—검색엔진, 클라우드, 모바일, 앱스토어, 전자상거래 등등—이 우버처럼 오프라인의 생활 안에까지 침투하는 플랫폼 경제의 일반화가 가져올 상황 또한 문제이다. 모든 사람이 스마트폰으로 언제나 네트워크로 연결되어 있기에 가능해진 이 사업모델은 애플리케이션 등으로 공유된 플랫폼을 통해 소비자와 공급자를 연결해주고 중개수수료를 챙기는 이윤추구 형태다. 그 플랫폼 안에서 누구나 생산자이자 소비자인 프로슈머(prosumer)로 자기 선택과 필요에 따라 언제든 접속해 원하는 상품(노동)을 제공하고 제공받을 수 있다. 정보를 제공하고 소비하는 '규모'가 커질수록 플랫폼의 이익은 점증한다. 네트워크에 접속된 생산적 소비자가 제공하는 정보량이 곧 정보의 질을 결정하고 그것이 곧 가치창출의 원천이 된다는 전통적 디지털 산업의 상품화 문법이 일상 깊숙한 곳까지 확장된 것이라고 하겠다. 플랫폼 업체는 소비자와 생산자에게 편의를 제공하지만, 참여자의 정보와 생산수단에 전적으로 의존하면서도, 그들이 만들어내는 네트워크 효과를 '지대(rent)' 형태로 독식한다. 한국에서 이미 배달 플랫폼 노동자의 문제에서 이슈화 되었듯, 플랫폼으로 중개되는 생산자(노동자)는 누군가에게 직접 고용된 것이 아니기에, 노동 기본권을 보장받지 못하며, 플랫폼 업체는 경쟁업체 없이 독점이윤을 구축할 수만 있다면, 책임없이 막대한 지대를 취하는 것이 가능해진다. 쿠팡이 수 조원의 적자를 감수하는 것, 배달의 민족이 합병을 선택한 것은 모두 그 때문이다. 오늘날 자본주의 최전선에 있는 업체로 소개되는 플랫폼 업체들은 더 늘어나게 될 전망이다. 그리고, 이런 경향은 노동과 정보의 공유재 성격과 렌트(rent)의 독점 사이의 모순과 대립을 격화시킬 될 것이다. 기술고도화가 창출한 가능성을 어떻게 편재하고 전유하는 것이 민주주의적 가치와 사회의 발전에 부합하는지에 대한 고민이 심화될 필요가 있다.

이 이외에도, 정보 사용자들이 무상으로 만들어낸 집단적 산물인 빅데이터를 어떻게 활용하는지도 향후 심각한 정치적·사회적 문제가 될 수 있다. 빅브라더의 감시와 통제의 수단이 될지, 기업의 자산으로 독점될지, 시민에게 공유되는 방향으로 갈 것인지, 국가 간의 관계에서 빅데이터를 어떻게 전략적 자원으로 확보하거나 보할 것인지 등등. 이 모든 것은 한 국가의 민주주의의 성숙과 시민의 기본권과 직결되는 문제다. 또한, 로봇 기술과 그 운영을 위한 알고리즘 및 소프트웨어 기술이 향후 세계 군사·경제의 패권을 가르는 결정적 자원이 된다고 할 때, 기술 개발과 자원의 확보·안보 등은 중대한 외교문제가 될 수 있는 사안이다.

이상에서 살펴보았듯, 기술 혁신은 향후 10~20년 동안 한국 사회에 수많은 과제를 던지며, 정치적 선택 앞에 놓이도록 할 것이다. 모두 인간의 관계방식과 가치의 분배에 관련된 갈등이며, 정치학자들이 연구하고 도전해야 할 문제에 해당한다. 사회적 부를 어떤 가치에 입각해 누구를 위하여 어떻게 분배하는 것이 합당한지, 기술진화가 만들어낼 사회현실을 적절히 반영하면서도 동시에 어떻게 상황에 영향을 미칠 수 있는지, 다양한 문제해결이 정치학에 요구될 수 있다. 정치학도로서, 정치학의 세부전공은 물론이고, 지적 재산권, 최신 디지털-네트워크의 기술에 대한 이해, 경제학 등 어떤 한 분야에 대해서라도 전문적 소양을 함께 갖추어 갈 필요가 있겠다. 다음은 정치외교학 학계의 미래에 관하여 설명하고자 한다.

Ⅳ. 정치외교학 학계의 미래

다음은 정치외교학을 전공하여 대학원에 진학하는 사람들의 미래에 관하여 논의하고자 한다. 필자가 직업으로서의 정치외교학을 부제로 설정하였듯, 먼저 직업과 정치외교학의 관계를 설명하고자 한다. 정치외교학을 직업으로 고려할 때 우리는 보통 '교수'란 직업을 떠올리게 된다. 교수 즉 대학의 전임교원이 된다는 것은 학사-석사-박사의 학위과정을 거쳐 최소한의 자격을 획득한 후 각각의 실적에 따라 바로 전임교원으로 임용되거나 또는 박사 후 연수과정과 학술연구교수를 거쳐 전임교원으로 임용될 수도 있다. 박사 후 연수과정(Post-Doctor)은 박사 학위 취득 이후 하나의 독립된 연구자로 정착하기까지 필요한 추가적 교육훈련을 통칭하는 개념(STEPI Insight, 2022)으로 보통 연구소에서 일하는 과정과 학술연구 교수 과정으로 구분할 수 있다. 학술연구 교수 제도는 국내외 대학에서 박사학위를 취득한 대한민국 국적소지자에 한하여 대학의 부설연구소에서 3년간 전임 연구교수로 근무할 수 있는 제도를 말한다. 해당 과정은 박사 후 연수과정과 달리 자신이 학위를 취득한 대학에서도 근무가 가능하다는 이점이 있으나 박사 후 연수과정과 달리 학교별로 해당제도의 자리가 매우 제한적인 편이다(이태동 외, 2019). 그 외에도 비 전임교원(시간강사)로 취업하여 전임교원 임용을 위한 커리어를 쌓아가는 길과 연구소에 취직하여 경력과 실적을 쌓은 후 다시 학계로 진입하는 길도 존재한다.

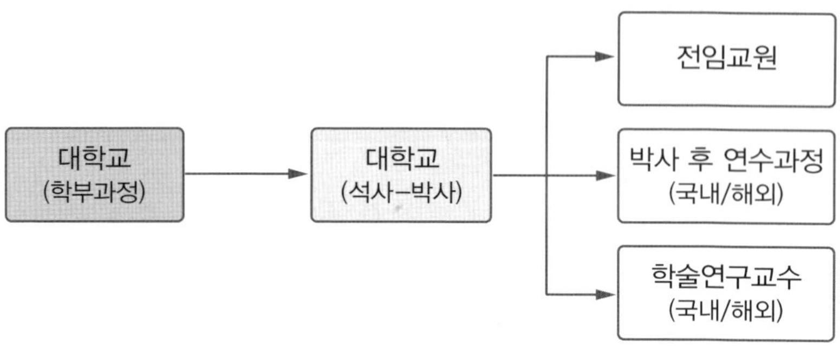

이렇게 설명하고 보니 마치 학계는 전임교원 임용만을 지칭하는 것처럼 이해될 수도 있다. 하지만 국립국어원의 표준국어대사전에 따르면 학계(學界)를 "학문 연구 및 저술 작업에 종사하는 학자들의 활동 분야"로 정의하고 있다. 그렇기에 학계는 학자들이 활동하는 분야를

지칭하는 것인데, 과연 학자는 어떻게 정의할 수 있을까? 학자라고 할 수 있는건 대체 어떤 학위과정 부터라 할 수 있을까?

물론 단순 학문을 공부하는 시간으로 계산, 즉 졸업에 필요한 이수 학점으로만 비교하였을 때, 학사 과정(120학점 이상)이 모든 대학원 과정-석사(24학점 이상), 박사(30학점 이상), 통합과정(50학점 이상)-보다 공부시간이 월등히 많은 편이라 할 수 있다. 하지만 학문을 연구하고 저술 작업에 '종사'한다는 부분에서 대학원을 지망하는 학부생 인원을 제외 하고 대부분은 취업을 위해 대학 생활 대부분을 할애하기에 학부 과정을 학자로 구분하기는 힘들다고 생각한다. 그렇기에 개인적으로 대학원 과정이 학자로써의 시작 관문이라고 생각한다. 그렇기에 전임 교원, 즉 교수가 되기 위한 여정의 첫 번째 스텝은 대학원 입학이라 할 수 있다.

대학원 진학은 크게 국내와 해외로 구분할 수 있다. 전임교원으로의 임용을 목표로 하는 학생 입장에서 국내 대학원 진학과 국외 대학원 진학에 대한 고민이 있을 수 있다. 원론적으로 자신의 연구분야를 고려하여 국내 또는 국외 대학 진학을 결정하여야 하지만, 교수를 목표로 하는 학생의 입장에서 국내와 국외 대학원 진학의 차이가 존재하는지, 실제로 국외 대학원 진학이 교원 임용에 유리한 편인지 궁금할 수 있다. 그렇기에 국내외 박사학위 취득현황을 분석하여 전임교원의 최종학위 현황과 비교하여 설명하고자 한다.

이전부터 국내 박사 취득자는 지속적으로 증가해 오고 있는 추세이다. 특히 이공계 계통의 박사 취득자는 절반 정도를 차지하고 있으며,

공학계열은 매년 증가하고 있는 추세이다. 결과적으로 국내 박사학위 취득자는 증가하고 있는 반면에 국외 박사학위 취득 신고자는 조금씩 줄어들고 있는 추세이다. 2016년부터 2022년까지 국외 박사학위 취득자는 전체 박사학위 취득자의 평균 4% 정도이며 국내박사학위 취득자는 전체의 평균 96%로 절대적 다수를 차지하고 있다.

국내 박사학위 취득자 현황

(단위: 명)

		공학계열	자연계열	인문계열	사회계열	교육계열	의학계열	예체능 계열	계
2016		3,581	2,397	1,244	2,704	827	2,293	836	13,882
		⇔ (0%)	⇔ (0%)	⇔ (0%)	⇔ (0%)	⇔ (0%)	⇔ (0%)	⇔ (0%)	⇔ (0%)
2017		3,665	2,512	1,296	2,755	889	2,362	837	14,316
		▲(2.3%)	▲(4.8%)	▲(4.2%)	▲(1.9%)	▲(7.5%)	▲(3%)	▲(0.1%)	▲(3.1%)
2018		3,866	2,485	1,373	2,839	965	2,294	852	14,674
		▲(5.5%)	▼(-1.1%)	▲(5.9%)	▲(3%)	▲(8.5%)	▼(-2.9%)	▲(1.8%)	▲(2.5%)
2019		4,217	2,496	1,506	2,819	997	2,387	886	15,308
		▲(9.1%)	▲(0.4%)	▲(9.7%)	▼(-0.7%)	▲(3.3%)	▲(4.1%)	▲(4%)	▲(4.3%)
2020		4,518	2,745	1,582	3,016	1,014	2,262	1,002	16,139
		▲(7.1%)	▲(10%)	▲(5%)	▲(7%)	▲(1.7%)	▼(-5.2%)	▲(13.1%)	▲(5.4%)
2021		4,536	2,778	1,528	3,094	890	2,384	1,210	16,420
		▲(0.4%)	▲(1.2%)	▼(-3.4%)	▲(2.6%)	▼(-12.2%)	▲(5.4%)	▲(20.8%)	▲(1.7%)
2022		4,688	2,890	1,668	3,281	1,139	2,428	1,666	17,760
		▲(3.4%)	▲(4%)	▲(9.2%)	▲(6%)	▲(28%)	▲(1.8%)	▲(37.7%)	▲(8.2%)

▶ 출처: 교육통계연보(교육개발원)

▶ 주석: -국내 박사학위취득자수는 전년도 8월 졸업자와 당해년도 2월 졸업자의 합임.
-2003년 이전에는 공학계열이 자연계열에 포함되어 조사됨.

그럼에도 불구하고, 해외 박사 특히 미국 유학파 박사의 전임교원 임용은 매우 높은 편이다. 2017년 교육부의 국정감사 제출자료집에 따르면, 이미 학사부터 국외 대학 졸업자들의 비중이 높은 것을 알 수 있다. 특히 미국 대학원 과정에 진학하는 학생들이 많은 것으로 조사되었다. 미국 소재 대학원에서 유학 중인 한국인 학생 수는 17,605명으로 조사되었다. 같은 시점을 기준으로 대학원 과정을 위해 해외 유학길에 오른 한국인 학생(33,167명)과 비교하여 절반 이상이 미국 대학원 과정을 선택한 것을 알 수 있다(이태동 외, 2019).

2016년 서울 주요 10개 전임교원 최종 학위 국적별 현황

(단위: 명, %)

구분	합계	박사	석사	학사	기타
	인원 비율	인원 비율	인원 비율	인원 비율	인원 비율
국내	4,771(44.7)	4,437(45.2)	311(38.6)	23(46.9)	0(0.0)
국외	5,892(55.3)	5,371(54.8)	494(61.4)	26(53.1)	1(100.0)
합계	10,663(100.0)	9,808(100.0)	806(100.0)	49(100.0)	1(100.0)

출처: 교육부 「국정감사제출자료집」(2017)

특히나 흥미로운 점은 전임교원의 과반수가 박사학위를 국외에서 취득했다는 점을 알 수 있다. 이를 앞서 활용한 교육부 통계 자료와 비교하면, 국내 박사가 전체 박사학위 취득자의 절대다수를 차지하고 있는 상황(평균 96%)에서 전임교원의 과반수가 해외 석박사 과정을 이수했다는 의미는 절대소수인 해외 대학 학위 소유자(평균 4%) 특히 미국 박사학위가 교수 임용 시장에서 매우 유리하다는 것을 말해주고 있다고 본다. 물론 국내 대학의 수준이 향상됨에 따라 해외 학위과정의 진학률이 줄어들고 있는 경향성을 보여주고 있다.

하지만 매년 약 15,000명의 박사가 취업시장에 진출하고 있는 상황에서 박사학위자들의 위한 한국의 취업시장은 과연 지속가능한가를 따져봐야 할 것이다. 최근 대학가에서는 벚꽃 피는 순서대로 학교 문을 닫게 될 것이다라는 말이 회자되고 있는 실정이다. 지속적으로 학령인구와 대학 입학정원이 감소해오고 있으며 수능 응시자는 2020년 49만 명에서, 2021년 43만 명으로 감소하였다. 대학 입학정원 또한 매년 소폭 감소하고 있는 추세이다. 교육부는 전국 미충원 대학 규모를 2022년 8만 명에서 2024년에는 12만 명으로 증가할 것으로 예상하고 있다(송화영 외, 2022). 총 397개의 대학이 존재하며 국립대학의 비중은 10.6%(42개교), 공립대학은 2%(8개교), 사립대학은 87.4%(347개교)를 차지하고 있다(2021년 기준). 하지만 2018년부터 대학구조개혁평가에서 낮은 등급을 선고받은 대학들이 폐교되기 시작하여 현재 16개

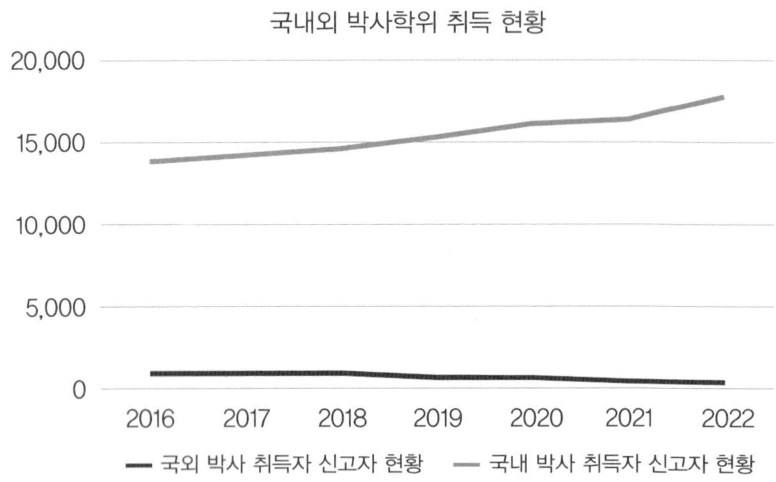

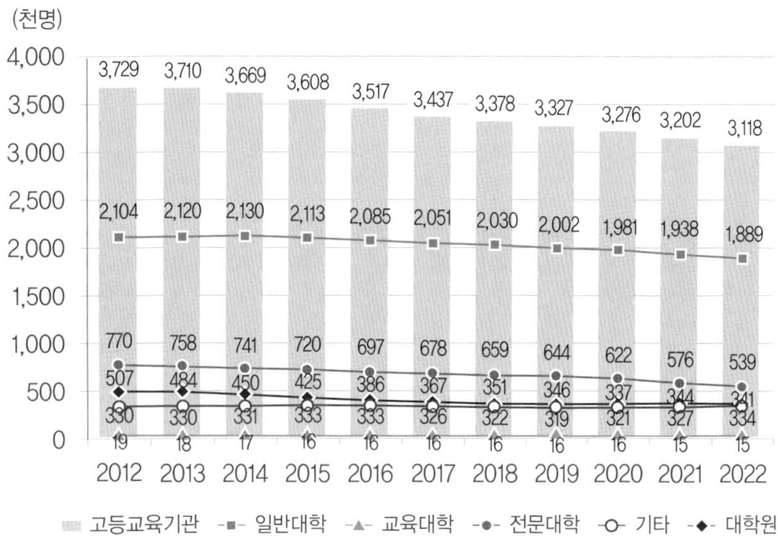

의 대학이 폐교절차를 진행하고 있는 상황이다.

또한 교육부의 2022년 교육기본통계 조사에 따르면 전체 재적학생 수는 약 310만 명으로 전년대비 2.6%(약 8만 명) 감소하였다. 일반대학은 1,888,699명으로 49,555명(2.6%↓)감소하였고, 교육대학은 15,091명으로 318명(2.1%↓) 감소, 전문대학은 539,306명으로 36,735명(6.4%↓) 감소하였다. 반대로 대학원 재적학생은 333,907명으로 전년대비 6,492명(2.0%↑) 증가하였다.

교육통계의 대학 재정 수입구조에 따르면 4년제 일반 사립대학의 수입구조는 등록금수입, 전입금수입, 기부금수입, 국고보조금수입, 교육부대수입, 교육외수입, 기타로 구성되어 있으며 등록금 수입이 가장 높은 편이다. 즉 사립대의 경우 등록금 의존율이 높은 상황이며 사립대학재정통계연보(한국사학진흥재단, 2022)에 따르면 2021년 전국 사립대학교 등록금 의존율이 지난 4년 중 가장 낮은 53.5%로 조사되었다.

년도	2017	2018	2019	2020	2021
등록금 의존율	53.3%	54.1%	53.7%	54.9%	53.5%

종합해보자면 전국 대학의 다수를 차지하고 있는 사립대학의 재정 수입구조는 등록금 의존도가 매우 높은 상황이다. 하지만 학령인구와 대학 입학정원이 지속적으로 감소하고 있는 상황에서 전임교원의 자리는 증가하기보다 감소할 가능성이 높다. 특히나 코로나로 경제 성장이 둔화되고 취업난이 심화됨에 따라 학생들은 취업이 잘되는 학과를 선호하는 현상과 공무원 시험을 기피하는 현상들이 나타나고 있다. 그렇기에 인문사회 계열인 정치외교학에 대한 학생들의 수요가 낮아지게 되었고, 여러 대학에서 특히 지방대학에서는 폐과 또는 통폐합 조치를 단행하고 있는 실정이다. 하지만 정치학의 경우 앞서 언급한 바와 같이 '인간 행위 분석을 중점적으로 다루고 있기에 기계가 대체할 수 없는 영역이 존재하며, 타 학문과의 접점이 많아 학제간 융합이 용이하기에 정치학 교수직에 대한 수요는 지속할 것으로 예측되고 있다(이태동 외, 2019).

V. 결론

본 장에서 부제를 '직업으로서의 정치외교학'으로 설정하여 '직업'과 '정치학'의 관계에서부터 시작하였다. 여기서 필자는 주제로 설정한 '직업=정치학'이라고 할 때, 그 '직업'이 갖는 의미란, 단순히 잡(job), 즉 돈을 버는 수단이란 의미에 국한될 수 없다고 보며 오히려 베버가 직업에 대하여 소명(Vocation=Beruf)에 가깝다는 설명에 더 공감하고 있다. 특히 전공영역을 직업으로 선택했을 때의 필수불가결했을 지적 호기심, 그를 통해 자기 연구영역에서 발굴되는 부분적 '진리'는, "진리가 너희를 자유케 하리라."는 성경의 한 구절을 내건 연세대의 건학 이념처럼, 때로 전공의 한정된 영역을 넘어서는 지적인 자유를 체감할 수 있다. 과거에 비해 지식의 고도화와 기술의 발전 속도가 교육 시스템에 반영이 늦어지고 있는 것이 현실이나, 고등교육기관인 대학은 직업훈련소로써의 역할이 아닌 민주사회에서 생각하는 시민을 양성하는 기관이며 단순 학습을 통한 자격을 부여하는 것이 아닌 어떤 분야를 수학할 수 있는 능력을 양성시키는 기관이라 생각한다. 그렇기에 필자는 자기의 지성을 독립적이고 자유롭게 행사하는 것이 고등교육의 본질인 한, 고등교육을 수학한 시민은 자신의 전문영역에서 획득한 지식과 이성을 높은 수준으로 끌어올릴 수 있는 것이 고등교육의 의미이고 성과라 생각한다.

그렇기에 정치외교학과를 전공한 학생들은 실제로 정치가 또는 외교관을 직업으로 선택하고 있는 비중이 높았으며, 정치외교학을 전공한 졸업자들이 타분야에 비해 직업만족도와 지속도가 높은 것으로 조사되었다. 물론 미국의 사례이기는 하나 정치외교학을 전공한 전공자들의 임금이 상당히 높은 것으로 조사되기도 하였다. 기술산업의 발전은 항상 직업구조에 영향을 미쳐왔으며 본 장에서는 4차산업혁명으로 인하여 인문사회계열 특히 정치외교학의 직업 미래에 미치게 될 영향을 두가지 측면에서 분석하였다. 일단 정치학이 인간관계의 가치와 배분방식에 관한 결정을 다루는 학문이기에 기계적인 대체는 불가능하며, 기술개발이 중립적이지 않기에 분쟁을 다루는 정치학은 기술혁신의 사회에서도 지속가능할 것으로 보여진다. 그렇기에 본 장에서는 대학원에 진학하는 학자의 미래에 대해서도 언급하고 있다. 특히 전임교원, 즉 교수가 되는 과정을 국내외 대학원 진학으로 구분하여 과연 해외 대학원 진학이 교수가 되기에 유리할 것인가에 관하여 분석하였으며, 전임교원의 수요를 이해하기 위해 학령인구의 감소에 따른 대학가의 현황을 설명하였다.

기술혁신과 학령인구 감소라는 학계의 악재속에서 정치외교학의 미래가 밝다고 자신할 수는 없다. 하지만 앞서 언급한 바와 같이 인간관계와 분쟁이 지속되는 한 정치외교학을 전공한 직업은 지속될 것으로 보이며 그에 따른 직업 만족도와 유지력은 타 분야에 비해 높은 편으로 본다. 전임교원의 수요는 불안정한 상황이나 타 분야와의 접점이 많고 학제간 융합이 용이한 정치외교학 특성을 십분 활용한다면 그래도 정치외교학이 인문사회계열 중에서 상대적으로 미래가 보장되어 있는 학문이 아닐까 싶다.

참고문헌

Frey, C. B., & Osborne, M.(2013). The future of employment.

강남훈. 2002.『정보혁명의 정치경제학』. 서울:문화과학사

나쓰메 소세키 저·김정훈 역. 2004.『나의 개인주의外』. 서울:책세상,

로버트 J. 고든 저·이경남 역. 2017.『미국의 경제성장은 끝났는가』. 서울:생각의 힘.

이매뉴얼 월러스틴 저 ·유희석 역. 2007.『지식의 불확실성』. 서울:창비

클라우스 슈밥 저·송경진 역. 2016.『클라우스 슈밥의 제4차 산업혁명』. 서울:새로운 현재

프레시안. 2019. "20조 배달앱 시장에 '사람'은 없다."(10월 2일). http://www.pressian.com/m/m_article/?no=259458(검색일: 2019. 12. 20).

백승욱. 2013. "전유싸움: 비트 전유의 세 가지 모델"

https://terms.naver.com/entry.nhn?docId=1526268&categoryId=42176&cid=42171(검색일: 2019. 12. 20).

Will Robots Take My Job? https://willrobotstakemyjob.com(검색일: 2019. 12. 20).

11장

정치외교학과 미래 진로 개발 질문과 사례

● 이태동 ●

진로는 개인이 개발하는 것이다. 분야의 특성을 알고 그에 따라 준비하는 것도 중요하지만, 학생들이 각자 미래 진로 개발을 위한 질문을 하고, 답할 수 있어야 한다. 진로를 준비하는 사람들이 공통적으로 물을 수 있는 질문이다. 이 책을 읽는 각자가 질문에 답하며 미래 진로를 준비하면 좋겠다.

나의 진로개발 질문들

1) 나는 어떤 사람인가? 나와 잘 맞는(혹은 잘 맞지 않은) 진로는 어떤 것이 있을까?
2) 추구하는 진로의 특성은 무엇인가? 어떤 사람들과 만나고 함께 일하는가?
3) 진로 개발을 위해 어떻게 준비해야 하는가?
4) 진로 속 나의 20대, 30대, 40~50대, 은퇴 후의 모습은 어떨까?

1) 나는 어떤 사람인가?

나는 어떤 성향을 띠는가? 어떤 일을 하면 즐거운가? 무엇을 할 때 보람을 느끼는가? 무엇을 잘하는가?

나와 잘 맞는 진로에는 어떤 것이 있을까? 나와 맞지 않는 진로는 무엇일까?

2) 추구하는 진로의 특성은 무엇인가?

내가 추구하는 진로는 어떤 일을 주로 하는가? 어떤 대우(경제적, 사회적)를 받는가? 보람된 점과 의미는 무엇인가? 주로 어떤 사람들을 만나는가? 어떤 사람들과 함께 일하는가? 이 진로를 통해 내가 어떻게 영향력을 발휘할 수 있을까? 내가 추구하는 진로는 미래에 어떤 변화가 있을 것으로 예상하는가?

3) 진로 개발을 위해 어떻게 준비해야 하는가?

추구하는 진로에서 요구하는 직무 능력은 무엇인가? 어떤 경험을 하면 진로 개발에 도움이 될 것인가? 누구와 진로 개발을 논의해야 하는가? 진로 개발을 위한 로드맵을 어떻게 짜는 것이 좋은가? 자격 요건은 무엇인가? 시험을 요구하는가?

4) 진로 속 나의 20대, 30대, 40~50대, 은퇴 후의 모습은 어떨까?

진로를 사람이 평생 걸을 수 있는 길이라고 했을 때, 내가 추구하는 진로의 생애주기는 어떤 모습일까?

20대~30대 진로 진입 초기의 나의 모습은 어떨까? 어디에서 어떤 일을 주로 누구와 하고 있을까? 진로에 만족할까? 이직이나 진로 변경을 원할까?

40~50대 진로에 익숙해져 있을 때, 나는 어떤 모습으로 발전하고 있을까? 어떻게 영향력을 펼치고 있을까? 어떤 어려움들이 있을까?

은퇴 후, 내가 걸어 온 길을 보면서 보람된 점은 무엇일까? 진로 속에 후회할 점들은 무엇일까? 후회를 줄이기 위해 어떤 노력을 해 왔으면 좋았을까?

나의 진로 개발 보고서: 국제개발협력 전문가

○○○ (저자 미공개)

1. 나는 어떤 사람인가

■ 나는 긍정적이고 낙천적이다.

“살다 보면 그럴 수도 있는 거지.”는 내가 자주 하는 말 중 하나이다. 이는 나의 성격을 대변해주는 문장이라 생각한다. 일이 뜻대로 풀리지 않고, 힘든 일이 생겨도 이내 회복하고 다음 행동을 취하기 위한 준비를 한다. 주변 사람들도 이런 나의 긍정적이고 낙천적 성향에 대해 자주 칭찬한다. 덕분에 회복탄력성이 높고 스트레스를 많이 받지 않는다.

■ 나는 사교성이 좋은 사람이다.

누군가를 처음 만났을 때, 심한 낯가림없이 다가갈 수 있는 게 나의 큰 장점이다. 타인을 알아가는 것을 좋아하고 이로 인해 그 사람과 쉽게 친해질 수 있다. 나는 주로 타인과 친해질 때 그 사람이 흥미로워 하는 주제를 찾아내서 그 주제에 대해 토론이나 이야기를 나눈다.

■ 나는 임기응변에 강하고 창의력이 뛰어나다.

위기의 순간에 기지(機智)를 발휘하는 능력이 뛰어나다. 갑작스럽게 성과를 내야하는 일이 생겨도 잘 해낼 수 있다. 예를 들어 고등학교 재학 중, 동아리 발표대회가 있었는데 원래 발표자가 발표를 하게 되지 못해서 내가 대신 동아리를 소개했다. 그 당시 발표 직전에 통보받았음에도 안정적으로 발표를 진행해서 많은 사람들의 박수를 받았다. 또한 직업 적성 검사에서 항상 창의성이 높게 나오는데, 이러한 능력이 위기를 기회로 바꾸는 능력에도 도움이 되어 준 것이다.

■ 나는 계획적이지 않다.

성취 욕구는 크지만, 목적에 도달하기 위한 계획을 세우는 능력은 부족한 편이다. 계획적이지 않는 성향과 특성은 임기응변에 강하고, 융통성있는 행동을 취할 수 있게 도와주지만 조직 생활이나 나의 경력 개발에는 다소 좋지 못한 영향을 줄 것이라 판단한다. 따라서 이러한 점을 개선하는 노력을 기울일 필요가 있다.

2. 나와 잘 맞는(맞지 않는) 진로는

■ 나와 잘 맞는 진로

나는 현실형, 탐구형, 예술형, 사회형, 진취형, 관습형의 여섯가지 흥미유형별 특성 중 진취형, 사회형, 예술형이 유의미하게 발달되어 있다.

진취형은 조직의 목적과 경제적 이익을 위해 타인을 지도, 계획, 통제, 관리 하는 일과 그로 얻어지는 명예, 인정, 권위에 관심있는 특성이다. 이와 어울리는 직업은 기업경영인, 정치가, 영업 사원, 변호사 등이 있다.

사회형은 타인의 문제를 듣고, 이해하고, 도와주고, 치료하며 봉사하는 활동에 흥미가 있는 특성으로 사회복지사, 교육자, 종교지도자, 상담가 등이 해당한다.

예술형은 예술적 창조와 표현, 변화와 다양성을 선호하고 틀에 박힌 것을 싫어하며 모호하고 자유롭고 상징적인 활동에 흥미가 있는 특성이다. 이에 어울리는 직업은 예술가, 음악가, 배우, 작가, 소설가, 디자이너, 광고 기획자 등이 있다.

■ 나와 잘 맞지 않는 진로

나는 상대적으로 현실형, 탐구형, 관습형의 특성이 덜 발달되어 있다.

현실형은 분명하고 질서정연하고 체계적인 것을 좋아하고 연장이나 기계를 조작하는 활동 및 기술에 흥미가 있다. 직업으로는 기술사, 항공기 조종사, 정비사, 엔지니어, 군인, 경찰, 운동선수 등이 있다.
탐구형은 관찰적이며 체계적이고 물리, 생물, 문화적 현상의 창조적 탐구를 수반하는 활동에 흥미가 있다. 학자, 시장조사분석가, 경영 분석가등이 해당하는 직업이다.
마지막으로 관습형은 정해진 원칙과 계획에 따라 자료를 기록하고 정리 및 조직하는 일을 좋아한다. 또한 체계적인 직업환경에서 사무적, 계산적 능력을 발휘하는 활동에 흥미가 있다. 이에 해당하는 직업은 공인회계사, 경제분석가, 경리사원, 감사원, 사서, 은행 사무원 등이다.

3. 추구하는 진로의 특성

추구하는 진로는 '국제개발협력전문가'이다. 국제개발협력전문가는 국제사회가 공동으로 개발도상국의 경제사회 발전을 촉진하기 위해 벌이는 '국제개발협력활동'을 하도록 관련 사업을 기획하고 실행하는 일을 한다. 하는 일의 기능에 따라 개발 분야에 맞춤한 학위나 실무 경험 등을 갖춘 '기술전문가'와 개도국 지역의 사정 및 개발의 제반 이슈에 정통하고 사업 개발-관리-평가 능력까지 갖추고 활동하는 '국제개발전문가'로 나누기도 한다. 나는 데스크 업무보다 필드 업무에 더 관심있는데, 현장에 나가서 실시하는 필드 업무는 지역개발사업장 사무실 등을 방문해 현장직원들과 사업진행에 대한 현황을 논의하고, 지역정부 대표나 현지 지역개발 파트너와 미팅을 통해 상호협력이 가능한 개발사업에 대한 논의를 하는 식으로 이뤄진다.
국제개발협력전문가의 업무를 수행하려면 글로벌 이슈를 많이 알아야 하고, 새로운 화제와 동향에 민감해야 한다. 또한 범지구적 차원의 문제에 대한 관심이 두터워야 하고, 세계시민의식과 자세도 갖추어야 한다. 효과적인 원조를 위해서 활동하는 지역에 대한 깊은 이해와 지식이 필요하다. 그리고 국제 사회의 협력과 관한 업무를 하므로 영어나, 불어, 스페인어 등 국제 통용 언어를 익혀두는 것이 도움된다.

4. 함께 일하는 사람들은?

국제개발협력전문가는 크게 정부, NGO, 국제기구 등에서 활동한다. 따라서 함께 일하는 사람들은 고도의 전문성을 갖춘 정부, 민간 기관 종사자인 것이다. 그들의 성향은 국제기구와 정부 업무에 적합한 인재상을 통해 유추할 수 있다.

무엇보다 사람 친화적인 사람들이다. 대인관계 형성과 유지 능력이 좋고, 타인의 이야기를 경청하고 공감하는 능력이 두드러진다. 또한 사익보다 공익을 추구하려는 마음을 가진 사람들이다. 사기업과 달리 정부와 국제기구는 이윤 창출이 목적이 아니라, 사회의 자원과 자본을 적절히 배분해 다시 사회에 환원하는 일을 수행하는 사람들이다. 따라서 공익을 추구하는 마음이 강한 자여야 한다.

그리고 적극적으로 자신의 의견을 주장하는 사람들일 것이다. 보수적이고 집단적인 문화를 중시하는 집단이 아니고, 의견 주장과 반박을 매우 중시하는 일터이다. 따라서 상사의 의견이라고 무조건 수용하는 모습이 오히려 지양된다. 자신있게 자신의 주장과 의견을 펼치는데 탁월한 사람들일 것이다. 나 자신도 이러한 인재상을 갖추어 국제기구에서 활동하며 사람들과 원만하고 평화롭게 지내고 싶다.

5. 진로 개발을 위한 준비

현재 우리나라에는 국제개발협력과 관련해 교육과정을 개설하고 있는 대학과 대학원, 교육원 등이 있다. 이 일을 하기 위해 반드시 관련 대학 전공 학위가 필요한 것은 아니지만, 고도의 전문성을 요구하는 업무와 직업이므로 고등 교육 기관에서의 학습을 통해 관련 분야의 지식을 쌓는 것이 유리하다.

국제기구에 진출하는 방법은 다양하다. 국제고시를 통해 진입하거나 인턴 경험을 토대로 진출하거나 NGO활동을 통해 국제기구에서 일할 수 있다. 그러나 이러한 방법 모두 엄청난 경쟁률을 뚫기 위해 철저한 준비와 노력, 실력이 필요하다.

나의 계획은 연세대학교 정치외교학과 학위를 수여한 후, 연세대학교 국제대학원에 진학하여 석사과정을 밟으며 NGO단체 활동이나 국내 소재 국제기구에서 직원으로 근무하는 것이다. 석사 학위 수여 이후 관련 분야에서의 활동 경험을 필두로 해외에 소재하는 국제기구 본부에 진출하는 것이다. 가장 선호하는 국제기구는 UN과 WFP이다.

또한 언어 공부 역시 필수적이다. 국제 공용어 중 하나인 영어는 네이티브 수준으로 구사할 수 있도록 준비하고, 국제기구의 판결문과 뉴스레터를 정독하며 관련 기관에서 사용하는 언어에 익숙해지는 노력이 필요하다. 그리고 영어 뿐만 아니라 불어도 능숙하게 사용할 수 있도록 연마하는 것이 중요하다.

6. 진로 속 생애 주기별 나의 모습

20대, 30대, 40~50대, 은퇴 이후로 나누어 생애 주기별로 나의 모습을 그려보겠다. 20대에는 대학에서 정치외교학과 행정학을 공부하면서 자원과 자본의 분배 체계를 이해하고 현재의 시스템을 파악하는 노력을 기울일 것이다. 대학교 재학 중 3학년 1학기엔 Koica 국제개발협력인턴으로 여름방학 중 근로할 것이다. 그리고 4학년 1학기를 휴학하고 반년간 국제기구 인턴 경험을 쌓으며 실무에 대한 감각을 일깨우고 구체적으로 국제기구에서 하는 일을 심도있게 파악, 이해할 것이다. 또한 졸업 후 연세대학교 국제대학원에 진학해 석사 과정을 밟으며 국내 소재 국제기구(WFP 한국 사무소나 World bank 한국 사무소 등등)에서 일하는 것을 병행할 예정이다. 석사 학위 수료 후 학부 시절의 인턴경험, 석사 과정 중의 국내 국제기구에서의 경력과 나의 전공, 학회활동을 어필하여 국제기구 해외 본부에 진입할 것이다.

나는 필드 업무에 관심이 있으므로 30대에는 실제 현장에서 발로 뛰는 업무를 진행하며 국제 사회의 발전을 위한 조사, 인도적 지원이 필요한 곳에서 봉사하며 현황을 발빠르게 이해하여 내부에 정보를 전달하는 역할을 수행할 것이다.

40~50대에는 이러한 국제기구에서의 필드 업무를 기반으로 private sector에 진출할 것이다. 사기업, 사립단체의 활동이 이윤추구로 이어져서 더 높은 연봉을 받을 수 있다. 그러나 그것보다 중요한 것은 기업에서의 혁신과 효율적 정책 제안을 통해 사회를 바꿀 수 있다는 것이다. 기업의 활동은 사회에 지대한 영향을 미치고, 효율적으로 변화시킬 수 있다. 따라서 국제기구에서의 경험을 기반으로 더 좋은 세상을 만들기 위해 기업에 진입할 것이다.

은퇴 후에도 여전히 국제사회에 관심을 가지며 기부와 봉사활동을 이어나갈 것이다. 가족과 함께 넓은 전세계 여행지를 관광할 것이다. 내가 알고 있는 것을 남에게 알려주고 전달하는 것도 의미있는 일이지만, 모르는 것에 대해 공부하고자 하는 열망을 저버리지 않을 것이다. 은퇴 후에도 배움이 필요하다고 판단되는 분야에 대한 지식을 쌓으며 내적 성장과 자아 실현을 이루는 사람이 될 것이다.

MURAI MAYU

무라이 마유 정치외교학과 학부생

Q. 나는 어떤 사람인가?(즐거움, 행복, 가치)

지난 22년간의 인생에서 즐거움을 느낄 때는 국제법 판례를 하나하나 시간을 두고 완전히 이해해 나갈 때다. 카페 등에 가서 혼자 국제법 판례집을 보면서 이해할 수 없는 워드나 법률이 나올 때마다 파생돼 알아보는 시간은 이제 취미라고 할 수 있을 정도다. 자신의 머릿속에서 사건을 이미지화하면서 판례문을 요약하고, 자신만의 레주메가 완성되었을 때는 만족감을 느끼고, 거기까지의 과정에서는 즐거움을 느낀다.

또한 이러한 제가 행복을 느낄 때는 내가 계획대로 일이 진행될 때이다. 연 단위 예정에서 시작해 하루 일정까지 계획을 치밀하게 세우는 타입이다. 어떤 일을 할 때에도 반드시 이상으로 하는 목표부터 역산해서 무엇이 필요하고, 무엇을 어느 타이밍에 어떻게 얻도록 할 것인지 등을 모두 계획을 세우고 실행에 옮기는 것이다. 또한 계획을 세울 때 예상했던 실패를 어떻게 커버할 것인지, 잘 되지 않았을 때 대안을 마련한 후 실행하는 성격이다. 그렇기 때문에 자신이 생각하고 세운 계획대로 일이 진행되는 것은 행복이다. 그러나 뒤집어 보면 계획대로 되지 않았을 때나 예상 밖의 트러블 등이 생겼을 때는 강한 스트레스를 받는다. 그래서 그다지 사교적일 수 없다.

이러한 나는 나의 경력이나 돈보다 행복한 가정을 이루고, 작은 행복을 쌓아가는 것이 좋다고 생각한다. 그래서 큰 욕심은 없고 사치는 못해도 생활에는 어려움이 없을 정도의 돈을 벌어 부모님께 부끄럽지 않은 정도의 생활을 할 수 있었으면 한다.
나는 자신에 대한 자신감이 없다. 모국 일본에 있을 때는 대부분의 일을 혼자 해결할 수 있어 누군가에게 도움이 될 수도 있었지만, 한국에 와서는 언어 장벽이나 사회 시스템의 차이 등으로 혼자 해결할 수 없는 일이 더 많아졌다. 누군가에게 도움이 되지 않는 것은 물론이다. 그러다 보니 자신에 대한 평가는 낮아지고 자신감을 가질 수 없게 됐다.
현재 자신에게 맞는다고 생각하는 직업인 대학교수 자리를 택할지, 아니면 자신이 중요하다고 생각하는 가치관에 맞는 직업을 가질지 사이에서 고민하고 있다. 또, 모국에 있을 때 목표로 하고 있던 대학 교수와 연구자를 목표로 하는데 있어서 주저하고 있는 것은 자신감의 소실과 크게 관련되어 있다. 나 같은 사람이 대학교수라는 대단한 사람이 될 수는 없다고 생각하는 반면 포기할 수도 없는 상황이다.

Q. 나와 잘 맞는 진로는 어떤 것이 있을까?
(나와 잘 맞지 않는 진로는 어떤 것이 있을까?)

나는 논리적이고 패턴화된 것을 선호하는 경향이 있다. 그 때문에 데이터 분석이나 연구원 등이 적합하지 않을까 생각한다. 실제로 대학교수를 목표로 해보자는 생각이 들기 시작한 계기도 일본의 대학에 재적하고 있을 때의 담당교수가 목표를 두는 것이 어떻겠느냐는 제안을 받았기 때문이다.
또, 데이터 분석등을 잘하는 점으로부터 데이터 분석가나 퀀트, 컨설팅 업무와 같은 것도 적합하지 않을까 생각된다. 이들는 모두 공통적으로 치밀한 데이터 분석과 정확한 계획성이 필요한 직업이기 때문에 자신의 기질과 맞지 않을까 생각된다.
나 자신도 내성적이고, 초면인 사람과 소통하는 것을 그다지 잘하지 못한다. 또 패턴화된 것을 선호하는 경향이 있다. 그 때문에, 이러한 두가지 요소를 동시에 필요로 하는 개개의 요구에 맞추어 행해지는 서비스업은 그다지 적합하지 않다고 생각한다.
또 몸을 움직여 하는 것보다 문헌이나 PC를 향해 혼자 집중해서 머리를 쓰는 것이 특기이기 때문에 하루에 많은 영업소를 돌아다니는 영업직도 적합하지 않은 것으로 보인다.

Q. 추구하는 진로의 특성은 무엇인가?

대학교수는 한 분야의 전문가이자 연구자다. 연구 성과를 학회에서 발표해 높은 평가를 얻는 것이 교수로서의 본직이자 실적이 된다.
많은 대학교수는 자신의 연구실을 갖고 있으며 각 연구실에는 학부생 석사 박사 학생이 소속되어 있으며 교수는 연구실의 책임자가 되기 위해 총지휘를 맡는 포지션이 된다. 연구 방침을 정하거나 학생 연구에 조언을 해주고 회사로 치면 관리직과 비슷한 역할을 한다.
또 연구를 하려면 비용이 필요한데 그 예산 따기도 교수가 한다. 자신의 연구나 연구실의 연구 내용이 얼마나 유용한지, 연구 결과로부터 어떤 이익이 생기는지를 프레젠테이션해 최대한 많은 예산을 따내야 한다. 프레젠테이션 자료 만들기, 연구 결과 보고, 연구비 관리 등도 중요한 업무 내용 중 하나이다.
이 밖에도 TV 등 미디어로부터 말을 듣고 전문가로서 의견을 말하는 해설자를 맡거나 전문지나 경제지, 잡지로부터 취재를 받는 연재 기사를 담당하는 등 다방면에서 활약할 기회가 있다.

Q. 진로에서 어떤 사람들과 만나는가?
(함께 일하는 사람들은?)

대학교수의 경우 자신의 연구 내용과 관련된 사람을 비롯해 학생이나 기업까지 국적·연령에 관계없이 많은 사람과 관계를 맺게 된다. 그렇기 때문에 연구 내용에 따라 어떤 사람과 관련이 있고 함께 일하게 될지에 대해서는 크게 달라진다.

또 대학교수의 일은 연구뿐만이 아니다. 대학 운영도 대학교수의 일 중 하나다. 그렇기 때문에 대학 운영에 종사하는 사람들과도 함께 일하는 동료가 된다고 할 수 있다.

결과적으로, 대학 교수는 연구·대학과 관련된 대부분의 모든 사람과 관련되어 일을 해 나가게 된다.

Q. 진로 개발하기 위해 어떻게 준비해야 하는가?

대학교수로의 첫걸음으로 우선 대학을 졸업하고 대학원에 진학해 박사학위를 취득할 필요가 있다. 일반적인 대학원은 석사학위 취득에 2년, 3년간의 연구활동을 거쳐 박사학위를 취득할 수 있도록 돼 있어 최소 5년간 대학원에 다녀야 한다.

또 박사학위 취득 후에는 대학 교원 모집에 응모해 채용돼야 한다. 그렇다고 대학들이 언제든지 교원을 모집하는 것은 아니며 자리에 빈자리가 있는지 여부에 좌우된다. 교원 모집으로 채용되면, 조수나 조교의 포지션으로부터 커리어가 스타트해, 그 후 조교→강사→준교수→교수의 순으로 직무의 계급을 올려 간다.

Q. 진로 속의 나의 20대~30대, 40대~50대, 은퇴 후의 모습은?

대학교수로의 길을 목표로 하는 것을 가정으로 한다.

20대~30대: 연세대 정치외교학과를 졸업한 뒤 대학원 진학을 통해 석박사학위 취득에 힘쓴다. 생활비는 물론 등록비 마련에 어려움을 겪기 때문에 아르바이트를 해야 한다. 그래서 낮에는 학교, 밤에는 아르바이트 생활이 되고 금전적으로나 건강적으로나 시간적으로나 상당히 힘든 나날을 견뎌낼 것으로 생각된다.

또 모국의 가족이나 친인척의 기대에 부응해야 하는 부담도 동시에 감내해야 할 것으로 예상된다. 친구들이 사회에 나가 돈을 벌고 결혼과 출산을 해나가는 가운데 무라이 집안에서 유일한 여자이자 장녀인 자신에 대한 부모 또는 친척들의 기대는 크다.

40대~50대: 잘하면 조교→강사→준교수→교수 과정을 거쳐 대학교수로서 일본 중부대학교 국제관계학과 또는 한국 대구대학교 국제관계학과에서 교단에 선다. 또한 자신의 연구로 한일관계 개선에 기여하여 한국 대학에서는 당연하게 이루어지고 있는 북한에 관한 강의를 일본 대학에서 진행하고자 한다. 최근 들어 젊은 세대의 한국 붐을 계기로 수요가 높아지면서 일본 대학 강의에 한일 관계와 한국에 대한 내용이 다뤄지게 되었다. 그 중에서도 한국전쟁이나 한국 징병제에 관심을 갖는 학생들이 많다. 그러나 이러한 내용은 모두 한국측 시각의 강의만 제공되고 있으며, 북한에 대한 강의는 없는 경우가 많은 것이 일본 대학의 현주소이다. 나 자신도 한국 대학에 다니게 되면서 북한에 관한 강의가 교양 차원에서 제공되고 있다는 사실에 놀라고 의식적으로 이수하도록 하고 있다. 한국처럼 교양 차원에서는 어렵더라도 전공수업의 하나로 일본에서도 할 수 있도록 하겠다.

또 만약 자신이 대학교수 자리에 오를 수 있다면 포스 있는 카리스마 있는 대학교수가 아니라 학생과 가장 가깝고 학생과 눈높이가 같은 친근한 대학교수가 되고 싶다.

은퇴 후에는 대학 강의나 학계 때문이 아니라 그저 자신의 흥미로운 관심대로 서재에서 문헌을 읽으며 시골 단독주택에서 가족들과 느긋한 시간을 보내고 싶다.

또 대학교수를 한국에서 했다면 은퇴 후 모국인 일본으로 꼭 돌아가고 싶다.

황재웅

정치외교학과 학부생

Q. 나는 어떤 사람인가?(즐거움, 행복, 가치)

나는 동적인 것을 좋아하는 사람이다. 군대에 있었던 시절 웨이트 트레이닝을 시작하게 되면서, 흥미를 많이 느끼게 되었고, 웨이트를 하면서 희열을 느낄 수 있었다. 그래서 나는 요즘도 일주일에 5번 정도는 반드시 운동을 하려고 노력한다. 축구와 농구 같은 구기 종목을 하는 것도 좋아해서 종종 친구들과 함께 축구와 농구를 하곤 한다. 또한 나는 사람 만나는 것을 좋아하고, 사람들을 만나면서 이야기를 나누는 것에 즐거움을 느낀다. 새로운 사람을 만나는 것을 좋아해서 다른 사람들과 어울리고 친해지는 것을 거리낌 없이 즐기곤 한다. 단순히 새로운 사람들을 만나서 재밌게 노는 것도 좋지만 그들과 함께 대화하는 과정에서도 많은 즐거움을 찾을 수 있다. 그들과 대화하면 그들의 이야기를 들을 수 있고, 그들의 가치관과 특성을 알 수 있다. 나와 다른 생각을 하며, 다른 삶을 사는 사람들의 이야기를 듣는 것은 정말 재밌다. 그들의 이야기를 듣는 것만이 아닌 나의 이야기를 그들에게 해주는 과정 속에서 그들이 흥미를 느끼는 것을 보는 것도 정말 재밌다. 특히, 나는 어르신들과 이야기를 나누는 것을 좋아한다. 뭔가 책에서 얻을 수 있는 교훈과는 또 다른 느낌을 받을 수 있다. 책을 통해서 얻는 지식과는 다르게, 6,70년의 인생을 살아오며 그들이 직접 보고, 느낀 생생한 경험들을, 또한 그 속에 그들이 느낀 점과 교훈들을 들을 수 있다. 어르신들 마다 생각하는 가치관이 각각 다르시기에 다양한 분들의 이야기를 듣는 것은 정말 흥미롭다.

나의 행복의 기준은 '사람'이다. 나는 사람이 좋고, 결국 남는 것은 사람이라고 생각한다. 내가 아직 어린 마음 일지는 몰라도 나는 친구들을 정말 소중하게 생각한다. 나는 충청북도 옥천에서 태어나서 대학에 입학하기 전 까지 20년 동안 그 지역에서 살았다. 옥천은 5만의 군민으로 이루어진 지방이기 때문에 규모가 작아서 학교도 많지가 않다. 그래서 나의 친구들은 웬만하면 다 초, 중, 고등학교 동창들이고 현재 15년 지기 이상의 친구들도 정말 많다. 물론 현재 대학에 와서 이전만큼 자주 만날 수는 없지만, 나는 지금도 한달의 두번씩은 꼭 본가를 내려가려고 한다. 나의 친구들은 대학을 안 간 친구들도 많다. 고등학교 때 공부를 하기 보다는 자신이 흥미가 있는 분야에 뛰어들었던 친구들도 있고, 사회생활을 조금 일찍 시작한 친구들도 있다. 학창시절에 그러한 나의 친구들은 본인들이 공부를 안할지라도 학업에 열중하는 나를 항상 배려해줬다. 이를테면 점심시간이 시작하고 식사하기 전에 약 15분 정도 당일의 수업 내용을 복습하는 나를 매일 같이 기다려주고, 매일 같이 챙겨주었다. 또한 내가 학업으로 인해 스트레스를 받을 때면 누구보다 먼저 눈치 채서 나를 즐겁게 해주고, 나와 함께 웃고 나와 함께 울어주었다. 물론 현재 내가 대학교에 와서 새로운 교육을 받고, 새로운 경험들을 하고, 새로운 사람들을 만나는 것도 정말 즐겁기는 하지만, 고향 친구들과 만나서 아무 생각 없이 놀 때 나는 정말로 행복하다. 그래서 나는 나의 행복을 추구하기 위해서 고향을 내려간다. 물론 친구들만 보러 가는 것은 아니다. 나의 사랑하는 부모님도 옥천에 거주하고 계시기에 부모님을 만나러 간다. 솔직하게 말하면 대학교 입학하기 전까지는 나의 삶에서 부모님 보다 친구들 더 우선시 해오며 살았던 것 같다. 그러나 졸업 이후 집을 떠나 상경을 하고, 부모님의 품에서 떨어져 보니 그들의 따뜻했던 품이 정말 행복했다는 것을 몸소 느꼈다. 또한 군대에 입대해서도 부모님이 누구보다 보고싶었고, 부모님의 사랑의 소중함을 다시금 깨달았던 것 같다. 그래서 요즘도 부모님이 너무 보고싶어서 매일 같이 전화를 하고, 고향에 내려갈 때면 꼭 부모님과 시간을 많이 보내려고 노력한다. 친구도 중요하지만 행복의 1순위는 가족이 되어야 하지 않나 생각한다.

내가 추구하는 가치는 '신뢰'이다. 나의 행복이 '사람'이기에, 나에게는 무엇보다 신뢰의 가치가 중요하다. 신뢰를 잃게 되면 사람을 잃기가 쉽다. 그래서 나는 새로운 사람을 만났을 때 신뢰를 얻기 위해 노력하고, 기존의 사람들에게는 신뢰를 잃지 않기 위해서 노력한다. '신뢰'라는 것을 얻으려고 하면 정말 오랜 시간이 걸리고 많은 노력이 든다. 그에 반해 신뢰를 잃기는 정말 쉽다. 10년 동안 공들였어도 10분 만에 무너질 수 있는 것이 신뢰라고 생각한다. 또한 신뢰는 일정 순간에 한번에 '얻어진다'기 보다는 서서히 그 기반을 다지며 단단하게 형성되고, 성장하는 것이라고 생각한다. 그렇기에 나는 나의 '삶의 행복'인 나의 주변 사람들이 너무나도 소중하기에, 내 인생에서의 정말 중요한 가치는 '신뢰'라고 생각한다.

Q. 나와 잘 맞는(맞지 않는) 진로는 어떤 것이 있을까?

나는 매우 외향적이며, 동적인 것을 좋아하는 사람이기 때문에 정적인 것이 잘 맞지 않는 편이다. 또한 나는 관료제의 틀 속에서 딱딱한 위계질서가 존재하며, 경직된 매뉴얼이 정해져 있는 집단 과도 잘 맞지 않는다. 그래서 나는 어렸을 때부터 내가 회사에 취직을 하게 될 것이라는 생각을 해본 적도 없으며, 추구해본 적도 없다. 또한 군대에서도 그것을 뼈저리게 느꼈다. 물론 통제가 수월하며, 책임의 소재가 명확하고, 정확한 매뉴얼에 따라 업무를 처리할 수 있다는 장점이 존재하긴 하지만, 유동성이 매우 떨어지고 업무의 효율성이 떨어지는 것을 몸소

체험하며 그러한 체제에 적응하기도 정말 힘들었고, 이해하기가 조금 어려웠다. 물론 남들에게 피해를 끼치고 싶지는 않았기에 나름대로 잘 적응해 나가며, 그들과 연대하였고, 그 매뉴얼에 맞게 생활을 하였으며, 군대에서의 생활은 인생에 있어서 정말 소중했던 경험이라고 생각한다. 그러나 사회에 나와서는 그러한 생활을 할 수 없을 것이라고 생각했다. 그렇기에 기업체 혹은 군대와 같은 조직에서 일하는 것은 나와는 잘 맞지 않는다고 생각한다.

Q. 추구하는 진로의 특성은 무엇인가?

첫번째 질문에서 언급했던 것처럼 내가 삶에서 추구하는 가치는 '신뢰'이다. 그래서 나의 꿈은 '말에 힘이 있는 사람'이 되는 것이다. 여기서 말하는 '말의 힘'은 '신뢰'와도 직접적으로 연결되는 부분이다. 말의 힘은 어떻게 보면 정치학에서의 '권력'의 개념과는 일정부분 비슷한 것이 존재한다고 생각한다. 정치학에서 권력이란 '내가 원하고자 하는 바에 따라 상대방을 움직일 수 있는 힘'이라고 생각한다. 이것은 너무 hard power적인 의미이므로, 완전히 같다고는 볼 수 없다. 하지만 '말의 힘'이라는 것도, 내가 상대방에게 강제를 하지 않더라도, 나의 말에 따라 그 사람의 행동이 바뀔 수 있다는 점을 주목한다면 어느정도 그 power를 느낄 수 있다. 그러기 위해서는 '신뢰'가 정말 중요하다. 나에 대한 신뢰도 없는데, 상대방이 나의 말을 귀 기울일 필요도 없고, 나의 말을 따를 필요도 없으며, 나의 말을 수용해서 그들의 행동과 가치관에 적용할 필요도 없다. 그러나 내가 만약 상대방에게 신뢰가 두터운 사람이라면 그 사람은 나의 말의 힘을 느낄 수 있을 것이다. 나를 신뢰하기 때문이다. 예를 들어 누군가가 사람들을 모아놓고 '하루에 10시간 정도 숙면을 취해야지만 부자가 될 수 있다'고 한다면 사람들은 그 말을 쉽게 받아들일 수 없을 것이다. 콧방귀를 뀌는 사람도 있을 것이고, 의구심을 품는 사람도 있을 것이다. 그러나 만약 빌 게이츠, 워렌 버핏, 일론 머스크 등의 성공한 사업가들이 그러한 똑같은 말을 한다면 사람들의 반응은 이전과는 완전히 다를 것이라고 생각한다. 왜냐하면 그들은 결과로서 증명된 사람들이기 때문이다. 그들은 본인의 삶의 과정과 삶의 결과를 통해서 사람들에게 신뢰를 줄 수 있을 것이다. 그렇기에 같은 말을 하더라도 전자와 후자의 말의 힘의 차이는 실로 엄청날 것이라고 생각한다. 이와 완전히 같은 맥락은 아니더라도, 나는 나의 말의 힘이 다른 사람들에게 좋은 힘이 되어줄 수 있는 사람이 되고 싶다. 그렇기에 내가 추구하는 진로의 특성은 사람을 많이 만날 수 있고, 나의 말의 힘을 키울 수 있는, 그리고 그 과정 속에서도 나의 말의 영향력을 발휘할 수 있는 진로를 희망한다.

나는 어렸을 때부터 사람 만나는 것을 좋아했고, 많은 사람들 앞에 서서 말하기를 좋아했다. 그래서 발표도 항상 도맡아 했고, 연설 및 웅변의 기회가 있다면 언제든 참여하였다. 나의 말에 사람들이 귀 기울여 주는 것이 정말 좋았고, 그들이 나를 인정해준다는 느낌이 좋았던 것 같다. 그런데 어느 순간 내가 깨달은 것은 말하는 것보다 중요한 것이 '경청'이라는 것이다. 물론 말하는 것도 중요하지만, 어떠한 대상과 대화를 할 때에는 그 상대방을 먼저 알아야 할 필요가 있다. 상대방을 알아야지, 그 사람의 상황에 맞는 이야기를 할 수 있고, 그들이 어떤 사람인 지를 어느정도 파악할 수가 있다고 생각한다. 또한 내가 상대방의 말에 먼저 귀 기울여 줄 때, 상호간의 신뢰관계가 형성된다고 생각한다. 즉, 대화를 할 때에 상대방의 신뢰를 얻기 위해서는, 나의 말하기를 통해서 상대방을 설득하면서 신뢰를 줄 수도 있지만, 상대방의 말을 귀 기울여 경청하며 '내가 당신에게 관심이 있고, 당신의 말을 귀 기울이고 있습니다'라는 메시지를 전달하는 것도 매우 중요한 것이다. 그럴 때에 신뢰 관계는 더욱 발전될 수 있으며, 그 이후의 '말의 힘'을 발휘하는 것이 더욱 효과적일 것이라고 생각한다.

Q. 진로에서 어떤 사람들과 만나는가?(함께 일하는 사람들은?)

나라는 사람 자체가 외향적인 사람이기 때문에 나의 진로에서 만나는 사람들도 외향적인 사람이 많을 것이라고 생각한다. 그러나 나는 다양한 사람들을 만나는 것을 좋아하기에 나의 진로에서는 외향적인 사람뿐 아니라 내향적인 사람도 많을 것이고, 그 외에 다양한 성향의 사람들도 많이 만나고 싶다. 나는 나의 진로에 있어서, 단순히 나와 비슷한 류의 사람만 만나며 살고 싶지는 않다. 다양한 세대와 다양한 계층의 사람들을 만나며 소통하고 싶다. 또한 다양한 국적의 사람들도 많이 만나고 싶다. 각 국가의 사람들은 살아온 환경이 매우 다르기에, 그 가치관도 상이할 것이라고 생각한다. 그렇기에 우리나라 내에서의 다양한 사람도 만나고 싶지만, 그 범주를 넓혀서 다양한 국가의 사람들도 만나고 싶다.

내가 만나는 사람들이 성향이 어떠하든, 내가 바라는 점은 열정과 자존감을 겸비한 사람들이면 좋을 것 같다. 자기 자신을 사랑하지 않는다면 그 누구도 사랑해 줄 수 없다고 생각한다. 나의 주변 사람들이 자존감이 높은 사람들이면 좋겠고, 그렇지 않다면 내가 그들의 자존감을 올리는 데에 적극적으로 이바지하고 싶다. 또한 열정을 잃게 되면 모든 의욕을 잃게 된다. 어떠한 업무를 수행하든, 본인이 실력이 없더라도 열정을 잃지 않는 사람들과 함께 나아가고 싶다.

Q. 진로 개발하기 위해 어떻게 준비해야 하는가?

나의 꿈인 '말에 힘이 있는 사람'이 되기 위해서 나는 그 근거가 있어야 한다고 생각한다. 그렇게 되기 위한 직업이 어떤 것이든 내가 떳떳할 수 있는 일이어야지만 나의 말에 힘이 실릴 수 있다. 그렇기에 나는 20

대에는 많은 경험을 쌓기 위해 끊임 없이 도전하는 자세를 겸비해야 할 것이다. 또한 비단 우리나라뿐 아닌 세계의 다양한 사람들을 만나기 위해서는 어학적 능력도 겸비해야 할 것이다. 언어는 문화를 포함한다고 생각한다. 내가 각국의 언어를 공부하는 것이 단순히 의사소통하는 것을 넘어서 그 나라의 문화를 이해할 수 있는 과정이라고 생각한다. 그래서 내가 필요할 것이라고 생각하는 어학 공부도 열심히 해야한다고 생각한다. 또한 나의 전공에 있어서도 단순히 성적을 받기 위한 공부라기 보다는 '고등의 학습'의 차원에서 학문적 지식을 추구해야할 것이다. 내가 이러한 양질의 교육을 받을 수 있는 기회는 많지 않기에 지금 이 순간에 최선을 다해야 할 것이다. 현대 사회는 말로만 증명하는 것이 아닌 '서류'도 역시 중요하다고 생각한다. 즉, 나를 표현하는 데 있어서 말로 표현하는 것뿐 아니라 증명할 수 있는 증거가 필요한 경우도 상당히 많다. 그래서 토익, 토플 등의 자격증은 기본으로 겸비 해야 할 것이다. 현재 가지고 있는 토익 점수를 조금 더 올릴 필요가 있다고 생각하며, 토플에도 도전하여 나의 실력을 더 키울 것이다.

Q. 진로 속 나의 20대~30대, 40대~50대, 은퇴 후의 모습?

나의 20대는 꽃길만 걷기 보다는 다사다난 했으면 하는 바람이 있다. 물론 막상 내가 고난과 역경에 처하게 되는 상황에 오면 나는 정말 힘들어 할 것이고, 이 고난이 얼른 끝났으면 하는 바람을 할 것이다. 그럼에도 그러한 고난과 역경이 나를 성장시켜줄 것이라고 믿어 의심치 않는다. 내 자신을 돌아보면 씩씩한 척, 용감한 척 하면서도 언제 찾아올 지 모르는 고난과 역경을 두려워하고 있는 것이 아닌가 하는 생각이 종종 들곤 한다. 젊은 사람들의 문제점 중 하나는 성장을 갈망하면서도, 성장하기 위한 발판을 두려워한다는 것이다. 즉, 실패가 두려워 선뜻 도전하거나 나서지 못한다. 본인이 실패를 직접 겪고, 나의 문제점 및 개선 방안을 직접 느껴야지만 내가 변할 수 있고 발전할 수 있다. 이것을 알면서도 나 역시 그렇게 살고있지는 않은가 요즘 성찰하게 된다. 나의 20대가 씩씩하고, 용기를 잃지 않으며, 자존감을 지키면서 지나가기를 바라지만, 그 속에서 고난과 역경을 딛고 더욱 단단해지기를 바라는 마음이다. 또한 선뜻 진로를 결정하지 못하고 있는 '지금의 나'도 나는 너무 사랑한다. 단순히 남들이 다 하니까 나도 빨리 직업을 결정하여 나아가기 보다는 나의 진정한 꿈, 이를 테면 '말의 힘이 있는 사람'이 되기 위하여 여러 경험들을 하고 이것 저것 배우는 과정을 통해 '내가 정말 하고 싶은 일'을 찾아 나아갔으면 좋겠다.

이러한 과정을 통해서 30대 때는 어느정도 나의 길을 나아가고 있으리라고 믿는다. 그리고 지금 나의 바람은 30대 초 중반에는 가정을 꾸리고 싶다. 나의 배우자를 만나 가정을 꾸리고, 그 사람과 함께 더 행복한 미래를 만들어 나가고 싶다. 나는 사실 '딸 바보' 아빠가 되고 싶다. 아직은 나도 어려서 잘은 모르겠지만, '딸'이 생기면 나의 인생이 그 순간을 기점으로 완전히 바뀔 것 같은 느낌이 든다. 그러나 물론 그것은 나의 바람이고, 배우자의 의견을 무엇보다 존중해줘야 한다고 생각한다. 배우자가 자녀 계획이 없다고 한다면 나의 바람을 위해서 그 사람에게 그것을 강요할 수는 없기 때문이다.

가정이 생기면 책임져야 할 것이 훨씬 더 많아지고, 내가 이전과 완전히 같은 삶을 살기는 어려울 것이다. 물론 나는 그렇다고 해서 나의 열정이 식지는 않았으면 좋겠다. 그러나 열정을 불태우고, 나의 꿈을 향해 나아가면서도 절대로 가정을 뒷전에 두는 가장이 되지 않았으면 한다. 결국 가족이 제일 소중하고, 우리 가족이 행복하게 사는 것이 나의 행복이기에 그것을 미래에도 절대 잊지 않았으면 좋겠다. 이 세상에 태어나서 나의 자아를 실현하는 것도 물론 매우 중요하다. 내가 가진 꿈을 이루고, 그것이 세상에 비춰질 때에 그 행복감은 엄청날 것이다.

그럼에도 불구하고 가정이 가져다 주는 행복은 그 이상일 것이라고 믿는다. 그렇기에 배우자 및 자녀들과 많이 대화하고 소통하며, 서로를 이해하고 존중하는 가운데, 서로의 꿈을 향해, 그리고 가정의 행복을 향해 나아가고 싶다.

40, 50대에는 '더욱 성숙해진 나'로 거듭나 있을 것이다. 나의 다사다난했던 젊은 날의 경험 들이 나를 더욱 단단하고, 성숙한 어른으로 성장시켰을 것이라고 믿는다. '중년의 나'의 관심은 더더욱 사회로 향하고 있을 것이라는 생각이 든다. 나의 경험과 기반을 믿고, 나의 신념을 믿는 다면 나 자신과 가족뿐 아니라 주변도 되돌아 보며 사회에 영향력을 끼치고 있을 것이라고 생각한다. 또한 만약 내가 자녀가 있다면, 청소년 기의 자녀와 고군분투하고 있을 것이라는 생각도 든다. 나 역시도 그 시절 자아 정체성을 형성해가며, 사회화를 겪었을 때에 정말 혼란스러운 사춘기를 보냈기에, 그들의 혼란과 아픔을 공감해주며 이해해 줄 수 있는 아버지가 되었으면 한다. 나도 사춘기 때에 부모님과도 갈등도 많이 겪었고, 부모님께 상처도 많이 안겨드렸던 것 같다. 그러나 나의 부모님은 늘 현명하게 대처하셨고, 나를 보듬어 주셨다. 그 시절에 나는 그것을 전혀 몰랐지만, 이제 와서 돌아보니, 과연 나는 나중에 나의 자녀에게 그렇게 할 수 있을까 하는 생각이 많이 든다. 부모님께서 나에게 사랑을 베푸셨던 것처럼 나도 나의 자녀에게 사랑을 베풀며 그들을 잘 키워가고 싶다.

은퇴 후 나의 삶에는 여전히 열정이 식지 않았으면 한다. 물론 내가 이전까지 하고 있던 일에서 은퇴를 했을 지라도 여러 분야에서 뛰고 싶다. 물론 그러기 위해서는 무엇보다 건강과 체력이 중요하다고 생각한다. 건강 앞에 장사 없다는 말처럼 건강하지 않으면 무엇도 할 수 없을 것이다. 은퇴 후의 나는 이미 60대 일 테니 꾸준히 건강도 챙기며 나의 열정을 위해, 나의 가족을 위해, 사회를 위해 살고 있기를 바란다. 내가 그동안 경험해온 것들과 나의 능력을, 그리고 나의 열정을 사회의 다른 사람들을 위해서, 그리고 또 다른 세대를 위해서 사용하고 싶다. 이곳저곳을 다니며 강연을 하며 나의 삶에 대해서, 내가 그동안 경험해왔던 것들에 대해서, 내가 살면서 느꼈던 점, 내가 살면서 얻었던 것들을 다른 사람들에게 들려주고 싶다. 그러기 위해서는 거듭 강조했듯 '말의 힘'이 무엇보다 중요할 것이다. 내가 나의 열정과 헌신을 다해서 더 나은 사회를 위해서 아무리 떠들어 대도, 사람들이 그 말을 듣지 않으면 결국 그것은 아무 소용이 없을 것이다. 그렇기에 나는 성장하며 나의 '말의 힘'을 키워가며 나중에는 결국 사회를 위해 '말의 힘'을 사용하는 사람이 되고 싶다. 나의 '말의 힘'이 사회에 영향을 미치게 된다면, 나는 더욱 스스로 객관적이어야 할 것이며, 나의 매순간을 되돌아보며 말의 힘을 갈고 닦아야 할 것이다. 나의 말 한마디 한마디가 사회에 영향을 주고, 상대방이 나의 말에 영향을 받는 다면 나에게도 엄청난 책임이 주어질 것이다. 그렇기에 나는 나의 말의 힘이 작용하고 있는 그 순간까지도 스스로를 되돌아보아야 하며 경솔하지 말아야 할 것이다.

마무리하며

내가 생각한 바를 모두 적어낼 수는 없겠지만, 나는 이러한 방향으로 나의 삶을 살고 싶다. 물론 수 많은 경험을 통해서 나의 생각은 언제든지 바뀔 수 있고, 나의 삶의 방향도 언제든지 달라질 수 있다고 생각한다. 그러나 현재의 나는 이러한 삶을 꿈꾸고 있고, 이러한 방향으로 살아가고 싶다. 이번 진로개발세미나를 통해서 사회에서 대단한 영향력을 끼치고 계시는 소중한 분들을 많이 만나 뵈었고, 그들에게 많은 영감을 받았다. 그들의 소중하고 귀한 시간이 나에게 그대로 전달되는 느낌이었다. 각자의 최선의 노력으로 각 분야에서 높은 위치에 도달하신 분들이기에 존경스러웠고, 그 방향성을 떠나서 본받고 싶었다. 또한 그들에게는 '말의 힘'이 있었다. 그들은 노력했고, 경험했고, 수많은 과정을 겪었고, 현재의 위치로서 나에게 증명하며 신뢰를 주었기 때문이다. 나 역시도 그들과 같이 나 자신을 갈고 닦아 '말의 힘'이 있는 사람이 되고 싶고, 먼 훗날 그들과 같이 연세대학교에 와서, 나의 후배들과 소통하고 교류하며, 그들에게 나의 말의 힘을 활용하여 영감을 주는 사람이 되고 싶다.

나가며

정치외교학과 미래진로

항상 그랬지만 세상은 빨리 변한다. 그 변화의 중심에는 기술 발전이 있다. 2023년 Chat GPT의 등장은 인간과 같이 답하는 AI(artificial intelligence)를 목도하게 되는 순간이다. 몇 초만에 사회과학자들의 오랜 고민들을 데이터를 활용해 답해낸다. 사회과학뿐만 아니라 시를 쓰거나, 영화 시나리오는 만들고 그림을 그리는 등 인간의 창조성으로만 가능할 것이라고 생각했던 영역들까지 더 확장될 것이다. 아직 완전하지는 않더라도 앞으로 더 빨리 개선되고 발전할 것이다.

> CHAT GPT와 검색과 답의 예
> 검색 키워드: “정치외교학과 미래진로”
>
> 정치외교학은 정치, 국제관계, 외교, 경제, 사회 등 다양한 분야를 포괄하는 학문입니다. 이 분야는 국가 간의 관계, 국제사회에서의 역할, 국내외 정치경제 상황 등을 이해하고 분석하는 것을 목적으로 합니다. 정치

외교학은 현재와 미래를 이해하는 데 큰 역할을 하며, 다양한 직업군에서도 활용됩니다.
정치외교학 전공자들은 정부 기관, 외교관서, 국제기구, 연구소, 대기업, 언론 등에서 다양한 직종으로 취업할 수 있습니다. 아래는 정치외교학 전공자들이 많이 선택하는 직업군 중 일부입니다.

1. 외교관/대사관 직원: 대한민국 외교부, 대사관, 기타 국제기구 등에서 일할 수 있습니다.
2. 국제기구 직원: 유엔, 세계보건기구(WHO), 국제노동기구(ILO) 등에서 일할 수 있습니다.
3. 정부 기관 직원: 대통령비서실, 국회, 법무부, 경찰청, 국방부 등에서 일할 수 있습니다.
4. 연구원: 정치, 국제관계, 외교, 경제 등의 분야에서 연구를 수행할 수 있습니다.
5. 언론인: 신문, 방송, 인터넷 등의 매체에서 정치, 국제관계, 외교 등의 분야를 다룰 수 있습니다.
6. 대기업 직원: 국제경영, 경영개발, 기획전략 등의 부서에서 일할 수 있습니다.

정치외교학 전공자로서는 국내외 현안 문제를 파악하고 분석할 수 있는 능력, 외교 능력, 커뮤니케이션 능력 등이 중요합니다. 또한, 전문적인 지식과 높은 역량을 갖춘 인재로서 꾸준한 학습과 자기계발이 필요합니다.
(Chat GPT, 2023. 3. 10)

데이터를 활용한 가설, 문헌 정리, 스토리 만들기 등은 AI가 더 담당하게 될 것이다. 힘이 많이 필요하거나 단순한 작업을 반복하는 일은 AI가 탑재된 로봇이 대체할 것이다. 키오스크에서 음식을 시키고, 로봇이 음식을 조리하고, 로봇이 서빙하는 식당은 점점 늘어나고 있다. 단순한 일 뿐만 아니라 복잡한 일에 대응하는 일에도 새로운 기술의 활용은 증가할 것이다.

이러한 변화는 역설적으로 '사람'과 '사람과의 관계' 그리고 '정치'의 중요성을 더 부각시킬 수 있다. 결국 사람이 무엇을 원하고 누구와 어떻게 일하는지 결정하기 때문이다. 예를 들어 새로운 기술 사용에 대한 다양한 논의를 제도화하고 적용하는 것은 최종적으로 사람의 몫이다. 정치외교학과 교육과 연구도 세상의 변화를 읽고 대응할 수 있어야 한다. 동시에 변화 가운데 변치 않는 것들과 그 가치가 무엇인지를 고민해야 한다. 누가 무엇을 언제 어떻게 얻는가(Who gets what, when and how?)라는 정치학적 질문에서 권력 관계를 파악하는 능력은 미래에 어떤 진로를 선택해서 개발하더라도 필요하다. 사람(사회와 국가)−기술−자연 간의 갈등 관계를 조정하고 조화시키는 과정에서 공공선을 향상시키는 제도와 문화를 만드는 것이 정치외교의 본질이기 때문이다.

이 책을 읽는 독자들은 아마 인생이라는 배를 타고 세상이라는 망망대해로 나가려고 준비하고 있을 것이다. 빠르게 변화하는 미래는 폭풍우처럼 항해하는 진로에 영향을 끼칠 것이다. 결국 폭풍우를 뚫고 좋은 사람들과 원하는 방향으로 나아가는 거다. 그 항해가 순풍을 맞아 평화롭기만 할 것이라고 예측할 수는 없다. 그래도 자신에게 잘 맞는 항로로 함께하고 싶은 사람들과 즐겁고 행복하게 목적지로 가보자. Bon Voyage!

정치외교학과 미래 진로

2023년 8월 25일 1판 1쇄

편저자 이태동
펴낸곳 연세대학교 출판문화원
주소 서울특별시 서대문구 연세로 50
등록 1955년 10월 13일(제9-60호)
전화 02) 2123-3378~80
팩스 02) 2123-8673
전자우편 ysup@yonsei.ac.kr
홈페이지 http://press.yonsei.ac.kr
인쇄 (주)동국문화

ISBN 978-89-6850-751-9 (93340)

값 24,000원